高等院校继续教育财经类系列教材

管理信息系统

主编 邹宗峰 闫 鑫

上海大学出版社
·上海·

图书在版编目(CIP)数据

管理信息系统/邹宗峰,闫鑫主编. —上海:上海大学出版社,2023.7
高等院校财经应用型系列教材
ISBN 978-7-5671-4765-2

Ⅰ.①管… Ⅱ.①邹… ②闫… Ⅲ.①管理信息系统—高等学校—教材 Ⅳ.①C931.6

中国国家版本馆CIP数据核字(2023)第121629号

责任编辑　李　双
封面设计　缪炎栩
技术编辑　金　鑫　钱宇坤

GUANLI XINXI XITONG
管理信息系统
主编　邹宗峰　闫　鑫
上海大学出版社出版发行
(上海市上大路99号　邮政编码200444)
(https://www.shupress.cn　发行热线021-66135112)
出版人　戴骏豪

*

南京展望文化发展有限公司排版
上海东亚彩印有限公司印刷　各地新华书店经销
开本787mm×1092mm　1/16　印张16.25　字数346千字
2023年7月第1版　2023年7月第1次印刷
ISBN 978-7-5671-4765-2/C·147　定价　45.00元

版权所有　侵权必究
如发现本书有印装质量问题请与印刷厂质量科联系
联系电话:021-34536788

丛书编委会

主　　任　陈方泉
副 主 任　沈　瑶　徐宗宇
编　　委　聂永有　尹应凯　胡笑寒
　　　　　房　林　严惠根　郭　琴
秘　　书　石伟丽

总 序

随着经济全球化的不断深入和我国社会主义市场经济的不断发展,培养更多能够"知行合一"的高素质应用型经济管理人才是高校经管学科面临的重大任务和挑战。为此,我们遵循"笃学、笃用、笃行"的原则,组织上海大学相关学院的专业骨干教师,并与业界专业人士合作,编写这套新型的经济管理类教材。

本系列教材力求遵循教育教学规律,体现研究型挑战性教学要求,努力把握好"学习、实践、应用"三大关键。一是准确阐述本学科前沿理论知识,正确反映国家治理和制度创新的最新成就,体现经济社会发展趋势,使学生在学习专业知识的同时,养成正确的家国情怀和社会责任感,从而达到良好的思想政治和职业操守教育效果;二是通过"导入"等新的教学环节设计,教授学生科学、专业的思维方式和工作方法,培养学生在专业领域内由浅入深、由表及里,发现问题、分析问题、解决问题的能力;三是通过"拓展学习"的设计,引导学生关注并研究经济社会发展中出现的新问题,运用专业知识求实探索,寻求解决新问题的对策,培养学生的批判精神和创造能力,从而达到"授之以渔"的效果。

本系列教材的主要对象是高校经济管理学科接受继续教育的学生,同时也适用于有兴趣不断学习、更新经济管理知识的人士使用。我们还将运用现代信息技术和数字化教学资源,建设本系列教材的音像、网络课程,以及虚拟仿真实训平台等动态、共享的课程资源库。

本系列教材难免不足之处,敬请广大读者批评指正。

丛书编委会
2021 年 4 月

前　言

我们正处在一个伟大的时代。在人类社会有史以来所经历的数次颠覆性的工业革命中,以信息技术为代表的最近一次的社会变革表现得最为剧烈,对全社会各个行业、各个层面的推动前所未有。自1946年世界上第一台计算机诞生以来,随之迅速产生的相应计算机软硬件技术和网络通信技术彻底颠覆了传统的生产模式、生活模式和人们的思维模式。人类社会也随即进入了空前繁荣的历史性新时期。

在当今商业领域,信息技术已然成为支撑企业运营、研发、决策的基本工具和底层支撑。掌握信息技术的基本概念、信息系统的工作原理与最新的信息化处理工具是全社会的迫切愿望,也是新时代的商科学生必备的基本技能。将管理学的理论知识与信息技术的原理特征有机结合是本书始终坚持的编写原则。

本书包括基础篇、开发篇、应用篇和展望篇。其中,基础篇重点讲述了管理信息系统、计算机网络和数据库等技术的基本知识与概念,是进一步学习管理信息系统的基础。开发篇着重阐述了如何科学有效地完成企业中管理信息系统的设计、实施和维护,对商科学生参与管理信息系统的开发建设工作有现实的指导作用。在应用篇中,主要结合企业的产、供、销业务发挥管理信息系统的潜在优势和功能,以便更好地实现企业的运营目标。在展望篇中,从目前社会中的新技术、新理念出发,系统地进行了目前社会热门技术的应用分析,帮助学生更好地从信息技术角度把握现在,展望未来。

在本书的编写过程中得到了很多同行的帮助与支持,包括徐翔老师,研究生闫鑫、曾俊超、唐正娥、肖洪伟、陈历文等,在此深表谢意。

因编者水平和其他条件的限制,书中内容难免存在不足之处,恳请同行专家和广大读者不吝指正。

编　者
2023.5.10

目 录

基 础 篇

第一章　管理信息系统概述 ……………………………………… 3
　　第一节　信息、系统与管理 …………………………………… 5
　　第二节　管理信息系统相关概念 ……………………………… 19
　　第三节　管理信息系统相关理论的发展历程 ………………… 25

第二章　管理信息系统的技术基础 ……………………………… 34
　　第一节　计算机网络技术 ……………………………………… 36
　　第二节　数据库技术 …………………………………………… 39

开 发 篇

第三章　管理信息系统的开发 …………………………………… 53
　　第一节　管理信息系统的开发概述 …………………………… 55
　　第二节　管理信息系统的开发方式与方法 …………………… 60

第四章　管理信息系统的规划与分析 …………………………… 68
　　第一节　管理信息系统的规划 ………………………………… 70
　　第二节　管理信息系统的分析 ………………………………… 86

第五章　管理信息系统的设计与实施 …………………………… 101
　　第一节　管理信息系统的设计 ………………………………… 102
　　第二节　管理信息系统的实施 ………………………………… 124

第六章　管理信息系统的运行维护与评价 …… 136
第一节　管理信息系统的运行管理 …… 138
第二节　管理信息系统的维护 …… 140
第三节　管理信息系统的评价 …… 142

应 用 篇

第七章　管理信息系统的基础应用 …… 151
第一节　企业资源计划 …… 152
第二节　供应链管理 …… 163
第三节　客户关系管理 …… 178

第八章　管理信息系统的高级应用 …… 194
第一节　电子商务系统 …… 195
第二节　决策支持系统 …… 205
第三节　知识管理系统 …… 212

展 望 篇

第九章　管理信息系统的新技术 …… 221
第一节　云计算 …… 222
第二节　大数据 …… 227
第三节　商务智能 …… 230
第四节　物联网 …… 235
第五节　区块链 …… 241

参考文献 …… 247

基础篇

JICHUPIAN

第一章

管理信息系统概述

 本章教学目标

通过本章的学习,学生应了解信息、系统和管理的相关概念,掌握管理信息系统的基础概念和发展历程。

 本章核心概念

信息、系统、信息系统、管理、管理信息系统、科学管理理论、行为管理理论、现代管理理论等。

 导入

新系统助力"国际计划"人力资源管理

"国际计划"成立于1937年,总部位于英国萨里,是世界上规模较大的儿童发展机构之一。该机构在全球70多个国家和地区开展业务,为有需要的儿童提供帮助。"国际计划"不隶属于政府或任何宗教团体,其大约一半的资金来自公司、政府和信托的捐赠,其余则来自愿意赞助孩子的个人。"国际计划"多年来稳步发展,全球共有员工1 200余人、志愿者9 000余人。

"国际计划"的目标是尽可能多地帮助弱势儿童,与儿童、家庭、社区和地方政府共同努力,在健康、教育、医疗、水与卫生、保护经济安全和应对诸如战争、洪水、地震等自然灾害方面为儿童带来积极的帮助。当紧急情况发生时,"国际计划"必须在需要的地方找到并部署最合适的资源。为此,"国际计划"总部的救援队必须筛选70多个国家和地区的10 000多名援助人员的数据,找到哪些人在医疗援助、儿童保护、教育和避难管理等方面具有适当的技能和经验,为需要的人提供必要的服务。通常,被选择来应对紧急情况的人员均具备各种技能,包括熟悉当地语言和当地地理条件。

现在,"国际计划"有了新的人力资源系统,能够在遇到紧急情况时看到所有关于工作人员及其技能的数据,快速组织相应的人员应对灾难。人力资源系统让"国际计划"不仅可以跟踪人员聘用时已具有的技能,还能追踪他们在为"国际计划"工作时获得的有关灾难应对紧急措施的额外培训或经验,人力资源系统还帮助"国际计划"管理它所获得的捐赠。

在新的人力资源系统实施之前,"国际计划"用的是过时的、分散的系统,部分还需要手动操作。该机构不得不使用30种不同的人力资源系统、电子表格和文档跟踪员工,当出现紧急情况时可能需要几周的时间才能找到具有合适的语言技能、灾难应对经验和医疗知识的人员。2010年,当大地震袭击海地时,"国际计划"不得不给大家发邮件,询问员工是否认识可以说法语并且具备适当的灾害管理技能的人员。

2012年,"国际计划"开始寻找可以处理其不断增长的全球劳动力的人力资源系统,这个系统要能支持所有地区的一般流程,并能在技术基础设施不发达的地区提供安全的移动平台。该组织选择了基于云技术的人力资源系统,由SAP(System Applications and Products)的SuccessFactors软件及相应的SAP本地化软件组成。该系统很好地满足了"国际计划"的需求,系统之间也能相互集成。新系统于2013年5月部署,只用了16周"国际计划"国际总部全面启用。到2014年,国际计划所有的地区分支机构都纳入了该系统。

基于云的SuccessFactors系统运行于由SuccessFactors管理的远程计算中心,用户可以通过互联网随时随地访问和应用系统。该系统提供了一个集中的员工档案管理,以全面了解员工的技能、专业知识、经验和职业兴趣。通过直观的界面,员工可以更新自己的信息,并创建一个开放访问的简易搜索目录。"国际计划"使用了SuccessFactors软件的招聘、绩效和目标、继承和发展、薪酬和学习模块,还采用了SuccessFactors人力规划和本地的SAP人事管理与组织管理软件。人力规划需要系统地识别和分析组织在规模、类型、经验、知识、技能和员工素质等方面的需求以实现其业务目标。SAP的人事管理软件用来管理人员的招聘、选择、保留、开发和评估的记录与组织数据,SAP的组织管理软件可以协助组织描述和分析其组织结构与报告结构。

新的人力资源系统为"国际计划"提供了整体人员的鸟瞰图,能够立即显示"国际计划"的员工数量、所在的地点、拥有的技能、工作职责和职业发展路径等。借助新系统,"国际计划"不仅节省了员工的时间,还大大提高了工作效率。在新系统的帮助下,"国际计划"能向捐赠者显示其捐款的使用情况和使用结果。

使用SuccessFactors和SAP的人力资源软件,"国际计划"的员工能够在几个小时内确定救援人员并将其送到灾区。2013年11月台风"海燕"袭击菲律宾时,国际计划的专家在72小时内就到达了现场,在紧急情况发生时,新系统可以帮助"国际计划"迅速部署人员,从而挽救更多的生命。此外,"国际计划"的响应时间大大缩短,有助于确保其新资金来源,让"国际计划"在政府、公司和其他资助与捐赠机构中拥有更好的信誉。

问题:

(1) 在"国际计划"里,信息系统是如何帮助机构提高响应速率和服务质量的?

(2) 与同类人力资源管理系统相比,"国际计划"的新系统有哪些优势?

在管理过程中,信息的质与量关系着决策的质量,从而决定了管理工作的成败。管理信息系统作为信息管理最基本的工具和手段,在当今的社会经济组织中正发挥着越来越重要的作用。利用管理信息系统进行信息管理是一种非常有效的途径和方法,借助管理信息系统,组织可以极大地提升获取和利用信息的能力,从而提高其竞争能力和发展能力。

第一节 信息、系统与管理

自20世纪40年代第一台电子计算机问世以来,现代信息技术经历了大半个世纪的发展,我们能够深刻感受到信息技术对世界经济发展及人类生活方式所带来的改变。进入21世纪,信息科学与技术正在进行深刻的跃变。可以预见,在未来的几十年内,信息技术将继续以惊人的速度发展,进一步影响并渗透到社会发展和人类生活的各个领域。

一、信息

信息的传递是人类社会最基本的联结方式,人类文明的演进和信息处理方式的发展相辅相成。人类文明经历了原始文明、农业文明、工业文明、生态文明(后工业文明)四个重要阶段,而信息的载体也经历了语言、文字、印刷、电子电气、计算机和数字通信的发展历程。以现代信息技术为标志的信息化工业时代是人类工业化发展的必然趋势。

(一) 数据

数据(Data)是一种可以被用来记录和描述客观世界中各种实体属性的符号。这种符号的形式范围很广,包括文字、数字、图表、曲线等。例如,汽车制造厂每年的汽车产量为1 000辆,这里的"1 000辆"就是记录或描述该厂产量的一个数据,它包括了数字符号和文字符号。同理,人们也可以使用表格或曲线作为数据来记录汽车制造厂的汽车产量。

按表现形式可将数据分为连续型数据和离散型数据,声音、图像等被称为连续型数据,即模拟数据。文字符号、数字符号等被称为离散型数据,在计算机系统中,所有的信息都是以二进制形式存储和表示的,即由0和1组成的离散型数据。

按性质可将数据分为定性数据、定量数据和定时数据;按记录方式可将数据分为图形、表格、声音、图像等;按数字化类型可将数据分为矢量数据和格网数据。每一种分类方式,都有其具体的实现和应用。

(二) 信息

1928年,哈特莱(R.V. Hartley)在他撰写的《信息传输》中,首次提到了信息(Information)这个科学术语。1948年,信息论的奠基人香农(C. E. Shannon)对信息作了如下定义:信息是用来消除不确定性的东西。由此开始,许多研究者在各自的领域对信息进行了研究,并从不同的学科角度对信息进行了定义。几种代表性的定义如下:

信息是按特定的组织方式结合在一起的数据集合。

信息是系统内部联系的特殊形式。

信息是主体与外界相互协调、相互作用的产物。

信息具有一定的目的性和关联性，是对数据进行加工处理的产物。

信息是客观世界在人类大脑中的反映，是人类对客观事物运动和变化状态的一种认知。

由此，信息的定义可以归纳为：信息就是对客观事物的反映，从本质上看信息是对包括自然界、社会在内的一切客观事物的现象、本质、特征及规律的描述。比如，人们常说的"世界第三极"珠穆朗玛峰的海拔为 8 848 米。其中，海拔 8 848 米是数据，而整个陈述则表示了一个信息，该信息反映了珠穆朗玛峰的高度。

信息与人类的生活息息相关，人类的各种活动都离不开信息。对信息进行更加深入的研究后，可以发现信息具有如下几个属性：

1. 客观性

信息的客观性表现在两个方面：① 信息是客观事物的反映；② 信息是不以人类意志转移的客观存在。也就是说，不仅信息所反映的内容是客观的，同时，信息本身的存在也具有客观性。

2. 普遍性

信息存在于一切自然界和社会当中，同时，它还存在于思想领域。自然界和社会中一切客观事物的现象、本质、特征和规律都包含有各种各样的信息，而思想领域的内容、相互交流也都是以信息的形式进行传递的。所以，信息是无处不在、无时不有的普遍存在。

3. 时效性

信息对客观事物的反映，往往被加入时间节点，即这种反映是对某一时刻的事物运动和变化状态的描述和刻画。不同时刻，信息所表现出来的结果可能是完全不相同的，所以在使用信息时，须特别注意信息的时效属性。

4. 价值性

信息其本身可以被看作是一个陈述，具有客观性。但其价值性可以通过人们获取信息及使用信息后得到的结果收益来进行衡量。价值高的有用信息，使用者使用该信息决策后得到高收益的回报；价值低或没有价值的信息，使用者使用该信息决策后得到低收益的回报。信息的价值性同时还体现在获取该信息的成本或难易程度上。

5. 传播性

信息在被获取后，不会局限在某一地点或某个时间点上，它能够通过报纸、书本、广播、电视、互联网等各类媒体进行传播，进而被其他人使用。这种传播具有成本低、传输速度快及传播范围广的特点，比如，通过网络或无线电波，可以将某个信息实时传播到全世界任何地方，甚至传播至太空中的空间站。利用信息的传播性，可以将有用信息进行扩散，从而提高信息的价值性。

6. 分享性

信息在使用和传播的过程中可以通过多种方法进行复制、分享。这些方法既包括报刊、书本、广播、电视等传统媒体，也包括网站、各类 App 等新型媒体。信息的分享性使信息的有用性大幅度提升，同时也提高了信息的价值性。

7. 独占性

不是所有的信息都具有共享性，某些特殊的信息还具有独占性。比如，一些受知识产权保护的商业信息、某些军事信息等，仅被特定的有限范围内的人或组织掌握和使用。通过对这些信息增加保密措施，阻止信息的传播和分享，从而保护特定的信息占有者的利益。

8. 局限性

信息本身具有客观性，但同时各种各样的信息又是通过人的认知来获取的。一个人认知水平的高低，决定了其获取信息的不同。由于人的认知水平仍处在不断提升的过程中，所以，当前的信息仍具有局限性，并且会随着人类认知水平的提升而不断得到加工和完善。

（三）知识

知识（Knowledge）是人类在物质世界和精神世界中探索实践时获得的信息总和。托马斯·富勒（Thomas Fuller）曾说："知识是珍宝，但实践是得到它的钥匙。"这句话也进一步指出，人类需要通过实践活动来认识世界的客观事物，将无序多样的信息提炼和总结，转化为有价值的具有系统性和结构性的成果，这部分成果就是知识。

根据知识能否被清晰地表述和有效地转移，可以把知识分为显性知识和隐性知识。显性知识的判断标准为：知识是否能被明确表达。通过媒体如报刊、书本、广播、电视或口述等方式传播的可编码化和结构化的知识就是显性知识，也被认为是"可以写在书本和杂志上，能说出来的知识"。隐性知识是相对于显性知识而言的，它是一种人们知道但难以表达的知识。它一般存在于人类的头脑中，但较难通过语言文字符号予以清晰表达或直接传递，如观念、经验等。隐性知识由于难以表达，因此，更加难以传播和分享。

一个组织或单位通常同时掌握显性知识和隐性知识。比如，一个公司既掌握存在于文件或数据库中的显性知识，又掌握着存在于员工头脑中的经验、工作方法等隐性知识。

（四）智慧

智慧（Intelligence）是个体生命所具有的一种高级思维能力，这种能力能令个体对自然和社会进行感知、理解、记忆、判断、分析及升华等，从而有目的地采取相应行动，以适应周边的环境。智慧是由智力系统、知识系统、方法与技能系统、审美与评价系统等多个子系统构成的复杂体系所包含的能力。在日常生活中，智慧体现为更好地解决问题的能力。例如，历史上著名的"司马光砸缸"的故事，有个小孩不小心掉进了一口满是水的大缸，其他小孩大多惊慌失措，也有一些小孩尝试去拉缸里的小孩，但由于缸内水很深，小孩无法被拉起。司马光通过分析，想到了在缸体上砸出一个大洞，让水从缸中流出的方法，从而令落入缸中的小孩获救。司马光面对现场的危急情况并没有慌张,预见到了无法从外面直接拉起落水的小孩,沉着冷静地采取砸破缸体的方法来救人,这就是一种智慧。

(五)数据、信息、知识与智慧的关系

由上可知,数据是对客观事物原始的、未经加工的事实描述;信息是对客观事物的现象、本质、特征和规律的描述;知识是指将信息关联并提炼后得到的对客观世界规律的总结;智慧是一种具有预见性且有创新性的知识运用能力。由上可以看出这样一个过程:数据可以转化为信息,信息升级为知识,知识升华为智慧。这个过程也常被称为信息的管理和分类过程,它让信息从无序变为有序,并使信息的价值得到升华。反过来,也同样存在从智慧到数据的过程,当信息达到一定的量后,智慧通过传播会变成知识,知识通过普及后会成为信息,信息通过记录就成了数据。这两个关于信息变化的过程也是研究信息的重要基础(图1-1)。

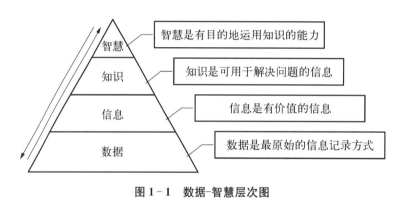

图1-1 数据-智慧层次图

二、系统

系统是信息系统研究的另一个基础关键词。系统的思想源于人类的实践活动,随着对现实世界认知的不断深化,系统逐步成为人们广为熟知的一个词。我们的身边存在着各种各样的系统,如自然系统、人文系统、社会系统、生态系统等,充分理解系统对学习信息系统有着重要的意义。

(一)系统的概念

系统(System)这个术语常出现在人们的学术研究活动和日常生活中,但至今仍未形成一个统一的、规范的定义。不同的思维方式和研究角度对系统有着不同的定义和理解。西方思想家黑格尔认为:必须把真理和科学作为有机的整体加以研究,真理只有作为系统才是现实的,没有系统的思想只能表明个体的主观心情,它的结论必然是带有偶然性的。我国传统典籍《易·系辞传上》也有关于系统的思想内容的记载,如"是故易有太极,是生两仪。两仪生四象,四象生八卦"等。美国《韦氏大辞典》认为,系统是有组织的或被组织化的整体,结合的整体所形成的各种概念和原理的综合,由有规则的相互作用、相互依存的形式组成的诸要素的集合。

中国著名科学家钱学森认为,系统是由相互作用、相互依赖的若干组成部分结合而成的具有特定功能的有机整体,而且这个有机整体又是它从属的更大系统的组成部分。

一般可以从下面几个方面来理解系统的定义:

第一,系统是由若干部分(要素)组成的。这些组成系统的部分(要素)可能是某些个体,如一所学校的学生、教师、职工等,他们共同组成了一个学校系统。这个系统可能本身又是一个子系统,如该学校系统又是当地教育系统的一个子系统。

第二,系统之间有一定的联系。系统由若干部分(要素)组成,这些要素之间相互作用、相互制约,且这种联系具有一定的平衡性,这种平衡的表现形式通常也被称为系统的结构。例如,人体的消化系统由各个生理消化器官如脾、胃、肝等组成,这些消化器官之间相互联系,保持平衡,构成人体的消化系统。

第三,系统具有一定的功能,或者说系统要有一定的目的性。系统的功能是指系统表现出来的性质、特征、作用和功能。比如,企业管理信息系统的一个主要目的(功能)是收集、传递、储存、加工、维护和使用企业经营所需的各种信息,辅助企业决策者进行决策,最终帮助企业实现经营目标。

同时,我们还要对系统进行进一步理解:系统是一个有机的整体。可以从以下几个方面来理解系统的有机性:① 系统的各组成部分(要素)处于不断地运动之中;② 各部分间存在着联系的平衡状态;③ 系统可以表现出一定的功能性;④ 系统的状态是可以转换、可以控制的;⑤ 系统在不同的环境下,可表现出不同的状态,发挥不同的作用;⑥ 对于规模较大、功能较复杂的系统,还可以再分为规模较小、功能较简单的次系统。

系统在实际应用中总是以特定系统出现的,如教育系统、消化系统、企业管理信息系统等,各系统前面的修饰词描述了该研究对象的功能和特点,即"物性"。在对系统进行表述时,须加上该"物性",以区别不同的系统及其功能。

(二) 系统的模型

系统的模型是系统物理特性的一种数学抽象,其采用文字、图表、数学符号等形式来描述系统的某一方面的本质属性。系统模型与系统对象本身不是同一事物,它是现实系统的描述、模仿和抽象,由反映系统本质和特征的主要因素构成,集中体现了这些主要因素之间的关系。

简单的系统模型包括3个部分:输入、处理过程和输出。如图1-2所示。

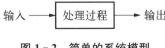

图1-2 简单的系统模型

对于带有子系统的一般系统模型,除了上述3个基本的组成部分以外,还包括以下几个部分:① 边界。通过对系统的一些性质的描述来定义系统的边界。边界之内是系统,边界之外是环境。② 接口。位于子系统之间,用于描述子系统之间的相互作用与相互制约的关系。接口处于子系统的边界上。③ 系统结构。系统结构还包括子系统的结构,用于描述系统内各组成要素之间的关系。④ 控制要素。对系统的运行进行管理,如发现系统运行结果偏离目标,则对系统要素进行调节,使系统运行回到正轨上来。

如图 1-3 所示为带有子系统的一般系统模型。

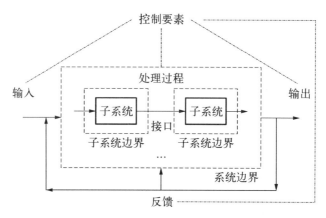

图 1-3 带有子系统的系统模型

实际问题中的系统对象都较为复杂。系统模型描述了系统组成要素之间最主要的关系,能够使实际问题得到分解和简化,从而使相关研究化繁为简。

(三) 系统的分类

为了对系统进行研究,人们常将系统划分为不同的种类,以便通过对不同的系统进行比较、分析来揭示不同系统之间的内在联系和规律。我们可以根据研究对象,从多个角度和用多种方法对系统进行分类,以便满足不同的研究需要。

1. 按系统的复杂程度划分

按复杂程度从简单到复杂,系统可划分为三类:

(1) 物理系统。物理系统是由一些物理元件、零件和单元组成的系统,如钟表系统、机床加工系统、车辆系统等。它们的共同点是组成系统的要素都是无生命的。

(2) 生物系统。生物系统是由各种有生命的物体组成的系统,如微生物系统、植物系统、动物系统等。它们的共同点是组成系统的要素都是具有生命的细胞。细胞比任何物理系统的组成要素都要复杂和高级。

(3) 社会系统及宇宙系统。社会系统是由生物与环境形成的关系的总和,人类的生产、消耗、娱乐、政治、教育等,都属于社会活动的范畴。动物或其他生物之间的社会行为也属于社会活动的范畴。宇宙系统泛指物质和时空,是所有空间、时间、物质的总称。社会系统及宇宙系统是研究事物内在规律的系统,具有思维和认知的无限性,如管理信息系统即属于社会系统,是一个包含软件、硬件在内的复杂系统。

2. 按系统的构成要素属性划分

按构成要素的属性,系统可划分为三类:

（1）自然系统。各类自然物作为系统的组成部分，主要被用于研究自然界现象和规律的系统，如微观原子系统、宏观天体系统、动植物生态系统、气象系统、人体生理系统等。

（2）人造系统。人类为了满足某种需要，通过劳动进行加工构成的系统，一般有三种类型：第一类是由人们直接加工自然物而获得的人造系统，如机器设备、工程设施等。第二类是由人们用抽象的制度、程序、组织组成的系统，如各类管理系统、社会教育系统等。第三类是根据人们对客观世界的认识为基础建立起来的系统，如各种科学体系和技术体系。

（3）复合系统。由自然系统和人造系统相结合的系统，如农业生态系统、生态环境保护系统、计算机软件系统及硬件系统等。

3. 按系统的形态或存在形式划分

按形态或存在的形式，系统可划分为两类：

（1）实体系统。在实体系统中，组成系统的要素是具有实体的物质，如机器系统、电力系统等。

（2）抽象系统。由概念、原理、原则、制度、方法、程序等抽象的非物质实体组成的系统称为抽象系统，如各种科学技术体系、法律法规的相关系统、哲学系统等。

实体系统和抽象系统在很多情况下是不可分割的，抽象系统为实体系统提供指导和服务，实体系统是抽象系统的服务对象，如机器系统是实体系统，而各种应用和该机器系统的生产方案、计划与程序，就是其对应的抽象系统。

4. 按系统与环境的关系划分

按系统与环境的关系，可将其划分为两类：

（1）封闭系统。封闭系统是指与外界环境无联系，不受外界环境影响的系统，即系统与环境无物质、能量、信息的交换，如一些化学实验中用到的密闭罐系统。

（2）开放系统。开放系统是指与外界环境发生联系，能进行物质、能量、信息交换的系统，如企业经营管理系统、自然生态系统、人类社会系统等。

完全封闭的系统在现实中是不存在的，封闭系统只是相对封闭的，当某些系统与环境联系很少，且这些联系对于系统来说是可控的时，该系统可视为封闭系统。现实中存在的基本都是开放系统，由于外界环境的不断变化，开放系统必须能通过调节自身来实现对环境的适应。

5. 按系统的状态与时间的关系划分

按系统的状态与时间的关系，可将其划分为两类：

（1）静态系统。静态系统是指系统状态不随时间的变化而改变的系统，如已经建造好的公路系统、各种建筑物系统等。

（2）动态系统。动态系统是指系统状态随时间的变化而改变的系统，如人体的生理系统、学校教育系统等。

物质总是运动的，所以系统也都是动态的，绝对静态的系统是不存在的。人们为了便于研究某些特定的问题,近似地将在一定时间内不依赖于外部且具有稳定运行能力的系统看作静态系统。

6. 按系统的构成要素多少及其相互关系的复杂程度划分

按构成要素多少及其相互关系的复杂程度,可将系统划分为两类:

(1) 小规模简单系统。小规模简单系统是指构成系统的要素数量少、内部联系简单的系统,如单台机器系统、单个生产班组系统等。

(2) 大规模复杂系统。大规模复杂系统是指构成系统的要素数量众多、内部联系相当复杂的系统,如一个大中型企业系统、一个大型工程系统、一个城市系统等。

一个大规模复杂系统往往是由许多小规模简单系统组成的,但是规模大小以及内部要素联系繁简程度都是相对的。比如,一个企业系统相对于企业内部的一个生产班组系统而言,是大规模复杂系统,而相对于比其更大的另外一个企业系统而言,就是小规模简单系统。

(四) 系统的特征

系统的种类有很多,其特征一般可以归纳为以下几点:

1. 整体性

任何系统都是由若干部分(要素)组成的一个有机整体,其各要素通过与其他要素一起发挥作用共同来确定系统的功能。系统作用的大小、性能的好坏不由单个要素或组成系统的其中几个要素决定,而由全部要素组成的整体表现出来的作用和性能决定,这就是系统的整体性特征。由于系统的整体性特征,系统的功能往往表现出整体功能大于组成系统的各部分功能之和,也就是人们常说的 $1+1>2$ 的效用。整体性是系统最基本的特征。

2. 结构性

组成系统的各部分(要素)之间具有相互作用和相互制约的联系,这种联系方式也被称为系统的结构性,其决定了系统的整体性。例如,一支足球队由前锋、中场、后卫、守门员、教练、队医等组成,他们之间以某种方式相互协作,共同参加比赛,这种协作方式就是足球队的结构性特征。

3. 目的性

系统是由各部分(要素)组成的一个具有特定功能的有机整体,是为了实现某个特定的目标或发挥某种作用而存在的,这种表现就是系统的目的性特征。系统的功能或目的的不同,通常也是区别不同系统的显著标志之一。系统的目的性特征也是系统的主导因素,其一方面决定了系统的产生,另一方面决定了系统如何发展,同时也决定着系统各部分(要素)的组成和结构。复杂系统往往都是多目标的系统,表现出多功能的特点。

4. 集合性

从系统的定义可以看出,系统至少要由两个部分(要素)集合而成,这些部分应该是独立的且功能各不相同。系统可看作是若干部分(要素)的一个集合,表现出整体性。

5. 相关性

系统要表现出整体性功能,其组成部分之间必然有相互作用和相互制约的联系。如果其内部某一部分的状态发生变化,那么其他相互独立的组成部分必然也要随之做出相适应的改变和调整,以便保持系统的整体性功能,将系统的运行维持在最佳状态。例如,某生产企业的生产部门根据销售部门的销售计划,制订自己的生产计划,实施生产。该企业的原材料采购部门和人力资源部门根据生产计划分别制订各自的计划,然后按计划采购原材料以及组织生产工人进行产品生产,以保证生产计划的完成。当市场需求增长时,销售部门有更高的销量预期,生产部门、采购部门和人力资源部门都将会调整各自的计划并实施,以便能满足生产需求,实现企业的经营目标。企业的各个子系统通过分工合作发挥各自的功能以便实现企业经营系统的总体目标,各子系统之间同时相互合作和相互制约,表现出系统的相关性特征。

6. 层次性

系统的层次性特征表现在一个大的复杂系统可以被看作由若干个小的子系统组成,甚至子系统也可被分解为更小的子系统;而该系统本身又可被看作是一个更大系统的子系统。利用系统的层次性特征,在实施一个复杂系统时,可以先将系统分解成若干个子系统,然后对子系统进行实施,先实现子系统的功能,以便能降低实施系统的难度。不同层次上的系统有着其各自的特点,利用系统的层次性特征,在研究复杂系统时考虑系统所处层次与周边系统的关系,先从一个或部分层次的系统开始研究,进而得到整个复杂系统的研究结果。

7. 运动性

物质是运动的,其形态、结构、功能和性质都是在运动中表现出来的。任何系统都是一个动态的系统,处于运动变化和发展之中。系统与外部环境之间不断有各种物质和能量的交换,并且系统内部各要素之间的关系也随着时间不断地变化,所以系统也在不断地发展且这种发展具有一定的方向性。根据系统运动性特征,不仅能看到系统的现状,还能看到系统的发展变化,并预测出系统的未来,从而能够更好地掌握系统发展的规律。

8. 有序性

系统实现功能的目的性,决定了系统结构、层次和组成要素的演变发展具有一定的方向性,这种方向性能使系统趋于有序的稳定。系统的有序性包括系统各要素的有序的联系,在系统中呈现多样化的特点,包括系统结构、系统层次及系统组织的有序等。系统的存在会表现出某种有序的状态,越是有序,其稳定性也越好。

9. 稳定性

在外界作用力下,系统具有一种自我稳定的能力,能使系统的结构、层次和组成要素在一定范围内进行自我调节,从而保持一种有序的状态,并保持系统功能。当系统受到某种外力而偏离正常状态时,当外力消失后,系统能恢复原有正常状态和功能,则称之为稳定的系统；相反，一旦系统受到外力后偏离其正常状态，当外力消失后，系统再也不能恢复到正常状态，则称之为不稳定系统。

10. 环境适应性

环境是指处于系统外界的所有事物的总和，包括各种物质、能量、信息和其他系统。任何系统都处于一定的环境当中，并与环境进行各种物质、能量和信息的交换。所以当环境发生变化时，也必将引起其与系统之间的相互联系发生变化。系统的环境适应性是指系统随着环境的变化而改变其结构、层次和功能的能力。系统必须要能适应外部环境的变化，否则就不能生存和发展，能够与环境保持好的适应状态的系统被称为理想系统。例如，有些动物的保护色就是一种系统环境适应性的表现，它能使动物随着环境的不同而变化自身的外观，一方面避免自己被天敌发现，另一方面也能使自己捕捉到更多的食物，从而使种群得到生存和发展。

(五) 系统方法

系统方法就是指从系统的观点出发，在系统与要素、要素与要素、系统与外部环境之间的相互关系中揭示对象系统的系统特性及运动规律，并利用研究结果对问题进行最佳处理。

系统方法主要包括以下几个内容：

(1) 对系统的分析和综合。首先，要对系统对象进行分析，从中研究系统功能、结构与层次的特征，找出系统组成要素之间以及系统与环境之间的相互关系；然后，综合分析它们是如何组合成有机的系统整体的。

(2) 建立系统的模型。它要求对系统的各个组成要素或子系统加以筛选，选择能反映系统主要特性的要素或子系统，确定它们之间的关系，并用一定的规则作出相应的映像。通过模型可以有效地表现出系统的各个设计参数和各种制约条件。

(3) 系统的整体性方法。整体性方法是各种系统方法中的一个基本方法，通过正确处理整体与局部的关系，从系统的整体功能、目标和特性出发来研究和揭示系统的规律。须特别注意，系统整体的功能不等于各组成要素功能的简单相加。

(4) 系统的最优化方法。系统的最优化方法是以整体性方法为基础，通过选择而形成的最有效果、最具特色的系统方法。最优化方法是系统方法的目的，即在众多系统实现目标的方法中，找到一个使系统达到最佳功能，取得最佳实现效果的方法。

三、信息系统

当人们走进一家超市时，超市门口的红外感应门可以采集超市内实时的顾客人数，采集到的数据被存入分析软件后，可以预判何时收银处会出现人群排队现象及排队时间的长短。超市根据这个信息，可及时增减收银处的工作人员，使顾客排队的时间不会太长，从而提升顾客购物的体验感，令顾客更愿意来超市购物，增加超市的利润；同时，也可合理地安排工作人员的数量，控制超市的人力成本。超市的这套顾客数量采集和分析信息系统,为超市的管理部门提高了运营效率,提升了超市的客户服务质量,增大了收益并减少了成本支出。

(一) 信息系统的概念

简单地说,信息系统就是对信息或数据进行处理的系统。它是一种由信息用户、计算机软硬件、通信网络设备、信息资源以及相应的控制制度为组成要素的,以收集、处理、传播数据和信息为目的的系统。同时,该系统能通过反馈机制对系统进行控制,以便系统能更好地运行。如图1-4所示。

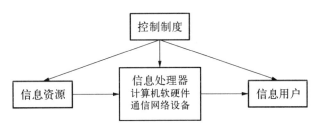

图1-4 信息系统的概念结构

从技术角度看,信息系统以支持组织的管理和决策为目的,是一组相互关联的能够收集、存储、处理、传播和内部控制的系统要素的集合。其工作机理为信息系统产生组织所需要的信息后,组织利用这些信息进行决策和管理,分析问题,解决问题,提高组织的目标实现能力。

从经营管理角度看,信息系统可以定义为:信息系统是一个基于信息技术的、在特定的环境中运行的,为了应对环境造成的挑战而生成的为组织和管理服务的解决方案。该定义一方面阐述了信息系统具有组织和管理的特征,另一方面也说明了信息系统产生的解决方案的目的性,即为了解决环境变化所带来的问题。

可以进一步从以下几个方面来理解信息系统:

一是信息系统是任何组织中都有的一个子系统,是为生产和管理服务的。对于从事物质生产及具体工作的部门来说,它是管理或控制系统中的一部分。

二是信息系统在组织中分布很广,渗透到组织中的每一个部门当中。

三是信息系统与组织中的其他系统的不同之处在于它虽然不从事某一具体的实物性工作,但是它起到了一个协调全局关系的作用。而组织越大,改进信息系统所带来的经济效益也就越大。信息系统的运行好坏与整个组织的效率密切相关。

(二) 信息系统的要素

信息系统通常包括五个基本要素:输入、处理、输出、反馈和控制。

1. 输入

输入(Input)是收集和获取原始数据及信息的活动。收集的方式又可分为人工手动和自动两种。

2. 处理

处理(Processing)是将输入的数据转换成有用的信息,包括存储、计算、比较、排序和替换等选择性行为。处理可以人工手动,也可以借助计算机来完成。

3. 输出

输出(Output)是指将处理后的有用信息以文档和报告的形式生成,并传递给需要这些信息的人或部门。

4. 反馈

反馈(Feedback)是指将输出与目标的偏差结果传递到输入端或处理端,以便能及时对输入和处理进行调整。反馈是管理部门改进决策的方法。

5. 控制

控制(Control)可利用事先制定的规章对系统的各种信息设备进行管理,通过各种程序对整个信息输入、处理、输出、反馈等环节进行调节,使各个环节保持正常的状态。

这五个要素之间的关系,如图1-5所示。

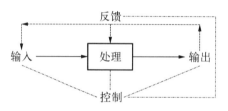

图1-5 信息系统的五个要素

(三) 信息系统的特征

信息系统的主要任务是在企业内部建立有关人力、物力、财力、设备、技术等资源的正确数据,通过加工使其成为有用的信息并及时传递给管理部门,以便管理部门对企业的经营作出正确的决策,以此来提高企业的经济效益和管理水平。

信息系统本身也是系统,所以它也具有系统的几个主要特征。其整体性特征体现在信息系统在一个组织内部起到了一个整体协调管理的作用;目的性特征体现在信息系统为各个管理部门提供管理决策所需的各种有用信息;层次性特征体现在信息系统也可以层次分解成各个子系统,每个子系统又可分解成若干个功能模块;结构性特征体现在信息系统内部各子系统、各模块之间存在着相互作用和相互制约的关系。

信息系统除了具有系统的一些主要特征外,还带有其自身的特点。信息系统利用了大量的计算机软硬件技术、通信网络技术,以及运筹学、控制论及社会科学等领域的知识,如政治、经济、管理、法律等知识,这使得信息系统在运行及作用时会表现出与普通系统不同的学科特性。

(四) 信息系统的发展历程

信息系统为组织的各项活动提供管理、调节和控制,以便能使组织得到更好的发展。

信息系统的出现是为了提高业务处理的工作效率，帮助员工从机械重复的工作中解脱出来。其最早出现时，计算机还没有问世。计算机出现后，伴随着网络技术的同步发展，信息系统发展迅猛，实现了从单机系统到网络系统、从低级系统到高级系统、从简单孤立系统到集成智能系统的跨越。这个发展过程大致经历了以下几个阶段：

1. 电子数据处理系统

电子数据处理系统（Electronic Data Processing Systems，EDPS）利用计算机来代替人工手段对事务性数据进行处理，这样可以大幅提高数据处理的效率。电子数据处理系统也被称为事务处理系统（Transaction Processing System，TPS），它的发展也分为两个阶段，单项数据处理阶段（20世纪50年代中期至20世纪60年代中期）和综合数据处理阶段（20世纪60年代中期至20世纪70年代初期）。

2. 管理信息系统

管理信息系统（Management Information System，MIS）是在事务处理系统的基础上发展起来的第二代信息系统，但两者又有显著的区别：事务处理系统仅在一个部门内获取和处理数据；管理信息系统则为整个组织管理提供信息，它通过应用管理方法和技术，把信息处理的范围扩大到组织机构的所有部门，提高信息处理的速度和质量，从而提升组织的管理效率和能力。管理信息系统最大的特点是高度集中，其能将组织中的数据和信息集中起来，快速处理成有用信息来统一使用。管理信息系统的另一个特点是利用定量化的科学管理方法，通过预测、计划、优化、管理、调节和控制等手段来支持决策。

3. 决策支持系统

决策支持系统（Decision Support System/Decision-making Support System，DSS）能够在人和计算机交互的过程中帮助决策者探索可能的方案，为管理者提供决策所需的信息。决策支持系统是辅助决策工作的一种信息系统，它主要是支持决策，而不是决策工作的自动化。信息系统是不断发展的，20世纪90年代以来，DSS与人工智能、计算机网络技术等结合形成了智能决策支持系统（Intelligence Decision Supporting System，IDSS）；20世纪90年代以来，出现了不少信息系统方面的新内容，如经理信息系统（Executive Information System，EIS）、战略信息系统（Strategic Information System，SIS）和计算机集成制造系统（Computer Integrated Manufacturing System，CIMS）；进入21世纪，出现了以人工智能为代表的集成智能系统（Integrated Intelligent System，IIS）等。

总之，信息系统的发展大大方便了企业的管理，通过为管理部门提供有用的信息，支持企业作出正确的战略决策，为提高企业的经营成绩作出了杰出的贡献。

四、信息系统与管理

（一）管理的概念

从远古时期开始，人类就开始集体生活和共同劳动。这种社会化的劳动，要求对劳动者、生产资料和劳动过程进行统一的计划、组织和协调,以便能实现合理的分工协作和资源调配,从而取得最大的劳动成果。这种计划、组织和协调就是一种管理,管理是社会化劳动分工的必然产物。随着人类社会的发展,对于管理的认识也在不断地发展,对管理的定义也趋于多元化。

本书采用的对管理的定义为:管理就是在特定的环境下,管理者为了实现一定的目标,对其所能支配的各种资源进行有效地计划支配、组织、领导、控制和创新等一系列活动的过程。从该定义可以看出:首先,管理是一个组织为了实现一定的目标而进行的一种特定的实践活动;其次,管理是管理者发挥主观能动性,采用一定的方式、方法作用于包括各种资源在内的客体,以使主体规划的目标顺利实现的活动;最后,管理是有计划的,是由一系列包括支配、领导和控制在内的相关活动构成的动态过程。

(二) 管理的特征

通过上述定义,可以看出管理具有以下几个特征:

1. 管理是一种社会现象

管理是一种社会现象,这种社会现象的存在,必须具备两个条件:第一,两个人以上组成的组织的集体活动;第二,具有共同的组织目标。管理产生于人们有组织的共同劳动,且是组织所必需的事物。其原因在于:由于共同劳动,人们需要沟通并统一目标;由于共同劳动,人们需要分工协作并对劳动要素进行组织协调;由于共同劳动,人们需要统一指挥、规范行为。所以,管理活动就成了必不可少的事物。组织活动需要有明确的目标,管理的职责就是不断地通过管理引导和激励,使成员放弃个人目的,形成集体目标并为了实现目标而努力。组织活动需要各项资源,管理的实质就是通过计划、组织、领导、控制和创新等手段,实现合理配置劳动资源和劳动者。管理分布在组织的各个部门,其作用就像组织的神经系统,是必不可少的。

2. 管理的对象是组织中的要素

组织要素包括组织的人力、财力、物力、信息、技术、环境和时间等资源。管理的实质就是通过计划、组织、领导、控制和创新等手段,实现组织内部各要素的合理配置和使用,从而能更好地实现组织的目标。因此,有组织就需要有管理,管理是对组织要素的管理,组织要素也被称为管理要素。管理要素可以分为两部分:一部分是组织内部的要素,包括组织的人力、财力、物力、信息、技术等资源;另一部分是组织的环境和影响要素,也被称为组织的外部要素,包括组织所处环境的社会经济、社会政治、法律法规、社会文化、行业发展和原材料供给等要素。

3. 管理的任务、职能与层次

管理作为一项任务,就是设计和维持一种体系,使这一体系中共同工作的人们有效率地用尽可能少的支出(包括人力、物力、财力、时间、技术以及信息等资源)去实现他们预定的目标。在一个组织里,管理者根据不同的管理位置,其管理的对象、内容和方式有所不同,但是管理和管理人员的基本职能是相同的,包括计划、组织、人员配备、指导与领导、创新,以及控制。这是由于管理的职能就是对管理工作的实质进行概括,但是不同层次的管理人员在执行这些职能时各有侧重。例如,上层管理人员与基层管理人员的不同在于上层更侧重于计划职能,但两者又有共同的任务,即都需要努力为集体创造一种环境,使人们在其中可以通过努力去实现共同的目标。

4. 管理的核心是处理人际关系

管理是以组织为单位让组织内的被管理者与管理者自身一起去实现组织的目标的过程。这个过程是动态的,主要包括管理者、被管理者和环境三大要素。在这三个要素中,人是主体,离开了人,就谈不上管理。所以,一切管理都应以做好人的工作,以调动人的积极性、主动性为根本。现代管理学把人的因素放在首位,重视处理人际关系,尽量发挥人的自觉和自我实现精神。其中,对外主要是协调与伙伴、顾客、社会公众之间的关系,为企业发展创造融洽的外部关系;对内则主要是在平衡各种矛盾,创造融洽的内部关系,发扬团体精神,在人际关系方面创造良好的工作条件。所以说,管理的核心就是处理好内外部的人际关系。

(三) 信息系统与管理的关系

信息系统的建设不仅仅是为了提高组织的经营效益,更重要的是要通过提高管理水平来实现一种先进的管理理念和管理思想。要做好这一点,就要先理清信息系统和管理之间的关系。在没有出现信息系统之前,各种管理活动就已经出现在人们的日常生活中了,如古代国家君主对国家的管理、军队将领对士兵的管理等。由此可见,管理最初是不依赖于信息系统而产生和存在的,但随着信息系统的出现,其在组织的管理中发挥了越来越大的作用,两者之间的关系也变得越来越密切。同时,管理对信息系统也起到了支持的作用,没有先进的管理支持的信息系统,就不是先进的信息系统。很多先进的信息系统发挥不了作用,或者发挥的作用不大,都是因为管理没有到位。

所以,信息系统是管理的手段和方法,组织通过信息系统提高管理水平;而管理是信息系统的目标和任务,组织利用信息系统最终都是为了实现先进的管理理念和思想,从而实现更好的效益目标。现代管理与信息系统是相互依赖、密不可分、互相支持的。这就是信息系统与管理的关系。

第二节 管理信息系统相关概念

早期,人们发现信息系统对企业的经营管理有着明显的帮助作用,但是受当时的技术和方法限制,在企业内部建立全面管理的信息系统是一件非常困难的事情,且应用效果不佳。但随着以计算机为代表的信息技术的迅速发展,各种经济管理模型得到实际应用,管理信息系统也得到了大力的发展,在各国经济中发挥了巨大的作用。

一、管理信息系统的定义

企业在生产和经营的过程中,会产生许多数据和信息,这些数据和信息一方面是对企业过去生产和经营状况的一个总结,另一方面也能被提供给管理部门作为其今后制定生产和经营策略的决策依据。这些数据和信息需要经过一定的处理才能转化为可被用于支持管理决策的信息。这些相应的处理过程包括资料的输入、处理和信息的输出,它们一起构成了管理信息系统(Management Information System,MIS)。1970 年,瓦尔特·肯尼万(Walter T. Kennevan)对信息管理系统做过如下定义:"以书面或口头形式,在合适的时间向经理、职员或人员提供过去、现在和未来有关企业内部及其环境的信息,以帮助他们进行决策。"这个定义仅指出了有用的信息可以帮助决策,但并没有指出获取有用信息的方式。

20 世纪 80 年代,戈登·戴维斯(Gordon B. Davis)关于管理信息系统提出了一个较为完整的定义:"它是一个以计算机硬件和软件、手工作业为基础,利用分析、计划、控制和决策模型,以及数据库的人机系统。它具有提供信息,支持企业或组织的运行、管理和决策的功能。"这个定义指出了管理信息系统的目标、功能和构成,其构成包括了计算机软硬件、各类决策模型、数据库等。这也反映了当时的管理信息系统的发展水平。

管理信息系统一词在我国出现于 20 世纪 70 年代末 80 年代初,根据中国的特点,许多最早从事管理信息系统工作的学者通过研究也提出了自己的观点。1999 年,薛华成对其定义:"管理信息系统是一个以人为主导,利用计算机硬件、软件、网络通信设备以及其他办公设备,进行信息的收集、传输、加工、储存、更新和维护,以企业战略竞优、提高效益和效率为目的,支持企业高层决策、中层控制、基层运作的集成化的人机系统。"这个定义不仅指出了管理信息系统的功能,同时还指出它是一个具有分层结构的、人机合作的技术系统。

管理信息系统的定义是随着时代变化和科学技术的进步而发展的。最初,管理信息系统被设想成一个单一的、高度一体化的系统,能实现组织赋予的功能。但随着时间的推移,这种系统的功能越来越复杂,并开始难以实现,管理信息系统的概念即转向各个子系统的集成。这样,管理信息系统不再是一个大系统,而是一些相关的信息系统的集合。许多小系统,如统计系统、数据更新系统、状态报告系统、数据处理系统、办公自动化系统、决策支持系统等,共同组成了一个大的管理信息系统。

二、管理信息系统的特点

随着人们不断地运用管理信息系统,它的功能也在不断地丰富和完善。当前,管理信息系统具有以下几个特点:

1. 人机系统

管理信息系统需要处理原始的数据,将其变成有用的信息,这不仅需要人的管理思维的参与,同时还需要利用计算机强大的处理和存储能力,它们共同组成一个协调、高效的人机系统。在这个系统中,人是管理系统建设的主体,主要起到对各种资源及信息流进行管理和控制的作用;计算机是一个辅助工具,可为人的主要活动起到提速增效的作用。

2. 综合系统

管理信息系统在组织中对各个方面,包括企业内部的管理制度、技术内容等起积极作用。管理信息系统的组成包括各个学科的交叉,如管理学科、数学学科、计算机学科、社会学科等,需要各种人才共同参与系统的建设和使用。所以,管理信息系统是一个对组织各方面进行全面管理的综合系统。

3. 基于数据库技术和网络技术

管理信息系统的核心技术包括数据库技术与计算机网络技术。数据库技术提供了强大的数据处理能力,能对海量的数据进行处理,为管理信息系统的发展打下了坚实基础;计算机网络技术特别是互联网(Internet)的快速发展,为管理信息系统的发展提供了最广阔的空间。

4. 有辅助管理决策的作用

管理信息系统可收集信息并分析企业的生产经营状况,利用各类管理模型对企业进行预测,将有用信息反馈给管理部门,作为管理人员分配各种生产资源、合理组织生产,以及进行决策的依据,为管理决策服务。

5. 有预测能力和控制能力

管理信息系统通过使用数学模型,如运筹学模型和数理统计模型,从而具备分析数据的能力和预测将来的能力。通过将有用信息反馈给各职能部门,使其能够对生产经营起到控制的作用,为实现经营目标提供帮助。

三、管理信息系统的结构

管理信息系统同信息系统一样,内部的各组成部分在一起相互影响、相互制约,共同发挥作用,为组织提供有用的信息。管理信息系统的结构指系统内部的组成及其各部分之间的关系。

管理信息系统的结构有很多种,比较重要的有基本结构、层次结构和职能结构三种。

(一)管理信息系统的基本结构

管理信息系统最基本的组成包括:信息源、信息处理器、信息使用者和信息管理者四个部分。其组成及功能如图1-6所示。

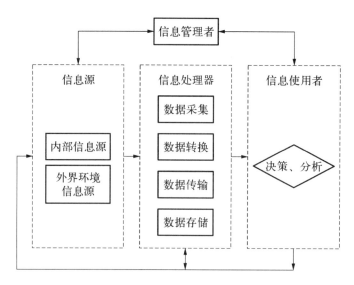

图1-6 管理信息系统的基本结构及功能

其中,信息源是需要处理的原始数据的"产生地",包括组织内部信息源和外界环境信息源。对于企业经营活动来说,内部信息源可以指企业内部生产经营活动所产生的数据,包括生产、销售、财务和人事等各方面的数据;而外界环境信息源则是指企业外部大环境的数据,如全球的经济形势、国家的政策法规等。信息处理器可对信息源的各类原始数据进行处理,包括收集、加工、存储以及将原始数据转化成可供信息使用者用于辅助决策的有用信息。信息处理器可以细分为数据采集、数据转换、数据传输和数据存储等装置。信息的使用者也被称为信息用户,是指利用系统产生的有用信息进行决策、分析、管理的部门或人员。信息的管理者在系统正式运营前期,是指管理信息系统的设计和开发者;在系统正式运营后,是指负责系统运营并协调各部分使系统能正常运行的部门或人员。虽然每个组织或企业具有不同的组织形式和信息处理方法,但其最基本的管理信息系统都可以看成基本结构模型。

(二)管理信息系统的层次结构

当管理信息系统规模变大时,需要将系统进行分层,形成某种层次结构,让每个层次具备一种信息处理的功能。划分系统的层次结构需要考虑两个内容:如何分层和每一个层次的功能划分。根据信息处理和决策支持的内容,可以把组织的管理分为三个不同的层次,从上到下依次为:战略计划层、管理控制层和执行控制层。执行控制层是基本的作业处理,如打字、算账、制表等工作;管理控制层处理战术信息,如生产、销售、财务、人事等;战略计划层站在企业的最高层处理总体目标和长远发展规划方面的信息。一般来说下层系统的处理量比较大,上层系统的处理量相对较小,所以就形成了一个金字塔式的结构。如图1-7所示。

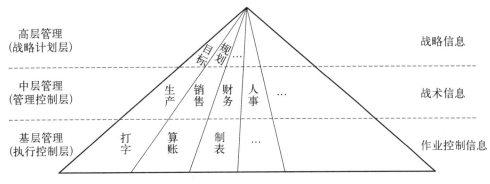

图1-7 管理信息系统的金字塔结构

战略计划层的管理活动主要涉及企业的总体目标和长远发展规划,因此,为战略计划层管理活动服务的管理信息系统需要比较广泛的数据来源,该系统提供的信息有高度的概括性和综合性。管理控制层的管理活动主要是根据高层管理确定的总目标,为组织基层部门制订资源分配计划表及实施进度表,并组织基层部门来实现总目标。运行控制层的管理活动是为了有效利用现有资源和设备而开展的各项活动,属于企业的基层管理,包括作业控制和业务处理两部分。

(三) 管理信息系统的职能结构

管理信息系统的职能结构是以企业中各部门或人员的职能来进行划分的。比如,可将企业管理信息系统按照职能划分为七个功能子系统:生产子系统、市场销售子系统、财会子系统、人事子系统、信息处理子系统、高层管理子系统、后勤子系统。如图1-8所示,行代表战略计划、管理控制、运行控制和业务处理四个不同的管理层次;行与列相交处代表适用于不同管理层次的职能子系统。该职能结构通常可以用管理层次—职能系统矩阵来表示。

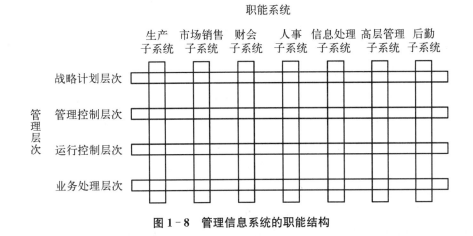

图1-8 管理信息系统的职能结构

除了上述三种主要的管理信息系统结构外,还有横向综合结构、纵向综合结构和总体综合结构等几种类型。横向综合结构是把管理信息系统中位于同一个层次的几种功能的数据进行综合管理的一种结构。比如，在企业中，管理部门对生产、销售等各部门的当月实际产销数据进行查询、汇总及统一分析。纵向综合结构是把管理信息系统中位于不同层次的同一功能的数据进行综合管理的一种结构。比如，在企业中，把整个生产部门包括班、组、车间及计划部等所有的生产数据进行查询、汇总和统一分析。总体综合结构是将横向综合结构与纵向综合结构结合起来的一种结构。

四、管理信息系统的作用

管理信息系统综合了管理学、计算机科学、数学和社会学等多类学科的概念、技术和方法，通过在组织内部进行各类信息管理，为组织管理决策提供依据，从而实现对组织的有效管理控制和决策。管理信息系统通过其在组织中所起到的作用来实现组织的发展目标。

1. 能够实现对重要信息资源的有效利用

人力、资金、物资、能源和信息是企业的重要资源，随着社会的信息化程度越来越高，信息资源的作用也越来越大，企业对于信息资源利用的好坏直接关系到企业在市场中的竞争力和经济效益。传统企业重视生产和制造，对于各类信息的管理和利用，因为没有适当的方法和手段而显得较为混乱。但是，管理信息系统能够将信息收集起来，不仅可以对大量数据进行分类、汇总处理，还可以利用信息和模型对企业生产、销售等业务进行预测和决策。所以，通过对信息资源的有效利用，可以提高企业的管理水平，为企业带来更大的经营效益空间。

2. 能够实现企业管理决策的科学化

传统企业的管理决策大多依靠领导或决策者的直觉和经验，如果只掌握了局部的信息，那么就有可能因为没有了解全部的情况而作出一个错误的判断，从而产生消极影响，作出错误的决策。决策和信息有着非常密切的联系，管理信息系统可以为企业提供全面的、科学的数据和信息，并在计算机技术的帮助下，利用生产调度、财务统计等模型，为企业的管理决策提供科学有效的支持。

3. 能够实现有效的辅助管理控制

除了能够辅助管理决策，管理信息系统还能增强企业管理控制的有效性，在辅助企业管理人员的管理控制方面发挥重要的作用。管理控制人员可以利用管理信息系统中的各类信息对生产和运营过程进行控制，同时也可以利用信息的反馈对已制订的计划进行修正和效果检验，以便能不断提高企业经营的效益和管理水平。在企业中，如果不能全面地掌握信息，很多情况便得不到很好的控制和管理。

4. 有助于优化企业的组织结构和业务流程

传统企业的组织结构多为上小下大的金字塔形，这种组织结构管理层级较多，造成信息自上而下传递或自下而上传递速度较慢，且容易丢失有用的信息，从而可能造成管理者决策时作出错误的判断，最终导致组织运行绩效不佳的结果。管理信息系统能够利用计算机信息技术制定出最优的生产、管理和经营方案,并能取代一些不必要的岗位和组织层级,使信息传递更加通畅且真实可靠。同时,管理信息系统的信息传递不再局限于企业内部,还能将外部的上下游企业整合进来,加强企业自身和上下游企业的合作,从而使人力资源、资金等的投入达到最合理的状态,提高企业的经营利润。

5. 促进新的企业管理制度和企业文化的形成

企业文化是一个精神领域的概念,是一个由企业的价值观、信念、符号等组成的特有的文化形象,好的企业文化是企业发展的动力。管理信息系统能优化企业的组织架构和业务流程,这就要求企业组织调整其内部的管理使之适应新的企业架构和流程。管理制度的改进也会促进企业组织内部形成新的文化氛围,这种文化氛围能使内部各部门或人员适应新的运作方式,并在新的结构和流程中发挥更大的作用,从而更好地为企业组织的目标服务。这也就是本章开头"导入"中,"国际计划"人力资源管理信息系统的优势所在,以及该系统是如何帮助机构提高响应速率和服务质量的。

第三节　管理信息系统相关理论的发展历程

管理信息系统是建立在管理理论和经济理论的基础之上的,以计算机技术、通信技术为方法,利用数学模型,通过进行全面的信息管理,向用户提供信息的人机互动系统。管理信息系统是一个不断发展的学科,且随着管理学理论的发展而不断更新,支持其发展历程的理论包括科学管理理论、行为管理理论和现代管理理论。

一、科学管理理论

19世纪末20世纪初,美国完成了从农业国向工业国的转变,工厂规模扩大,招收了大量的劳动工人。但随之带来了两个问题:第一,规模迅速扩大的工厂,其管理水平仍然低下,无法满足当时经济发展的需求;第二,新招收的工人大多来自农村,只会干农活,无法满足工厂机器生产的要求。在这样的背景下,1911年,费雷德里克·温斯洛·泰勒(Frederick W. Taylor)在他的主要著作《科学管理原理》中提出了科学管理理论,即对于任何一项工作,都应该确定一个科学的最佳方法。泰勒认为科学管理的目的是获得最高的劳动生产率及工作效率,这也是雇主和雇员达到共同富裕的基础。而要达到上述目标,就必须用科学化的、标准化的管理方法来代替过去的经验管理。该理论的核心是在雇主和雇员需要在心理上作一次彻底的思想革命。

科学管理理论认为最佳的管理方法是任务管理。首先,要为需要完成的任务挑选"一流的工人",他们要在体力和智力上超过普通人;其次,要为任务制定科学的工作方法,对工人生产使用的工具、方法,以及劳动、休息进行合理搭配,制定出一种标准的作业方法;最后,还要制定带有激励性的工资制度,通过奖励超额完成任务的工人和惩罚效率低的工人来调动工人们的生产积极性。此外,在组织管理方面要做到职能区分,由专业人员做好专业的事情,如由管理部门和人员执行计划职能,由车间内工人执行操作职能。通过职能区分将分工细化,使工厂内所有人员各司其职,用科学的方法取代传统的凭借经验或直觉的工作方法。在思想方面,雇主和雇员双方都必须来一次"精神"革命,使双方互相协作,共同为提高劳动生产率和工作效率而努力。双方也能在这种协作中取得成功并获得利益。

泰勒提出的科学管理理论思想,开创了实证式管理研究的先河,为流程管理学奠定了基础,其率先提出了工作标准化的思想,并首次将人性考虑进管理的研究中。这些思想成为现代管理理论研究的基础,并对现代管理理论研究产生了巨大的影响。

二、行为管理理论

行为管理理论最早形成于20世纪20年代,早期被称为人际关系学说,后来进一步发展为行为科学,现代则更多地称之为组织行为理论。行为管理理论强调"人"的因素,认为"人"是企业中最重要的资源,是决定管理效率的关键因素,能否解决好"人"的激励问题意义重大。

行为管理理论的研究范围包括心理学、社会学和人类学等,其主要的研究内容有以下几点:

(一)人际关系理论

人际关系理论由行为管理理论创立人乔治·埃尔顿·梅奥(George Elton Mayo)在《工业文明的人类问题》和《工业文明的社会问题》两本著作中提出,主要的观点包括:工人不是"经济人"而是"社会人",他们的行为动机不是单纯地追求金钱;企业中存在许多以感情为标准的非正式组织,管理者要保持正式组织的效率逻辑与非正式组织的感情逻辑之间的平衡状态,以便能使管理者与工人之间保持良好的合作关系;生产效率的高低主要取决于工人的士气,而士气则取决于工人所处的外界环境,如工作环境、家庭氛围,以及人与人之间的关系感情等因素。

(二)激励的理论

激励对工人劳动积极性的调动有着极为重要的影响。所谓激励,就是通过满足人的各种需要来调动人的积极性,这些需要包括生理的需要、安全的需向、社会的需要、自尊的需要和自我实现的需要等。在考虑激励因素能提高工人积极性的同时还需要考虑到维持因素,使效率高的工作状态得以稳定保持。这方面的专家及其代表理论主要有马斯洛(Maslow)的需要层次理论、赫茨伯格(Herzberg)的双因素理论、麦尔兹(Maerz)的激励与维持理论等。

(三)领导行为的理论

领导是影响人们自动地为达到群体目标而努力的一种行为,这一行为是否有效是衡量组织是否成功的一个重要的标准。高效的领导行为是指管理者对工人的生产进行指导和激励,使他们能满足生产的要求以达到组织目标;同时,还要能了解组织所遇到的困难并将其解决。领导的有效性不单由领导者本身的能力和品质决定,还会因被领导者的特点及组织环境的不同而表现不同。

(四) 人性假设理论(X、Y理论)

1957 年,美国社会心理学家、行为科学家道格拉斯·麦格雷戈(Douglas M. McGregor)在他的著作《企业的人性面》中提出了著名的"X-Y理论",基于两种相对的"人性假设"来研究影响管理的人类行为规律。X理论是强势管理理论,即假设员工天生懒惰,并喜欢回避责任且没有抱负,那么就需要采取一种强势管理方法,对员工产生约束力,提高企业生产效率。Y理论与X理论相反,假设员工天生勤奋,有自我担当和自我约束且具有创造能力,那么就需要采取一种充分予以尊重、让员工参与管理的方法。

行为管理理论把"人"的因素作为管理的首要因素,强调以人为中心的管理,重视职工多种需要的满足;从发展的角度,把正式组织和非正式组织、管理者和被管理者作为一个整体来考虑;重视组织内部管理和沟通等方面;强调人的感情和社会因素,提出参与式管理和自我管理等方式。

三、现代管理理论

进入 20 世纪 50 年代,许多国家都致力于本国经济的发展,现代科技水平大幅提升,生产规模急剧扩大,国际化进程加速,这些变化引起了人们的重视,推动了对管理研究的进一步发展。管理理论进入现代管理理论阶段,除了管理工作者和管理学家外,其他领域的一些专家,如社会学家、经济学家、数学家等也都从各自的角度,利用不同的研究方法,形成了许多学派,呈现出百家争鸣、百花齐放的繁荣景象。

1961 年,管理学家哈罗德·孔茨(Harold Koontz)在《管理理论的丛林》中详细阐述了管理研究的各种方法,把当时的各管理理论划分为六大学派。1980 年哈罗德·孔茨又发表了《再论管理理论的丛林》,指出管理理论已发展到十一个学派,即经验主义学派、人际关系学派、群体行为学派、社会协作系统学派、管理科学学派、权变理论学派、决策理论学派、系统学派、社会技术系统学派、经理角色学派、管理过程学派。

(1) 经验主义学派的代表人物是戴尔(Dale)和德鲁克(Drucker),他们提出通过分析管理者的经验来研究管理,其实质是将分析经验作为传授管理学知识的一种方法,也被称为"案例教学"。

(2) 管理过程学派,其代表人物是亨利·法约尔(Henri Fayol)和哈罗德·孔茨,他们认为无论什么性质的组织,管理者的管理职能是共同的,可以将这些职能进行分析后归纳出若干原则作为指导,以便能更好地提高组织的效率,达到组织的目标。

(3) 社会协作系统学派的代表人物是切斯特·巴纳德(Chester I. Barnard),其主要观点是组织是一个协作系统,其具有明确目标、协作意向和意见交流三个基本要素,效力和效率是组织发展的重要原则。

(4) 决策理论学派的代表人物是赫伯特·西蒙(Herbert A. Simon),他认为管理就是决策,决策行为贯穿于整个管理过程,决策是管理者最主要的任务,管理者应该研究如何做好决策等问题。

(5) 管理科学学派的代表人物是埃尔伍德·斯潘塞·伯法(Elwood Spencer Buffa),他主张在研究管理问题时,运用数学符号和公式进行计划决策和解决管理中的问题,将运筹学、统计学和计算机等学科知识及技术用于优化管理决策和提高组织效率。

(6) 权变理论学派的代表人物是琼·伍德沃德(Joan Woodward)和费雷德·菲德勒(Fred E. Fiedler),他们认为组织内部各部分之间存在相互作用,同时组织还受到外界环境的影响,组织的管理并没有一成不变的、普遍适用的"最好的"方法,任何理论和方法都不是绝对有效的,要采取哪种理论方法,需根据组织的实际情况和所处的环境状况而定。

现代管理理论的这六个主要学派并不是完全独立、截然分开的,它们在内容上互相影响、互相渗透,且有各自的研究特色。

四、管理理论与信息系统的融合

管理信息系统由管理、信息和系统三个概念组成,是建立在管理理论与计算机技术及其他相关学科基础上的交叉学科,其发展过程随着管理理论的不断发展而发展,同时也反映了管理思想和计算机技术结合的发展史。管理信息系统的发展过程经历了以下几个时期:

(一) 采购点法时期

1946年,第一台计算机在美国宾夕法尼亚大学诞生。在这之前的20世纪30年代,人们采用采购点法(Order Point Method,OPM)来解决库存控制问题,即在考虑生产状态、供应和存储的条件下,如何保证生产中需要的各种物料。OPM设定一个安全库存量作为采购时间点,即生产需要消耗安全库存量的时间刚好等于订货周期(从订单下达时间开始到原材料送达仓库的时间为止),这时候工厂就必须要下达采购订单来补充原材料库存(如图1-9所示)。

OPM是一种库存量不得低于安全库存量的补充库存方法,适用于需求或消耗量比较稳定的生产物料,符合当时美国社会的经济结构从农业转变为工业,出现了大量企业的批量生产组织方式的时代要求。

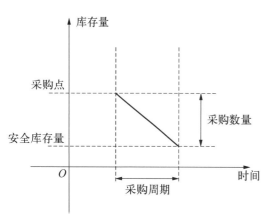

图1-9 采购点法示意图

(二) 物料需求计划时期

到了20世纪60年代,随着企业的规模扩大和业务发展,出现了许多新的情况,传统的采购点法已经无法解决诸多问题。例如,客户对产品有了不同的需求,工厂就无法再按照过去那样生产整个一大批同样的产品并无差别地销售,而是需要根据需求来生产出合适的产品以满足市场的个性化需要。但是由于事先无法了解到客户的需求,所以,为了保证生产的需要,不得不保持一个较大数量的安全库存,结果就造成工厂的库存过高,经营成本居高不下。

为了解决这样的问题,物料需求计划(Material Requirements Planning,MRP)得以产生,其基本内容为工厂要通过知道产品的主生产计划(Master Production Scheducing,MPS)、产品的物料清单(Bill of Materials,BOM)和库存信息,编制出零件的生产作业计划和采购计划。MPR 的基本任务可以描述为:从最终产品的生产计划导出相关物料的需求量和需求时间;根据物料的需求时间和生产(采购)周期来确定开始生产(采购)的时间。它们之间的关系如图 1-10 所示。

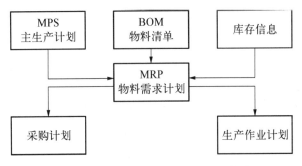

图 1-10 物料需求计划(MRP)示意图

(三) 闭环物料需求计划时期

物料需求计划(MRP)根据工厂外部对最终产品的需求计算出物料的需求时间和生产(采购)时间,但是没有考虑工厂内部的生产能力和采购能力。闭环物料需求计划(Closed Material Requirements Planning)产生于 20 世纪 70 年代,其将工厂的执行能力包括生产执行能力和采购执行能力作为约束条件,加到物料需求计划中,在流程上形成一个闭环。其工作流程是一个"计划—实施—判断—反馈—计划"的循环过程(如图 1-11 所示)。

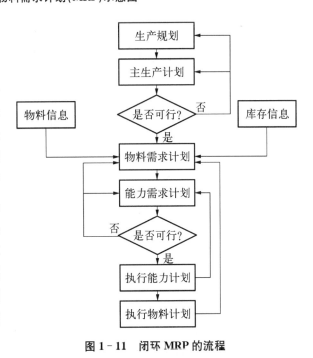

图 1-11 闭环 MRP 的流程

(四) 制造资源计划时期

闭环 MRP 系统将工厂的生产管理及物资整合在一起,同时还考虑了生产能力的约束。但是由于工厂的经营还包括人力资源、资金、信息、销售等组成部分,比如资金流可能会由财务人员另行管理,这就可能造成数据的重复录入和存储。在 20 世纪 80 年代,人们提出将 MRP 系统扩大,将企业经营的主要信息如生产、物资、资金、销售、采购等都统一进来,组成一个集成化的系统,该系统被称为制造资源计划系统(Manufacturing Resource Planning,MRP Ⅱ)。

MRP Ⅱ 系统在 MRP 的基础上向物料管理延伸,如采购计划、进货计划、产品档案、库存台账管理等;对于生产管理信息,如物料消耗、加工工时等进行财务成本核算、成本分析等;将营销和销售管理也集成到生产计划的依据当中加以考虑。MRP Ⅱ 系统通过将工厂经营的全部过程,如人、财、物、产、供、销等规范化管理,大大提高了工厂的管理水平。其流程如图 1-12 所示。

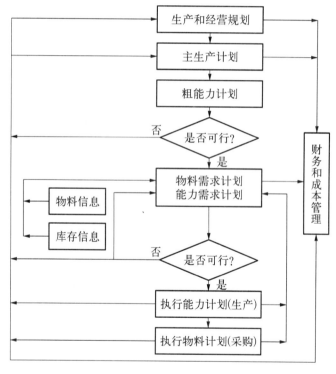

图 1-12 MRP Ⅱ 的流程

(五) 企业资源计划时期

进入 20 世纪 90 年代,社会经济进入高速发展时期,企业面临的竞争压力也迅速增大。传统的企业成本管理已经无法支持企业取得市场竞争的优势,企业必须通过有效利用一切资源,实现企业和外部社会各个方面的高效管理,来取得自身的生存和发展。于是,企业在 MRP Ⅱ 系统的基础上扩展了管理范围,形成了新的企业资源计划(Enterprise

Resource Planning，ERP)系统。

ERP系统是建立在计算机和通信技术的基础上，以系统化的管理思想为企业管理者和员工提供决策手段的管理平台，集信息计划和先进的管理思想于一身，强调企业工作流程和业务流程的规范化，实现企业人员、财务、制造、销售之间的工作集成管理；更多地强调了财务，具有较完善的财务管理系统；同时还考虑了人的因素在生产经营中的作用；全面采用了计算机技术，如客户机/服务器模式、面向对象技术、数据库技术、图形用户界面技术等；支持多种生产方式的管理模式，如离散制造、连续制造等。

此外，根据企业的业务种类，ERP系统还具有金融投资、数据管理、质量管理等多种功能，可以满足各类企业的不同需求。ERP系统能更好地将企业经营管理的各方面资源如物流、资金流、信息流等企业三大流，进行整合，支持企业的发展，为企业带来更大的经济效益和社会效益。

管理信息系统主要经历了以上五个发展时期，可以预计的是，随着科学技术和管理理论的不断发展，管理信息系统必将随之得到发展。与管理理论"以人为本"的发展视角相一致，管理信息系统今后也将向着更加人性化的方向发展。其发展会越来越注重人的因素，以人为出发点和中心，围绕着更好地激发和调动人的主动性、积极性和创造性，实现人与社会共同和谐。

探 究 发 现

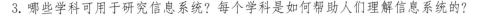

1. 信息系统在商业转变中起到了什么作用？它为什么对如今的企业运营和管理如此重要？
2. 信息系统究竟是什么？它是如何工作的？它的管理、组织和技术要素分别是什么？
3. 哪些学科可用于研究信息系统？每个学科是如何帮助人们理解信息系统的？

本 章 小 结

本章主要介绍了以下内容：

信息和数据是相关的两个概念。系统是为了实现某种目的，由一些相互作用、相互依存元素，在一定的环境下，按照一定的法则或结构组织起来的一个集合体。信息系统是由人、硬件、软件和数据资源组成的人机系统，目的是及时、正确地收集、加工、存储、传递和提供信息，实现组织中各项活动的管理、调节和控制。信息系统有不同的类型。管理信息系统是一个以人为主导，利用计算机硬件、软件、网络通信设备以及其他办公设备，进行信息的收集、传输、加工、存储、更新和维护，以企业战略竞优、提高效益和效率为目的，支持企业高层决策、中层控制、基层运作的集成化的人机系统。管理信息系统也有不同的结构。管理信息系统与组织之间存在着相互影响的关系。企业的竞争优势与企业信息化程度密切相关。信息技术影响企业的组织结构、竞争范围,推动企业进行创新。作为一个现代企业,必须清楚地理解信息技术对企业发展的意义,以及如何应用信息技术以获得显著而持久的竞争优势。

本章习题
参考答案

本 章 习 题

一、选择题

1. 决策的基础是 （　　）
   A. 规章制度　　　　　B. 客户　　　　　C. 管理者　　　　　D. 信息
2. 企业外部信息对于哪类管理信息系统用户最重要 （　　）
   A. 高层管理员　　　　　　　　　　　B. 中层管理员和知识工人
   C. 主管　　　　　　　　　　　　　　D. 操作员工
3. ERP 是在哪个系统的基础上发展而来的 （　　）
   A. 闭环 MRP　　　　B. MRP　　　　C. MRP Ⅱ　　　　D. SCM

二、简答题

1. 信息具有哪些属性?
2. 系统的特征包括哪些?
3. 管理信息系统主要有哪些结构? 它的作用是什么?
4. 管理信息系统的发展历程包括哪些支持理论?
5. 管理信息系统是如何与管理理论进行融合的?

拓 展 学 习

1. 请访问一些求职网站,花一些时间在线了解一下与会计、财务、销售、市场营销和人力资源有关的工作岗位。找出两三个需要信息系统知识的工作岗位的描述。这些岗位需要哪些信息系统知识? 为获得这些工作岗位,你需要做哪些准备? 请写一份报告,总结你的看法。
2. 某地产集团股份有限公司是大型国有房地产上市公司,实现了全国化战略布局。公司项目遍地开花,产品种类五花八门。但在营收大幅上升的同时,利润却上涨乏力。原因是各子公司的技术团队尾大不掉,区域总部技术管理层有心无力,造成子公司各自为政,同质化严重,企业竞争力日趋低下。为了改变这种现状,集团借助企业级管理信息系统一改当前的混乱局面,基于安东尼模型梳理信息化需求,开展技术管理信息系统的规划与实施,通过业务流程的优化及标准化、组织结构调整,搭建了信息数据共享平台,完成了 IT 战略整合,实现了公司业务的统一管理,并显著地提高了业务效率,降低了业务成本。

通过以上文字介绍的"某地产集团股份有限公司的管理信息系统建设",思考以下几个问题:

(1) 从"社会-技术"视角,谈谈该地产集团股份有限公司原先的技术管理信息化存在什么问题?

(2) 采用安东尼模型,并结合技术管理中心的组织架构,画出信息化建设的基本框架,并给出相应的解释。

(3) 试从流程管理、IT战略整合等方面,谈谈你对该公司的信息化建设建议?

第二章

管理信息系统的技术基础

 本章教学目标

通过学习本章,理解计算机网络的相关概念,了解并掌握计算机网络相关技术的应用。了解数据库的相关概念以及未来的发展趋势。

 本章核心概念

数据库系统、数据库设计、数据仓库与数据挖掘。

 导入

A 包裹运送服务公司信息化建设的成功经验

1907 年,A 包裹运送服务公司创建于一间狭小的地下办公室。两个来自西雅图不满 20 岁的年轻人骑着两辆自行车,带着一部电话,承诺提供"最好的服务和最低的价格"。遵循这个原则,该公司繁荣发展了 100 多年,至今已成为全球知名的地面和空中包裹递送公司。它是一家全球化的企业,拥有 40 多万名员工、超过 10 多万辆运输车,也是世界上较大的航空公司之一。

该公司业务网点遍布全球 220 多个国家和地区,2019 年的营业额达到 740 亿美元。尽管有来自其他物流公司的激烈竞争,但是通过大量投资于先进的信息技术,该公司仍能在小包裹递送服务市场上保持领导地位。其每年投入 10 亿美元来保证为顾客提供高水平的服务,同时保证公司的低成本顺畅运营。

所有这些均源于贴在包裹上的可扫描条形码标签,该条码包含寄件人的详细信息、目的地和包裹应当何时寄到等信息。顾客可以使用该公司提供的专用软件或者直接通过该公司网站,下载并打印他们自己的标签。包裹在被收走以前,标签上的信息就已经被传输到该公司位于新泽西州莫沃或佐治亚州阿尔法利塔的信息中心,同时被传输到离目的地最近的包裹集散中心。

该包裹集散中心的调度员下载标签数据,并利用专用软件分析交通、气候条件和每一站的具体位置,为每个包裹创建最有效的投递路线。该公司使用这项技术以后,公司的送货卡车累计每年能少走 4 506 万千米,节省 436 万升燃料。为了进一步节约成本、提高安全性，司机开展了由工业工程师开发的"340法"培训，从如何拿起包裹、安放包裹，到如何从卡车里的架子上取包裹，每一个操作均达到最优化程度。

该公司每个司机每天做的第一件事是拿起一个被称为递送信息读取设备（DIAD）的手持电脑，它可连上无线蜂窝电话网络。一旦司机登录系统，司机今天的投递路线就被下载到DIAD上。当领受包裹和送达包裹的时候，DIAD还能自动地读取顾客的签字信息以及包裹的接受和传递信息，包裹的跟踪信息随即被传到信息中心存储和处理。从此开始，这些信息就能在全世界范围内获取，为顾客提供递送的证明或响应顾客的查询。通常当司机在DIAD上按下"完成"键以后不到60秒的时间内，这些新的信息就能在网上被查到了。

通过这个自动化包裹跟踪系统，该公司在整个包裹递送过程中可以监控甚至调整路线。从送出到接收包裹，沿路各站点内的条形码设备扫描包裹标签上的运输信息，同时增加关于这个包裹递送的进程信息，并传送到信息中心。顾客服务代表可以通过联网到信息中心的桌面电脑来检查任何包裹的状态，随时响应顾客的询问。该公司的顾客也可以用自己的计算机或手机，通过该公司的网站来获取这些信息。目前该公司已经有了手机应用，智能手机均可以安装使用。

任何需要寄送包裹的人都可以联网到该公司网站，跟踪包裹、检查包裹路径、计算运费、确定运输时间、打印标签和计划收发的时间。在该公司网站上收集的这些信息被传至信息中心，处理后再传回给顾客。该公司也开发了工具并将这些工具提供给一些互联网技术公司，使这些公司能把包裹跟踪和费用计算等功能嵌入到他们的网站中，这样便可实现第三方的包裹运输状态跟踪。

基于网站的订单管理系统（Order Management System，OMS）管理着全球的服务订单及重要零部件的库存情况。这套系统使一批需要运输重要零部件的高科技电子公司、航空航天工业公司、医疗仪器设备公司以及世界上任何地方的其他公司均能快速地获取重要零部件的库存信息，确定最优运输策略以满足顾客需求，在线下单，跟踪从仓库到最终用户的零部件状态。自动电子邮件或传真功能让顾客随时掌握每个运输关键站点的信息，当运输零部件的商业航班飞行时间发生变更时也能随时通知顾客。

现在，该公司利用它自己几十年积累的全球递送网络管理经验为其他公司管理物流和供应链活动。该公司创建了一个供应链解决方案部门，给其他公司提供完全整合的、标准化的服务，其成本只占这些公司建造自己系统和基础设施所需要成本的很小部分。除物流服务外，该项服务还包括供应链设计和管理、货运代理、海关代理、邮件服务、多式联运和金融服务等。

问题：
A包裹运送服务公司使用的先进技术是如何影响公司的运作和服务能力的？

信息系统为企业决策提供支持，它的工作实质上是对信息进行收集、存储、加工处理、传输和输出的过程。而网络技术和数据的组织管理技术是管理信息系统必不可少的技术基础，也是企业实现信息化、全球化必不可少的技术手段。网络打破了时间和空间的限制，使人们可以在不同的地理区域随时进行数据交换和资源共享，人们的管理控制活动得以协调统一，企业的组织、管理与决策效率得以大幅提高。

第一节　计算机网络技术

作为构建管理信息系统的基础，计算机网络技术的发展和应用改变了传统企业的管理模式和经营模式。信息网络在现代企业中得到了广泛的应用，它是一种专门用于企业内部信息管理的计算机网络，覆盖企业生产经营管理的各个部门，为整个管理信息系统提供硬件、软件和信息资源共享，帮助现代企业摆脱由地理位置带来的不便。企业通过管理信息系统对分布在各地的业务进行及时、统一地管理和控制，并实现在企业内部的信息资源共享，从而大大地提高了企业在市场中的竞争能力。

一、计算机网络的定义

计算机网络是现代计算机技术与通信技术互相渗透、密切结合的产物，是随着社会对信息传递和信息共享的需求而发展起来的。计算机网络就是把分布在不同地理区域的具有独立功能的计算机通过通信线路与通信设备连接起来，在网络管理软件与网络通信协议的管理和协调下，形成的一个以资源共享为目的、规模大、功能强的计算机系统。

二、计算机网络的组成

计算机网络是由多个部分组成的系统整体。它的组成方式从不同角度来看，可以分为以下几类：

（一）按组成成分划分

从组成成分上来看，一个计算机网络可划分为硬件、软件、协议三大部分。

计算机网络的硬件系统是系统实现的基础，主要由文件服务器、工作站（包括终端）、传输介质、网络连接硬件和外部设备五部分组成。文件服务器在网络中充当核心，负责共享资源的接收、管理和传递，管理网络存储设备中的文件，为网络用户提供文件共享服务。工作站可以说是一种智能型终端，具有很强的信息处理功能和图形、图像处理功能，连接到服务器的终端机也可以叫作工作站。传输介质是网络中发送方和接收方之间的物理通路，是传输信息的载体，不同的传输介质对网络中数据通信的质量和速度有很大影响。网络连接硬件是把网络中的通信线路连接起来的各种设备的总称，这些设备包括网络接口卡（NIC）、集线器（HUB）、中继器（Repeater）等。键盘、鼠标、打印机等输入、输出设备和外存储器是计算机系统中的重要组成部分，起到信息传输、转送和存储的作用，统称为外部设备。

计算机网络的软件部分多属于应用层,主要包括系统软件、支撑软件和应用软件。系统软件由操作系统、实用程序、编译程序等组成,实现对各种软硬件资源的控制管理。支撑软件是支撑各种软件开发与维护的软件,主要包括环境数据库、各种接口软件和工具软件,如编译器、数据库管理、驱动管理、网络连接等方面的软件。应用软件是用户可以使用的各种程序设计语言,以及基于各种程序设计语言编制的应用程序的集合,分为应用软件包和用户程序。

协议是计算机网络的核心,是有关计算机网络通信的一整套规则,规定了网络传输数据所遵循的规则、约定和标准。主要是对信息传输的速率、传输代码、代码结构、传输控制步骤、出错控制等作出规定并制定标准。常用的网络协议有 NetBEUI、IPX/SPX、TCP/IP 等。

(二) 按工作方式划分

从工作方式上看,计算机网络可以分为边缘部分和核心部分,这里的网络指的是因特网。边缘部分由因特网中所有供用户直接使用的主机组成,利用核心部分提供的服务,实现主机间的数据通信和资源共享。核心部分由大量的网络和连接这些网络的路由器组成,实现边缘部分中主机间的连通和通信。

(三) 按功能组成划分

从功能组成上看,计算机网络可以分为通信子网和资源子网。通信子网提供数据通信的功能,资源子网提供数据处理与资源共享的功能。其网络结构如图 2-1 所示。

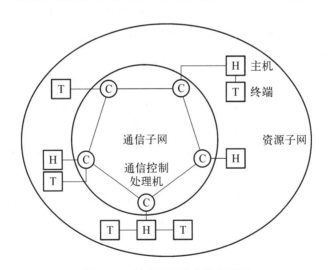

图 2-1 计算机网络结构示意图

1. 通信子网

通信子网是指网络中实现网络通信功能的设备及其软件的集合,处于网络内层,由通信控制处理机(Communication Control Processor,CCP)、通信线路及信号变换设备等其他通信设备组成,主要包括中继器、集线器、网桥、路由器、网关等硬件设备。通信子网提供网络通信的功能,实现网络中主机间的数据传输、交换、控制和变换等功能。

通信控制处理机是主机和终端设备接入计算机网络的接口设备,也是对各主机或其他数据终端之间的数据传输和交换进行控制的装置,在网络拓扑结构中通常被称为网络节点。通信控制处理机通常是指配置了通信控制功能的软件和硬件的小型机、微型机。其主要功能,一是作为资源子网的主机、终端的连接接口,将主机和终端连入网络中,负责管理和收发主机和网络所交换的信息。二是作为通信子网中的分组存储转发节点,负责分组的接收、校验、存储、转发等,实现将信息准确发送到目标主机的功能。

通信线路是网络节点间信息传输的物理通路,即通信介质。计算机网络中可使用多种通信线路:由电话线、双绞线、同轴电缆等有线介质组成的通信线路;由无线电波、微波、红外线等无线介质组成的通信线路。

信号变换设备是实现不同传输系统间信号变换的设备,它根据不同传输系统的要求对信号进行转换,如实现数字信号与模拟信号之间变换的调制解调器、无线通信的发送和接收设备,以及光纤中使用的光电信号之间的变换和收发设备等。

2. 资源子网

资源子网是计算机网络中面向用户的部分,处于网络外围,由主机系统、终端、终端控制器、联网外设、各种软件资源和信息资源组成,主要包括服务器、故障收集计算机、外部设备、系统软件和应用软件等。资源子网负责全网数据处理和向网络用户提供资源及网络服务,包括网络的数据处理资源和数据存储资源。

主机系统是资源子网的主要组成,也是软件资源和信息资源的拥有者。它通过高速通信线路和通信子网的通信控制处理机相连接,为本地用户访问网络中其他主机设备和资源提供服务,同时为远程用户访问本地资源提供服务。

终端是用户访问网络的界面。终端可以是简单的输入、输出终端,也可以是带有微处理机的智能终端。它可通过通信控制处理机直接连入网络,也可通过连入网络的计算机系统间接连入。终端的种类有很多,如交互终端、显示终端、智能终端、图形终端等。

终端控制器是用于分布式远程通信网络上,对各种输入、输出信号进行采集和遥控的通用控制器。

外部设备是指网络中的一些共享设备,如打印机、绘图仪、硬盘等。

各种软件资源和信息资源主要包括应用软件、系统软件和数据等。

三、计算机网络的主要功能

计算机网络在网络操作系统、网络管理软件及网络通信协议的管理和协调下,实现了计算机系统的资源共享和信息传递,极大地扩充了计算机系统的功能。计算机网络对管理信息系统的助力主要体现在数据通信、资源共享、分布式处理与负载均衡等方面。

(一) 数据通信

数据通信是计算机网络最基本和最重要的功能之一。数据通信是按照一定的网络通信协议,利用数据传输技术实现联网计算机之间的各种信息传输,并将分散在不同地理位置的信息系统终端联系起来,进行统一的调配、控制和管理。数据通信总是与远程信息处理相联系,是包括科学计算、过程控制、信息检索等内容的信息处理。

（二）资源共享

资源共享是人们建立计算机网络的主要目的之一。这里的资源指的是构成系统的所有要素,包括各种软件资源、硬件资源和数据资源,如计算机处理能力、大容量磁盘、高速打印机、通信线路、数据库和其他计算机上的有关数据信息。由于经济和其他因素的制约,所有用户不可能都独立拥有这些资源。硬件资源的共享可以提高设备的利用率,避免设备的重复投资。例如,软件资源和数据资源的共享可以充分利用已有的信息资源,减少软件开发过程中的劳动,避免大型数据库的重复建设。

（三）分布式处理与负载均衡

网络控制中心负责检测和分配,当计算机网络中的某个计算机系统负荷过重时,可以将其处理的某个复杂任务分配给网络中的其他计算机系统处理,从而利用空闲计算机资源以提高整个系统的利用率。任务被均匀分配给网络上的各台计算机系统,降低了计算机发生故障的可能,提高了计算机系统的可靠性。

以上功能很好地解释了本章"导入"中,A 包裹运送服务公司使用的计算机网络相关技术是如何影响公司的运作和服务能力的。

第二节　数据库技术

数据库技术是利用数据库的结构、设计、存储、管理与应用的基本理论和方法,实现对数据库中的数据进行理解分析、处理的技术,是信息系统的核心技术与重要基础,通过研究解决大量数据的组织和存储问题,可以有效地减少数据库系统中的数据冗余,实现数据共享,保障数据安全,并高效地获取和处理数据。

数据库技术以数据库系统中的数据为研究和管理对象,主要内容包括以下几个方面：

一是按照指定的数据结构对数据库系统中的数据进行统一组织和管理,并建立相应的数据库和数据仓库；

二是通过运用数据库管理系统和数据挖掘技术设计实现数据库系统中数据的管理；

三是利用应用管理系统实现对数据库系统中数据的理解、分析与处理。

数据库技术作为管理信息系统中一种至关重要的信息技术,在整个系统中发挥着数据组织、存储、管理和分析的作用,是进行系统分析的基础,管理信息系统分析离不开数据库技术的支持。

一、数据库系统的概念

数据库系统（Database System，DBS）是由数据库以及数据库管理软件组成的系统,集存储介质、处理对象和管理系统为一体,为存储、维护和应用管理信息系统提供数据层面的支持。

数据库系统的个体含义是指一个具体的数据库管理系统软件和用它建立起来的数据库;它的学科含义是指由研究、开发、建立、维护和应用数据库系统所涉及的理论、方法、技术所构成的学科。在这样的双重含义下,数据库系统成为软件研究领域的一个重要分支,常被称为数据库领域。

数据库系统是为适应数据处理的需要而发展起来的一种较为理想的数据处理的核心机构。计算机的高速处理能力和大容量存储器为实现数据管理自动化提供了条件。

数据库研究涉及计算机应用、系统软件与理论三大领域,其中,计算机应用可促进数据库系统软件的研制开发,新系统软件又带来新的理论研究,而理论研究又可对计算机应用、系统软件两个领域起到理论指导作用。数据库系统的出现是计算机应用的一个里程碑,它使计算机应用从以科学计算为主转向以数据处理为主,从而使计算机在各行各业乃至家庭中得以普遍使用。在它之前的文件系统虽然也能处理持久数据,但是文件系统不提供对任意部分数据的快速访问,而这对不断增大的数据应用需求来说是至关重要的。为了实现对任意部分数据的快速访问,就需要研究优化技术。但这些优化技术往往很复杂,是普通用户难以实现的,所以就由系统软件(数据库管理系统)来完成,最终提供给用户的是简单易用的数据库语言。由于对数据库的操作都由数据库管理系统完成,所以数据库就可以独立于具体的应用程序而存在,且又可以被多个用户共享。因此,数据的独立性和共享性是数据库系统的重要特征。数据共享节省了大量人力、物力,为数据库系统的广泛应用奠定了基础。数据库系统的出现使普通用户能够方便地将日常数据存入计算机并在需要时快速访问,从而使计算机走出科研机构进入各行各业乃至千家万户。

二、数据库系统的组成

数据库系统由计算机系统、数据库、数据库管理系统和数据库人员组成,是一个具有高度组织的整体,在管理信息系统中发挥着重要作用。

(一) 计算机系统

计算机系统是指数据库系统中用于数据管理的计算机硬件、软件和网络系统,利用其主存储器和辅存储器为数据库系统存储大量数据,响应数据库系统中的各种数据请求操作。主存储器通常具备大容量的特性,用于存放和运行操作系统、数据库管理系统程序、应用程序及数据库、目录等;辅存储器作为主存储器的辅助设备,通常是拥有大容量的直接存取设备。

(二) 数据库

1. 数据库的概念

数据库(Database,DB)是按照一定的数据结构和规则对数据进行组织、存储和管理的数据集合。数据库是一个自描述的集成记录的集合,数据库中的表或文件、表中各行之间的联系和元数据三者组成了数据库。数据库具有数据的结构化、独立性、共享性、冗余度小、安全性、完整性和并发控制等特点,可实现对数据进行新增、删除、更新和查询等操作。

2. 数据库的发展

管理信息系统的普及应用离不开数据库的发展。纵观数据库的发展,从概念到内容再到形式,都发生了翻天覆地的变化。从烦琐复杂的人工管理阶段,一直到基于 Web 的数据库系统阶段,数据库中的数据管理发生了深刻的变革。

(1) 人工管理阶段。人工管理阶段(20 世纪 50 年代中期以前)是指计算机问世初期,这一阶段的计算机主要用于科学计算。在硬件方面,这一阶段中的外存储器主要是磁带、卡片、纸带,没有磁盘等直接存取设备,只有专业人员才能利用二进制代码进行数据和程序的输入操作,而且容易出错,难以输入大量数据。在软件方面,这一阶段还没有操作系统,也没有管理数据的软件,只有汇编语言,在数据处理上采用的是批处理的处理方式。人工管理阶段的特点是数据不保存;没有软件系统来管理数据,需要程序员来设计程序中数据的逻辑结构和物理结构;数据无法共享;数据不具有独立性。人工管理阶段数据库中的数据管理如图 2-2 所示。

图 2-2 人工管理阶段数据库中的数据管理

(2) 文件管理阶段。随着计算机技术的发展,计算机的应用范围逐渐扩大,不仅用于科学计算,还大量用于管理。在文件管理阶段(20 世纪 50 年代后期至 60 年代中期)中,计算机在硬件方面,有了磁盘等直接存取设备用于存取数据。在软件方面,出现了操作系统,其中有专门的管理数据的软件,称为文件系统,并出现了高效简洁的高级语言,在数据处理上有文件批处理和联机实时处理两种处理方式。文件管理阶段的特点是数据可以长期保存;由文件系统管理数据,实现对数据的存取管理操作;文件形式多样化;但仍存在不少缺点,如数据共享性差、冗余度大、独立性差、一致性差等。文件管理阶段数据库中的数据管理如图 2-3 所示。

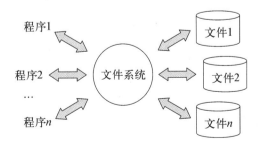

图 2-3 文件管理阶段数据库中的数据管理

(3) 数据库系统阶段。在数据库系统阶段(20世纪60年代后期开始)中,计算机用于数据管理的规模更为庞大,应用也越来越广泛,数据量也急剧增长。在硬件方面,大容量磁盘大规模生产,价格持续下降。在软件方面,软件价格上升,联机实时处理要求增加,开始考虑分布式处理。另外,在数据管理软件上,出现了统一管理数据的专门软件系统,即数据库管理系统。数据库系统阶段的特点是具备面向全组织的复杂数据结构;数据冗余度小,共享度高且易于扩充;具有较高的程序和数据的独立性;实现了统一的数据控制功能,使数据的完整性、安全性、并发控制和数据恢复等得到了保障。相对于文件系统,数据库系统不仅要考虑记录内部的联系,而且还要考虑记录之间的联系,而文件系统一般只考虑记录内部的联系。从整体上看,文件系统中的文件之间缺乏联系,数据的整体结构差,而数据库系统中记录之间的联系比较复杂,相应的数据结构也很复杂。数据库系统阶段数据库中的数据管理如图2-4所示。

图2-4 数据库系统阶段数据库中的数据管理

(4) 先进数据库阶段。先进数据库阶段(20世纪80年代中期)处于信息爆炸时代,数据库管理系统在数据处理上,往往只能应对相对简单、固定和机械的数据,而且在操作和应用上相对比较复杂,此时一种与应用程序相结合的开发平台应运而生。在应用系统开发平台中,不仅可以实现数据库管理系统创建数据库或数据表的基本功能,还可以对数据表中的数据或信息进行添加、删除、处理并产生数据报表。在功能、灵活性以及针对性方面,基于开发平台的数据库应用系统相对于数据库管理信息系统有较大的优势。另外,在应用上,基于开发平台的数据库应用系统不仅可以存储和处理传统的文本数据,还可以对图像、声音、视频等数据进行存储与加工。

(5) 基于Web的数据库系统阶段。随着信息业务日趋复杂,信息量剧增,信息分散化不断加剧,信息数据的分布式处理需求逐渐增加,数据库应用系统的功能已经无法满足这一阶段的需求,因此,基于Web的数据库应用系统由此而产生。它具有分布式的特点,能够有效地解决在计算机网络上对于不同时间、不同地点的数据如何进行发布和处理的问题,因此也被称为分布式数据库系统。在基于Web的数据库系统阶段(20世纪90年代至今)中,分布式数据库系统的基本原理和实现技术得到了广泛的研究,其应用系统的开发也成为数据库应用系统开发的主流。

(三) 数据库管理系统

数据库管理系统(Database Management System,DBMS)是用来创建、处理、管理数

据库的软件系统,是数据库系统中的核心组成部分。其主要功能有:在数据库中创建表、联系和其他结构,并对数据类型和数据存储形式进行定义;实现对数据进行增加、删除、修改、检索、备份等操作;提供帮助数据库管理的工具,其中包括建立安全系统来保障数据库的安全、添加结构来提高数据库的应用性能等。现有的 DBMS 产品有:关系型数据管理系统 DB2、Access、SQL Server、Oracle Database 及 MySQL 等。

DBMS 可以通过最大限度地减少存放重复数据的单独文件来有效降低数据的冗余度与不一致;通过定义数据库中的数据类型,可以在一定程度上保证数据的完整性;通过将数据与程序分开来确保数据的独立性,提高数据性的获取和可用性,从而降低程序的开发和维护成本;通过组织集中管理、使用数据等来保证数据安全,并实现数据共享。

DBMS 由以下三种软件构成:

1. 数据定义语言

数据定义语言主要用来定义数据库中的数据结构和数据之间的联系。根据数据描述的对象不同,可将数据定义语言分为模式数据描述语言、子模式数据描述语言及物理数据描述语言。其中,模式数据描述语言主要描述的是全局的数据逻辑结构,而子模式数据描述语言主要描述的则是局部的数据逻辑结构,物理数据描述语言反映的是数据的物理存储方式。数据定义语言在保证数据的完整性和安全性方面发挥着重要作用。

2. 数据操纵语言

数据操纵语言作为用户或程序访问数据库的接口,根据数据库系统的使用方式可分为独立式查询语言和嵌入式查询语言两类。可从字面上来理解这两类语言,独立式查询语言是独立使用的,可交互地对数据库进行操纵,而嵌入式查询语言则需要嵌入至某高级语言中来使用。

3. 数据库运行控制系统

数据库运行控制系统是 DBMS 的核心,其主要通过存储控制、安全性控制、完整性控制及事务管理等例行程序来实行对数据库的运行控制与管理。

(四) 数据库人员

数据库人员由软件开发、软件管理和软件使用三类人员组成。软件开发人员主要负责数据库系统的开发工作,其中包括开发设计、程序编制、系统调试以及软件安装等;软件管理人员是数据库系统的核心管理人员,全面负责数据库系统的控制与管理;软件使用人员是数据库系统的最终用户,主要通过应用程序接口来实现对数据库的访问与操作。

三、数据仓库与数据挖掘

随着信息时代对信息需求的增加和市场竞争的加剧,如何从大量的数据中快速获取有用的信息,已然成为社会公认的新的行业增长点和竞争优势。传统数据库系统具有事务型处理和分析型处理两种类型的处理方式,事务型处理是对数据库进行日常的联机操作以支持各种业务活动,分析型处理是对大量数据进行分析以提供决策支持,但传统数据库系统无法满足这种既要实现事务型处理又要进行分析型处理的需求,因此数据仓库等新技术便应运而生。

数据仓库技术是在决策支持系统发展的基础上产生的,以关系数据库、并行处理、分布式技术及网络技术为基础,实现从大量数据中获取有用信息,并有效提高决策分析的效率,而不影响事务处理的速度。数据仓库是数据挖掘的基础,数据挖掘是在数据仓库的大量数据中寻找和探索未知的模式或趋势的过程,并通过寻找这种未知的、未被人发现的模式或趋势来支持决策。

(一)数据仓库

1. 数据仓库的概念

数据仓库之父比尔·恩门(Bill Inmon)在1991年出版的《建立数据仓库》一书中将数据仓库定义为:"面向主题的、集成的、稳定的、随时间变化的数据集合,以支持管理层的决策过程。"数据仓库是一种存储、管理和分析数据的方式,是体系化环境的核心,主要研究和解决从数据库中获取信息的问题。

2. 数据仓库的特点

数据仓库作为决策支持系统和联机分析应用数据源的结构化数据环境,具有以下特征:

(1)数据仓库是面向主题的。主题是指用户使用数据仓库进行决策时关注的重点领域,每一个主题都对应一个宏观的分析领域。

(2)数据仓库是集成的。数据进入数据仓库之前,需对数据进行提取、清洗、转化等加工与集成,对来自不同数据库的数据,统一数据结构和编码之后方可进入数据仓库。

(3)数据仓库是稳定的。数据仓库存储着有潜在价值的当前数据和以往数据,这些数据都是以批处理方式进入数据仓库的,基本上不更新。

(4)数据仓库是随时间变化的。数据仓库中的数据项中包含时间项,因此数据仓库要随时间变化来收集数据。

(5)数据仓库是大容量的。数据仓库具有比一般数据库大得多的数据容量。

(6)数据仓库是支持管理决策的。数据仓库是建立在决策支持系统上的,作为决策支持系统的一种有效的、可行的和体系化的解决方案,具有联机分析处理、决策分析和数据挖掘等功能。

3. 数据仓库的组成

数据仓库主要由数据源、数据管理、目录信息、数据集市、数据分析与报表、元数据管理、传输和基础结构等组成。数据仓库通过联机分析处理、决策分析和数据挖掘等功能对数据进行提取,以满足支持决策的需求。

(1)数据源。数据源是数据仓库中的数据来源,是数据仓库的基础,通常包括内部操作数据和外部环境数据等。

(2) 数据管理。数据库中的数据在进入数据仓库之前,必须经过规范化处理,其中包括对数据进行清洗、变换、加载等处理,并运用校验规则等来消除数据的不一致性和不合理性。

(3) 目录信息。数据仓库的目录信息包括元数据管理员、技术元数据、业务元数据和信息导航等,它通过提供一整套用于维护和观察仓库元数据的工具来实现技术用户和业务用户访问和利用数据仓库的能力。

(4) 数据集市。数据集市是数据仓库的一个子集,是为满足特定部门或用户的需求而建立的单独的数据仓库。

(5) 数据分析与报表。数据分析和报表是指从大量数据中提取未被发现的数据间的关系和潜在模式,并为决策者提供决策支持,它包括报表生成器、联机分析处理、数据挖掘、决策分析工具等。

(6) 元数据管理。元数据是描述数据的数据,元数据管理涉及描述数据仓库内数据结构和建立方法的数据的管理。按照用途可将元数据分为技术元数据和商业元数据,技术元数据是数据仓库的设计和管理人员用于开发和管理数据仓库使用的数据,商业元数据是指从商业的角度来描述数据仓库中的数据。

(7) 传输和基础结构。数据仓库的传输和基础结构在硬件和软件平台之间起到通信桥的作用,其中包含了刷新与复制技术、数据传输和网络技术、客户/服务器代理和中间件等构件。

(二) 数据挖掘

1. 数据挖掘的概念

数据挖掘(Date Mining,DM)是从大型数据存储库中自动发现有价值的信息的过程。数据挖掘技术用于探索大型数据集,旨在提取人们事先不知道的、潜在的、有用的信息和知识,并具有预测未来、观察结果的能力。数据挖掘是知识发现(Knowledge Discovery in Databases,KDD)过程中不可或缺的一部分。知识发现是将原始数据转换为有用信息的过程,如图 2-5 所示。这个过程由数据预处理到数据挖掘结果的后处理等一系列步骤组成。

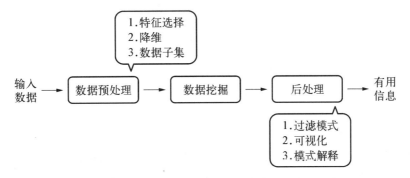

图 2-5 知识发现过程

数据挖掘任务一般分为两大类：预测性和描述性。预测性任务是通过对得到的结论进行描述分析，进而预测分析出数据间潜在的信息，为决策者提供决策依据；描述性任务是探索总结数据中潜在的关系模式，为预测分析做准备。预测性任务主要包括分类预测、回归及异常检测，而描述性任务主要包括聚类和关联分析。

2. 数据挖掘的流程

数据挖掘的流程主要包括：明确问题、数据收集、数据预处理、数据挖掘及模型构建与解释五个步骤。数据挖掘的具体流程图如图 2-6 所示。

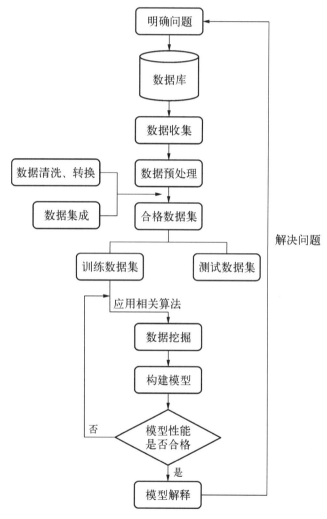

图 2-6 数据挖掘流程图

明确问题。开始研究前，要明确研究的问题，知道如何利用数据挖掘技术来获取有用的、潜在的信息，并规划运用什么方法及采取哪些步骤来解决问题。

数据收集。明确问题之后，收集数据挖掘过程中需要使用的数据。

数据预处理。对收集到的数据进行数据清洗、转换以及数据集成,以达到能够对预处理后的数据进行数据挖掘的要求。

数据挖掘。在对经过一系列处理后的数据进行数据挖掘前,要确定使用数据挖掘的方法和算法,这是数据挖掘过程中最关键的步骤。针对特定的算法,结合数据的结构和性质,需要将处理后合格的数据集分为训练数据集和测试数据集两类。对于训练数据集,应用数据挖掘相关算法,构建模型,使用测试数据集来测试模型性能是否合格。

模型构建与解释。提取的数据经过数据挖掘分析后得到的结果往往是一堆数据信息,需要对结果进行建模及解释,并从中提炼出有用的信息和知识。

四、数据库技术的未来趋势

当前主流的数据库技术是关系数据库技术,它凭借简单清晰的概念和通俗易懂的数据库语言等优势得到了广泛的应用。常用的 DBMS 产品都能够很好地支持关系数据模型,应用关系数据库技术进行相应的产品开发和建设,其中包括 DB2、Access、SQL Server、Oracle Database、MySQL 等。有学者认为现有的关系型数据库无法描述现实世界的实体,而面向对象的数据模型可以运用成熟的面向对象程序设计方法的核心概念和基本思想,使面向对象的数据库符合人类认识世界的一般方法,更适合描述现实世界,因此认为面向对象的数据库技术将成为下一代数据库技术的发展主流。

关系型数据库作为当前数据库系统的主流,几乎可以完成任意的数据库操作,但关系型数据库的发展却受到简洁的建模能力、有限的数据类型、程序设计中的数据结构等的制约。面向对象数据库以现实世界的实体对象为基本元素来描述复杂的客观世界,但功能不如关系型数据库灵活。因此,有学者认为将面向对象的建模能力和关系型数据库的功能进行有机结合并进行研究将是数据库技术的一个发展方向。

随着无线通信技术和移动通信基础设施的飞速发展,移动计算环境日益成熟,移动计算成为新兴的研究领域,移动数据库也应运而生。移动数据库系统作为分布式数据库系统的扩展,用于管理移动计算环境中的数据。它凭借移动性、网络条件多样性、网络通信的非对称性、高可靠性、规模可伸缩性等优势,逐渐受到关注和研究。有学者认为研究移动数据库技术,即支持移动计算环境的分布式数据库技术,也将成为数据库技术发展的一个全新方向。在本章开头的"导入"中,该包裹运送服务公司使用的数据库相关技术,其未来发展趋势或可极大地提高公司的运作和服务能力。

探 究 发 现

1. 当前计算机硬件平台的发展趋势是什么?
2. 当前软件平台的发展趋势是什么?
3. 什么是电子标签和无线传感网络?

本章探究发现

参考答案

4. DBMS 的主要功能是什么？为什么关系型数据库管理系统如此强大？

本章小结

本章主要介绍了以下内容：

1. 计算机网络。介绍了计算机网络的基础知识，并对计算机网络体系结构进行了简要的介绍。

2. 数据库和数据仓库。介绍了数据库和数据仓库的概念，并对主流数据库管理系统进行了比较和阐述。

3. 数据挖掘。介绍了数据挖掘的概念，并对数据挖掘的流程进行了详细概述。

4. 数据库技术的未来趋势。结合实际分析了数据库技术的未来发展趋势。

本章习题

一、选择题

1. 计算机网络的主要功能有 （   ）
   A. 数据通信   B. 资源共享
   C. 分布式处理与负载均衡   D. 上述三者都是

2. 在数据库系统的组成中不包括以下哪一项 （   ）
   A. 计算机系统   B. 数据库
   C. 数据库管理系统   D. 软件系统

3. 什么是 KDD？ （   ）
   A. 数据挖掘与知识发现   B. 领域知识发现
   C. 文档知识发现   D. 动态知识发现

4. 使用交互式的和可视化的技术，对数据进行探索属于数据挖掘的哪一类任务？ （   ）
   A. 探索性数据分析   B. 建模描述
   C. 预测建模   D. 寻找模式和规则

5. 下面哪种不属于数据预处理的方法？ （   ）
   A. 变量代换   B. 离散化   C. 聚集   D. 估计遗漏值

6. 某超市研究销售纪录数据后发现，买啤酒的人很大概率也会购买尿布，这种属于数据挖掘的哪类问题？ （   ）
   A. 关联规则发现   B. 聚类
   C. 分类   D. 自然语言处理

7. 以下哪种方法不属于特征选择的标准方法： （   ）
   A. 嵌入   B. 过滤   C. 包装   D. 抽样

二、简答题

1. 计算机主机由哪些设备组成？
2. DBMS 的主要功能是什么？
3. 数据挖掘的流程包括哪几个步骤？各步骤的主要内容是什么？

拓 展 学 习

1. 选择服务器或移动操作系统进行评估。你可以研究并比较 Linux 与 Unix 的功能和成本，也可以比较服务器的 Windows 操作系统的各版本，或者比较不同的移动操作系统，并制作演示文稿展示你的评估结果。
2. 某鞋服股份有限公司成立于 1995 年，并于 2015 年在上海证券交易所主板上市，多年来的快速发展和数次"归零跨越"，其已成为我国鞋服行业知名品牌。但是近年来传统行业产业转移、销售增长乏力困局凸显，公司连续多年高速增长的电商务业务也在 2018 年首次出现全网销售额负增长。未来路在何方？公司从 2018 年 8 月成立新零售中心以来，从战略高度布局新零售，从设计研发到生产、物流，从消费者画像的刻画到柔性供应链的打造，从电子商务到实体店铺智能升级，致力于打通全价值数据链。2019 年 1 月，该公司成为某互联网企业的战略合作伙伴，驶入新零售驱动价值链数字化的快车道。传统鞋服行业老兵一路走来的改变，是行业和数字化碰撞的典型案例。

   通过以上文字介绍的"传统企业战略高度布局新零售"，思考以下几个问题：

   (1) 请结合案例说明，以该公司为代表的传统鞋服企业在新零售和大数据时代，面临哪些机遇和挑战？

   (2) 该公司采取了哪些数字化转型措施来应对上述机遇与挑战？谈谈这些措施的效果与不足。如果你是该公司负责人，在当时会怎么做？

   (3) 该公司的数字化转型模式，对于中国传统产业升级有何借鉴意义？

KAIFAPIAN

开 发 篇

第三章

管理信息系统的开发

 本章教学目标

通过学习本章,了解并掌握管理信息系统的开发特点、开发原则、开发过程和开发成功的要素,理解和掌握管理信息系统的开发方式、开发策略与方法。

 本章核心概念

诺兰模型、系统开发生命周期。

 导入

A 银行 FMIS 的开发

A 银行财务管理信息系统(Financial Management Information System,FMIS)是其自主研发,集业务支持、会计核算和内部管理于一身的大型综合信息系统。它在财务集中、权限配置、流程管理、成本管理、内部资产管理、预算管理等管理领域和财务会计、管理会计、预算会计三个核算领域都有较大创新,为 A 银行建立了全行集中统一的财务管理系统平台,实现了系统平台从无到有、从有到全的历史跨越,填补了 A 银行甚至中国银行业完全自主研发财务管理平台的空白。

FMIS 立项之初,就从一些分行和支行选调了一批业务专家,他们完全脱离了原来的工作岗位,全程参与到这个项目中。他们具备丰富的银行和财务业务知识和丰富的第一线实践经验,是 FMIS 最终用户群的典型代表。但是大部分人员在系统开发、实施方面没有任何基础,对技术开发毫不了解。在用户全程参与的情况下,如何让用户能够深度参与项目开发,如何最大限度发挥用户在项目过程中的作用,整个项目组在开发过程中不断探索,最终摸索出了大量值得借鉴的宝贵经验。

项目组织架构与初期用户选拔:总行从全行范围内选调了第一批共 13 名业务专家参与到 FMIS 项目中。按照项目经理的话,这 13 名被选调的专家中的大多数是"全行范围内,说起要解决某某财务管理问题时,大家都能同时想到的这么一个人,这个人绝对是该领域内数一数二的专家"。与以往银行安排用户参与系统实施不同的是,这一次被选调的业务专家在参加项目期间脱离了原来的工作岗位,组成业务组,与技术组作为项目组的两支团队,被赋予了同等的责任和权力,承担FMIS的研发工作。

需求建模——奠定用户主导的基调:FMIS缺乏现有业务流程参考,同时又是对管理理念和管理手段的创新,既要满足银行现行管理的需要,又要满足将来改革和发展的需要。这就要求系统能够满足组织创新、流程创新和管理创新,要求系统具备足够的灵活性和适应性。那么FMIS到底要建成什么样子,首先要有一个目标规划。在这个规划模型框架下,业务组开始了需求调研及讨论,根据目标确定了初步的模块划分并结合现状整理功能需求,初步提出了FMIS业务需求模型。采取自主开发的模式对已经建立的业务需求模型进行不断开发和修正,进一步提升了业务需求模型的先进性和合理性。

需求论证——质量与可行性保障:尽管业务组在进行需求建模时,已经以各种方式从未参与用户处了解了需求、倾听了建议,但是向未参与用户展现一个业务需求模型的全貌以进一步获得他们的反馈是非常有必要的。针对上述要求,业务组开始在全行范围内,分别和技术人员、各个分行的财务人员以及领导对业务需求模型进行论证。经过各方论证之后的业务需求模型更加完善,并且获得了领导的肯定和支持。万事俱备,就等技术实现。

系统实现——建模、原型和迭代:FMIS的实现主要有技术建模、界面原型设计和代码实现三部分工作。与前面的业务需求建模不同,这阶段的工作由技术组来承担,但是业务组在其中也扮演着重要的辅助角色,两者合作的结果是进一步优化提升了系统的业务需求模型。

不一般的测试、试点及培训:FMIS没有按照经典的V型模式来展开测试,项目经理与测试组负责人根据由业务专家承担大部分FMIS测试工作的特点,制定了完善的测试体系,分为单元测试、用例测试、集成测试(又称为联调测试)、功能测试、压力测试、综合测试。测试成功后对测试进行了延伸,即试点。试点的成功证明了FMIS的可用性。

2007年6月,FMIS在全国的推广工作顺利结束。项目经理回忆这四年来项目组走过的路,无论是系统实现还是项目管理,那么多的东西都是一路摸索着走过来的。尽管银行的复杂业务决定了银行几乎所有的系统开发都需要业务专家的参与,但是在FMIS项目之前,还没有哪个项目,能使业务团队保持如此完整,参与程度如此之深。系统未来的用户全程参与到项目中,究竟做什么,又如何去做,很多东西需要探索、需要磨合。但结果出人意料得好,这是参与用户辛勤付出的结果,是所有技术人员全力引导和配合的结果,这也是总行领导和各分行领导大力支持的结果。

问题:

(1) 案例中A银行FMIS开发的重要步骤有哪些?

(2) 案例中A银行FMIS成功开发的原因有哪些?

(3) 该案例对你在管理信息系统开发中有什么重要的借鉴意义和贡献?

管理信息系统的开发是一个系统工程,涉及诸多因素,需要多部门的配合与协作,具有一定的发展规律和特点。开发流程根据信息系统的生命周期分阶段实现,借助特定有效的开发方式与方法,可以实现对管理信息系统的开发与管理。

第一节　管理信息系统的开发概述

一、管理信息系统的开发特点

管理信息系统的开发任务是根据企业管理的目标、内容、性质、规模等具体情况,从系统论的观点出发,运用系统工程的方法,按照系统发展的规律,为企业建立自身的管理信息系统。管理信息系统开发中最核心的工作就是设计出一套符合现代企业管理要求的应用系统。管理信息系统的开发是高度复杂的集体创造性活动,质量要求高,其产品是无形的,且技术更新快、缺乏开发经验。

(一) 高度复杂

管理信息系统的开发除了要考虑技术、方法和理论因素外,还要考虑组织、流程、业务和人员等因素,是一项高度复杂的系统工程。另外,针对环境条件的变化要采取相应的管理控制措施,以保证管理信息系统开发的正常运作。

(二) 集体创造性活动

管理信息系统的开发是一项集体创造性活动,不仅要通过计算机来完成手工流程,还要在此基础上不断创新以提高工作效率、改善服务质量,进而达到管理信息系统开发的目的。要借助企业 IT 部门和许多专业 IT 人才来提供信息技术支持,并实现应用程序开发、系统支持、用户支持、数据库管理、网络管理和 Web 支持等创造性功能。

(三) 质量要求高

管理信息系统开发的结果不容许有任何错误,任何一个语法错误或语义错误,都会导致运行中断或出现错误的处理结果。另外,系统所支持的业务要求越高,对系统可用性、安全性的要求也越高,这也使得管理信息系统的开发具有高质量要求的特点。

(四) 产品是无形的

管理信息系统开发出来的产品是一个适合企业管理和发展的系统,系统设计中的软件、编程阶段的程序、运算过程中的数据等都是看不见的无形产品。

(五) 技术更新快、缺乏开发经验

管理信息系统的开发需要借助程序设计语言和软件开发工具等来完成,程序设计语言和软件开发工具在不断创新,软件开发者需要适应快速的技术更新,不断更新其掌握的相关知识。学习时间不足、缺乏开发经验也是软件行业比较普遍的现象。

二、管理信息系统的开发原则

管理信息系统的开发遵循以下五项原则。

（一）先进性和成熟性原则

管理信息系统开发的先进性和成熟性原则主要表现在三个方面：

一是硬件方面，体现在要求采用较先进和成熟的计算机硬件技术，确保系统能够最大限度地适应今后业务发展的需要；

二是软件方面，体现在要求采用最新的数据库技术、最新的软件开发工具，以及先进的软件结构等；

三是开发方法方面，体现在要求用科学的方法进行系统规划、设计、开发和管理。

（二）安全性和可靠性原则

在设备方面，安全性和可靠性原则要求进行系统设计时采用可靠性高的产品和技术，充分考虑计算机设备的应变能力、容错能力和纠错能力，确保系统运行稳定、安全可靠。另外，系统的安全性和可靠性可以从网络安全和数据安全的角度来考虑。其中，保障网络安全可采取安装防火墙、防病毒软件和入侵检测系统等措施；保障数据安全可采取数据备份和数据加密等措施。

（三）经济性和实用性原则

管理信息系统开发的经济性和实用性原则是指在完成管理信息系统开发目标的基础上，争取付出最小的成本来获取最大的经济效益。另外，在考虑系统开发安全、可靠和先进的同时，也要考虑系统的经济实用性。管理信息系统的开发要全面充分考虑系统的经济效益和社会效益，在保证高经济和社会效益的同时，也力求做到高实用价值。

（四）可扩展性和易维护性原则

随着外部环境的变化，企业对于管理信息系统的需求也会随之改变，为了更好地满足企业的动态需求，管理信息系统要能够在规模、性能和功能等上进行动态扩充，保证系统的可扩展性，以满足企业未来发展的需要。

管理信息系统的开发要面向最终用户，在具备友好的操作界面和图形管理界面的同时，系统还应满足易于系统管理人员的操作与维护，以便确保管理信息系统能够高效、稳定和长期地使用。

（五）开放性原则

管理信息系统开发的开放性原则要求系统能够具备兼容性、可移植性和可维护性。系统能够符合开放系统的有关标准，并能支持行业内所有符合开放标准的数据库、中间件、开放工具及各种主流的应用软件等。

三、管理信息系统的开发过程

（一）诺兰模型

管理信息系统在企业等组织中的应用，一般要经历从初级到成熟的发展过程。管理信息系统专家理查德·诺兰（Richard L. Nolan）在对 200 多个公司和部门发展信息系统的实践和经验进行分析总结的基础上，提出了著名的信息系统进化的阶段模型，即诺兰模型。该模型将信息系统的发展过程划分为六个阶段,分别是初装阶段、蔓延阶段、控制阶段、集成阶段、数据管理阶段和成熟阶段。

1. 初装阶段

在这一阶段,计算机刚进入企业,只作为办公设备使用,一般应用在财务部门和统计部门。该阶段的特点是计算机的采购量少,只有少数人员具备使用计算机的能力,对于计算机的控制也是分散的、没有统一计划的。计算机无法在企业内部普及。

2. 蔓延阶段

随着企业对计算机的进一步了解,计算机的初步应用取得了不错的效果,计算机的数据处理能力给企业管理工作和业务带来了巨大的便利,企业对计算机的需求开始增加,投入也开始大幅度增加。该阶段的特点是计算机的数据处理能力得到了迅速的发展,但同时又出现了数据冗余、数据不一致和难以共享等新问题,亟须对管理信息系统进行开发建设及协调管理,计算机的使用效率也有待进一步提高。

3. 控制阶段

在这一阶段,企业为了解决出现的系统组织协调问题,开始从整体上控制信息系统的发展,并制定管理办法来促使计算机使用的正规化和制度化。该阶段的特点是企业成立领导小组,负责推行成本/效益分析方法,针对现有的问题,对整个管理信息系统的开发建设进行统筹规划,以解决数据共享等问题,并提高系统和资源利用率。

4. 集成阶段

在控制阶段的组织协调和统筹规划的基础上,企业对系统进行重新规划设计,建立基础数据库,并建立统一的管理信息系统。企业的系统开发建设由分散发展转入成体系发展,该阶段的特点是集中式的数据库及相应的信息系统的建立,促使系统和资源得到更加有效的利用,同时各种硬件和软件等资源得到大量扩充,投入也迅速增加。

5. 数据管理阶段

企业的信息化建设真正进入了数据管理阶段,数据也成了企业发展的宝贵资源。该阶段的特点是企业利用统一的数据库平台、数据管理体系和信息管理平台,对数据进行统一的管理和使用,各部门、各系统基本实现了资源整合与信息共享。

6. 成熟阶段

在这一阶段,管理信息系统与组织目标完全一致,可以满足企业各个管理层次的需求。该阶段的特点是从简单的事务处理到支持高效管理的决策,管理信息系统都可以提供有效的支持,企业内外部资源得到充分整合与利用,能够适应任何管理和技术上的变化,真正实现了系统和资源的管理,企业的竞争力和发展潜力得到了有效的提升。

诺兰模型对管理信息系统发展的经验和规律进行了总结,其基本思想对于管理信息系统的开发建设具有指导意义。关于系统的发展进程,诺兰强调,任何组织在实现以计算机为基础的信息系统时都必须从一个阶段发展到下一个阶段,模型中的各个阶段是不能跳跃的。在管理信息系统的发展过程中,要根据各个阶段的特点来确定开发管理信息系统的策略,制定管理信息系统规划。

(二)信息系统的生命周期

管理信息系统的开发通常基于信息系统的生命周期来实施。任何一个系统都有产生、发展、成熟、消亡的过程,随着系统内外部环境的变化,系统不断进行修改与维护,当系统无法满足企业等组织需求时就会被淘汰,并由新系统取代,这种更新迭代的过程称为信息系统的生命周期。信息系统的生命周期可分阶段实现管理信息系统的开发,每个阶段都有特定的工作内容,完成本阶段的工作内容之后才能进入下一个阶段。可将信息系统的生命周期分为系统规划、系统分析、系统设计、系统实施和系统运行维护与评价五个阶段,如图 3-1 所示。

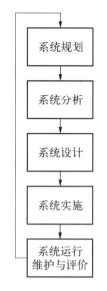

图 3-1 信息系统的生命周期

1. 系统规划

系统规划阶段的工作内容是在对企业的目标、需求、环境和现行系统的状况等进行初步调查的基础上,定义和确定所要开发的管理信息系统的目标、功能、规模与资源,并对开发需求进行分析与预测,制订开发计划,从经济、技术和社会等方面评估开发的可能性与必要性;根据实际开发情况,组建由信息系统专家和用户代表组成的项目团队,给出拟建方案,并对这些方案进行可行性分析,撰写可行性报告;系统开发可行性报告审议通过后,根据开发计划和建设方案完成系统设计任务书的编写。

2. 系统分析

系统分析阶段的工作内容是对现行系统存在的问题进行详细调查,根据系统设计任务书的要求,分析业务和数据流程以及功能与数据之间的关系,确定系统需求。需求的来源不仅取自现行的系统,还包括网页、表格、报告、查询,以及新系统所需的应用特性和功能,同时也要考虑安全性,以及硬件、软件、数据、处理规程、人员五个组件;通过确定新系统的基本目标和逻辑功能要求,建立新系统的逻辑模型,这也是系统分析阶段的主要目的,这一阶段也是整个系统开发建设的关键阶段。在条件允许的情况下,可建立工作原型,为用户提供直接体验系统特性和功能的机会,为评估系统技术可行性和组织可行性提供依据,同时积累评估开发和运行成本的依据。

需求确定之后需要在继续推进系统开发之前审核和批准这些需求,以确保能够通过最简单和最经济的方式来调整信息系统。在确定新系统的逻辑模型和完成系统分析报告编写的基础上,撰写系统需求说明书,为下一阶段提供工作依据,并提供未来系统的验收依据,为用户提供了解未来系统功能的机会。

3. 系统设计

系统设计阶段的工作内容是根据系统分析阶段编写的系统分析报告所确定的新系统的逻辑模型,结合系统需求说明书中规定的功能要求和实际开发情况,设计和确定新系的物理模型,生成系统物理设计的规格说明书,其中包括系统的功能结构图设计、系统物理配置方案设计、输入/输出设计、处理流程图设计、代码设计、数据存储设计等,并编写系统设计报告。系统设计是对系统进行整体规划和建模的一个过程,是对系统组织结构的详细描述。

4. 系统实施

系统实施阶段的工作内容是根据系统设计报告,获取、安装和测试硬件;将设计阶段形成的系统规范转变为软件代码,可自主开发或从外部购买符合新系统要求的软件,并对软件进行安装和测试;创建数据库,填充数据并对数据进行测试;归档处理规程,创建培训计划,审核和测试处理规程;组织聘用和培训员工。

将整个系统作为一个整体进行详尽、彻底的测试,以检测系统能否产生预期的效果。编写测试计划,用来详细地描述系统对各种正常使用和非正常使用情况的响应情况。系统通过测试之后,对新系统进行组织安装,完成从旧系统到新系统的切换过程,并编写详细的用户说明书,为系统用户提供相应的培训。

5. 系统运行维护与评价

系统运行维护与评价的工作内容是在新系统完成安装和切换的基础上,将新系统投入运行;用户和技术专家对系统进行检查,确定系统是否达到预期目标,并决定是否需要安排修改;完成调整后,设立为系统用户服务的机制,提供支持系统变化的环境,以纠正错误、满足新的需求和提高运营效率,实现对系统的维护工作;对系统进行评估,不断完善系统以适应需求变化。

本章开头的"导入"中,可以根据案例结合本节内容确定 A 银行 FMIS 开发中的各重要步骤。

四、管理信息系统开发成功的要素

一是要有明确的系统目标和需求。系统目标的明确关乎系统开发的成功与否,它是制订开发计划的基础;系统需求的明确是建立系统逻辑模型的保障,是系统规划、分析与设计的基础和必要条件。

二是要有专门的系统开发项目团队。管理信息系统开发是一项系统性工程,是集体的创造性活动,其成功开发需要由各方面人才组建而成的系统开发项目团队来实现。当然,系统的成功开发也离不开企业领导的支持与重视,系统开发项目团队一般由企业领导牵头,由信息系统专家、IT 人员和用户代表等组成。

三是要有资金和环境等支持。管理信息系统的成功开发需要资金支持以进行系统的规划、分析、设计、实施、运行维护与评价,同时也需要适宜的开发环境为系统的成功开发提供支持。

以上三点内容可以很好地回答本章开头的"导入"中,A 银行 FMIS 成功开发的原因。

第二节 管理信息系统的开发方式与方法

一、管理信息系统的开发方式

管理信息系统的开发方式有很多种,常用的开发方式有自行开发、委托开发、合作开发、外购商业软件等。每种开发方式都有各自的优势与不足,企业应根据自身资源、技术储备和外部环境等实际情况选择合适的开发方式来进行管理信息系统的开发。另外,无论选择哪种开发方式,都必须要有本企业人员的参与,在系统开发过程中,要锻炼本企业参与人员的系统开发及维护能力。

(一) 自行开发

企业依靠自身力量,进行管理信息系统的开发。这种自行开发的方式适合拥有系统开发所需要的基本必要条件、人才和技术的企业。自行开发的优点是系统开发人员熟悉企业情况和业务流程,可以很好地实现企业系统开发的目标,满足用户的需求;易于协调,系统开发进度更容易得到保证;系统的运行与维护更方便及时。其缺点是系统开发周期长,开发成功率较低,系统的技术水平和规范程度也有待提高。

(二) 委托开发

企业将系统开发项目完全委托给外部专门机构来完成,系统开发完成后再交付给企业使用。外部专门机构具备丰富的项目开发经验,借助规模经济效益,可以在保证服务质量的前提下,降低所收取的服务费用,同时为用户提供成熟的技术和管理思想。委托开发的优点在于经济省事、服务质量好、灵活,可以有效弥补企业在技术、管理等方面的不足;其缺点是风险较大,信息安全难以得到保证,存在战略信息转入他人之手的风险进而可能导致管理失控,且系统维护比较困难。对于企业竞争力有重大影响的战略性应用系统,比如生产计划系统等,不宜采用委托开发方式进行系统开发;而对企业战略目标影响较小的系统,如工资结算系统等,则可以考虑采用委托开发方式进行系统开发。

(三) 合作开发

企业和外部专门机构进行合作,共同完成系统开发。这种合作开发的方式结合了自行开发和委托开发两种开发方式的优点,让企业自身开发人员既能熟悉和维护系统,又能借助外部专门机构的开发经验,有效提高系统开发的技术水平,缩短开发周期,提高系统开发成功率,同时有利于企业培养技术队伍。基于此,合作开发的方式得到了广泛的采用。在合作开发的方式中,企业合作伙伴的选择也至关重要,如何选择合适的合作伙伴是企业面临的关键问题,在实际的开发过程中,企业通常采用招标的方式来选择合作伙伴。

(四) 外购商业软件

企业为了节省开发系统的时间和精力,会采用外购商业软件的方式完成系统的开发。外购商业软件的优点是商业软件可以解决企业内部开发软件的困难,减少了设计、编程、安装和维护的工作量;使用商业软件开发通用业务能节约时间和成本,大大缩短开发时间,相对于自行开发,这种开发方式的费用较低。其缺点是外购商业软件会降低对内部信息系统资源的需求,可能会满足不了企业的特殊需求;功能较为简单,可能不能很好地实现某些功能;实施的费用会随工作量的增大而急剧上升。软件的实施过程是至关重要的,软件供应商的实施水平决定了外购商业软件的成败。

对于企业的特殊功能需求,可以在外购商业软件的基础上,在软件供应商的协助下进行二次开发,这就要求企业具有一定的技术能力,而且软件在后期维护成本也较高。

除了以上四种开发方式外,还有咨询开发等开发方式。咨询开发是以企业自身的力量为主,外聘信息系统专家进行咨询的系统开发方式,专家主要是为系统分析人员提供咨询指导,如协助进行系统总体规划和系统分析等,而系统实施则由企业自身来完成,这种开发方式是对自行开发方式的一种补充。

二、管理信息系统的开发策略与方法

(一) 管理信息系统的开发策略

开发管理信息系统主要有以下三种策略:

1. "自下而上"的开发策略

"自下而上"的开发策略是从现行系统的业务状况出发,从各个基层业务子系统如物资供应、财务管理、生产管理等的日常业务处理开始进行系统分析与设计,先实现基层的具体的功能,当基层子系统的分析与设计完成后,再进行上一层子系统的分析与设计,逐步地由低级到高级建立管理信息系统。其优点是子系统容易被识别、理解、开发和调整,有关的数据流和数据存储也容易确定,可以避免大规模系统可能出现的运行不协调;缺点是边实施边见效,却没有从整个系统的角度出发来考虑问题,容易忽视系统部件的有机联系,从而可能导致功能及数据的矛盾、冗余,随着系统的发展,往往需要做出许多重大修改,甚至重新规划与设计。

2. "自上而下"的开发策略

"自上而下"的开发策略是从企业管理的整体进行分析与设计,强调从整体上协调和规划,由抽象到具体,由全面到局部,由长远到近期,从探索合理的信息流出发来设计管理信息系统。它首先考虑的是企业的总体目标和功能,先对企业这一整体进行分析和设计,再划分子系统,然后对子系统进行具体的分析与设计。其优点是具有很强的系统性、整体性与逻辑性;缺点是系统开发费用大、难度大,对于较大系统的开发,由于工作量大可能影响具体细节的开发。但这是一种更重要的策略,是管理信息系统的发展走向集成和成熟的要求。这种开发策略通常用于小型系统的开发设计,适用于开发人员对开发工作缺乏经验的情况。

3. 集成开发策略

集成开发策略是首先采用结构化方法的基本思想,"自上而下"做好总体规划,把企业的管理目标转化为对系统的长远和近期目标,然后在总体规划的指导下,采用各种适宜的策略来完成各个子系统的开发与设计,并"自下而上"集成。这种开发策略充分发挥了"自下而上""自上而下"两种开发策略的优点,通过将两者有效地结合运用,可以达到更好的开发和设计效果。在实际运用中,大型系统的开发往往采用这种开发策略。

(二)管理信息系统的开发方法

管理信息系统的开发方法有很多种,常用的有结构化系统开发方法、原型法、面向对象开发方法和CASE(Computer Aided Software Engineer,CASE)方法等。在管理信息系统的开发实践中,针对不同的开发背景可以运用不同的系统开发方法,值得注意的是,没有任何一种开发方法能够适用于所有类型的系统。系统开发往往采用一种或两种及以上开发方法的组合。

1. 结构化系统开发方法

(1)结构化系统开发方法的产生。结构化系统开发方法于20世纪70年代产生,最早应用于程序设计。在结构化的程序设计中,任何一个程序都可以用顺序、选择和循环三种基本逻辑结构来编制。在这一思想的指导下,程序按照"自顶向下、逐步求精"的方法来执行,将一个程序分成若干个模块,各模块之间相对独立,并通过作业控制语句或过程调用语句对模型进行整合,形成一个完整的程序。这种结构化的方法大大提高了程序的可读性和可修改性,程序员的工作效率和程序的质量有了明显的提升。

系统开发受到模块化思想的启发,把结构化方法运用到系统的分析与设计中,将一个系统设计成若干个层次化的程序模块结构,各模块功能单一且相对独立。结构化系统分析强调系统分析师在与用户进行充分沟通的基础上,对用户的需求和系统的目标进行正确理解,调查分析系统的逻辑功能后,运用数据流图等工具对系统功能进行精确表达。在系统功能确定的基础上,系统设计人员根据系统分析报告进行系统设计,确保实现用户预期的系统功能。在现有的管理信息系统开发方法中,基于系统生命周期的结构化系统开发方法发展得最为成熟,并且得到了广泛的应用。

(2)结构化系统开发方法的定义与原则。结构化系统开发方法是用系统工程的思想和工程化的方法,按照用户至上的原则,结构化、模块化,自顶向下地对系统进行分析与设计。它是面向过程的一种方法,主要关注对流程进行建模,或者在数据流经过系统时,收集、存储、加工和分配数据。

结构化系统开发方法是基于系统生命周期发展而来的,其开发过程严格按照信息系统的生命周期将整个系统划分为若干个相对独立的阶段,如系统规划、系统分析、系统设计、系统实施等。前期阶段自顶向下对系统进行结构化划分,在系统调查和理顺系统管理业务时,应从最顶层的管理业务入手,逐步深入至基层。系统分析、提出新系统目标方案和系统设计时,应从宏观整体考虑入手,先考虑系统整体的优化,再考虑系统局部的优化。在系统实施阶段,则应自底向上逐步实施,从基层模块的编程开始,按照系统设计的结构,将模块一个个拼接在一起进行调试,自底向上逐步构成整个系统。

结构化系统开发方法遵循的原则有:面向用户,用户的要求是系统开发的出发点和归宿;严格区分工作阶段,每个阶段都有明确的任务和相应的成果;按照系统的观点,自顶向下地完成系统的开发工作;要充分考虑变化的情况,以满足用户的动态需求;工作成果要标准化、格式化和文献化,方便用户理解和阅读。

(3) 结构化系统开发方法的优缺点。结构化系统开发方法的优点在于采用自顶向下的研发模式,强调整体性和全局性,有利于整体优化;系统按生命周期划分为若干阶段,各阶段具有顺序性和依赖性;系统开发从抽象到具体,逐步求精;系统设计中逻辑设计与物理设计分开;具有完备的质量保证措施;适合大型管理信息系统的开发。其缺点是开发成本较大,开发过程复杂烦琐;开发周期长,系统难以适应环境的变化;维护工作繁重,专业人才紧缺。

2. 原型法

(1) 原型法的产生与基本思想。原型法是20世纪80年代随着计算机软件技术的发展,特别是在关系数据库系统、第四代程序语言和各种系统开发环境产生的基础上,提出的一种从设计思想到设计工具、手段都是全新的系统开发方法。相对于结构化系统开发方法,原型法不注重对管理信息系统进行全面、系统的调查与分析,而是在系统开发人员理解用户需求的基础上,借助有力的软件开发环境,设计出一个原型系统,即一个可运行的系统模型,并与用户反复协商,根据用户的要求对系统进行不断修改,直到用户对系统完全满意为止,在此基础上,最终形成实际系统。

原型法的基本思想是在投入大量的人力、物力之前,用最经济的方法,在限定的时间内,根据用户的需求开发出一个可实际运行的原型系统,供用户评估。在原型系统运行过程中,与用户进行沟通,在系统分析师辨认动态的用户需求和用户提出的修改意见的基础上,对系统进行逐步完善,使它满足用户需求,最后完成系统的开发并交付使用。

(2) 原型法的开发流程。原型法的开发流程如图3-2所示,具体可以概括为以下四个步骤:

第一步,对用户提出的问题进行总结,确定用户的基本需求;第二步,快速开发一个低成本且可实际运行的原型系统,供用户使用与评估;第三步,运行原型系统,用户在使用原型系统的基础上,根据用户需求的满足程度对系统提出改进建议;第四步,根据用户建议对系统进行改进,系统经过改进后,返回第三步,重复第三步和第四步,直到系统完全满足用户的需求。

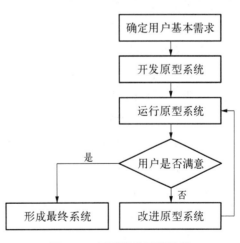

图3-2 原型法的开发流程

(3) 原型法的优缺点。原型法的优点是加强了系统开发人员和用户之间的沟通,更有利于开发人员准确确定用户需求且用户在系统开发过程中起主导作用;开发周期缩短,开发费用较低,开发效率提高,系统更能符合用户需求,用户满意度得到有效的提高,另外,原型法支持最终用户的参与,还能提高最终用户的满意度;易于启发衍生式的用户需求,开发系统更加灵活,易于修改和扩充。对于一般处理过程明确、分析和技术层面难度不大的小型系统适合用原型法开发。

原型法的缺点是不如结构化系统开发方法成熟和便于管理控制,且需要自动化工具加以支持;在实施过程中缺乏对系统全面的、系统的认识,不适用于大型管理信息系统的开发;容易忽视系统对实际环境的适应性和系统的安全性、可靠性,系统维护成本较高。

3. 面向对象开发方法

(1) 面向对象开发方法的定义。面向对象的思想最早起源于程序设计语言,20世纪80年代Smalltalk-80和C++语言的推出,使面向对象的程序设计语言趋于成熟,并形成了面向对象的程序设计方法。从20世纪80年代末开始,面向对象的思想逐渐运用到了系统开发中,形成了面向对象的系统开发方法(Object-Oriented Method,OO方法)。随着应用系统日趋复杂、庞大,面向对象开发方法凭借其直观、方便的特性得到了普遍的应用。面向对象开发方法以类、类的继承、聚集等概念描述客观事物及其联系,为管理信息系统的开发提供了全新的思路。

面向对象开发方法将对象作为系统分析与设计的基本单元,一个对象包含数据及运营这些数据的具体流程,封装在对象中的数据只能被与这个对象相关的操作或方法来获取和修改。面向对象建模建立在类和继承概念的基础上,对象属于一个特定的类或有着所属类特征的相同类,类也可以继承上一级更一般类的所有结构和行为,还可以在每个对象中加入特定的变量和行为。在分析过程中,系统构建者记录系统需求,列出系统中最重要的功能和系统必须满足的要求,用户与系统之间的交互作用被分析来识别类,类中包含了数据和程序的对象。在设计阶段,面向对象开发将描述对象的作用,以及对象之间是如何交互作用的。将设计转化为程序代码,在重新使用已汇总的类和添加新创建的类的基础上,对系统进行开发,并创建一个面向对象的数据库,最后对系统进行完整的测试与评估。

面向对象开发方法的基本思想是:① 客观世界都是由对象组成的,任何客观事物都是对象,对象是在原事物的基础上抽象而来的,复杂对象可由相对比较简单的对象以某种方式组成;② 对象由属性和方法封装而成,作为一个被严格模块化的实体,其属性反映了对象的信息特征,如特点、值、状态等,其方法是用定义来改变属性状态的各种操作;③ 对象具有继承性,所有对象都可划分为各种类,类有一定的结构,类上可以有超类,类下可以有子类,按照子类与超类的关系,可以把若干个对象类组成一个有层次结构的系统,对象或类之间的层次结构是靠继承关系来维系的,通常下层的子类完全具有上层超类的特性;④ 对象彼此之间的联系可以通过消息传递机制来实现,而这种传递是通过消息模式和方法所定义的操作过程来完成的。

(2) 面向对象开发方法的开发过程。面向对象开发方法是以用例为驱动的、以体系结构为中心的、迭代的和渐增式的开发过程,主要包括系统调查、面向对象分析(Object-Oriented Analysis,OOA)、面向对象设计(Object-Oriented Design,OOD)、面向对象实现(Object-Oriented Programming,OOP)四个阶段,但其开发过程不是像结构化系统开发方法那样清晰划分各个阶段的,而是在各个阶段之间迭代进行的。

第一阶段,系统调查。对系统的目标、面临的管理问题及用户对系统开发的需求等进行调查研究。

第二阶段,面向对象分析。用面向对象分析方法对调查结果进行分析处理,抽取和整理用户需求并建立问题域精确模型。与结构化系统分析不同,面向对象分析强调的是在系统调查的基础上,对所需素材进行归类分析和整理,而不是对现有管理业务现状和方法进行分析。面向对象分析的关键在于识别出问题域内的类与对象,并分析它们相互间的关系,最终建立起问题域的简洁、精确、可理解的正确模型。

第三阶段,面向对象设计。对面向对象分析结果和模型作进一步的规范化整理,并映射成设计结果,建立系统体系结构,以实现系统功能。在设计过程中,往往会加深和补充对系统需求的理解,从而进一步完善分析结果。面向对象设计可细分为系统设计和对象设计,系统设计用来确定实现系统的策略和目标系统的高层结构,对象设计用来确定类、关联、接口形式及实现服务的算法。

第四阶段,面向对象实现。采用面向对象程序设计语言将设计阶段整理的范式直接映射即直接用程序设计语言来取代,成为应用程序软件,实现管理信息系统的开发,具体操作包括:选择面向对象程序设计语言编程、测试与调试、试运行等。

(3) 面向对象开发方法的优缺点。面向对象开发方法的优点是系统开发人员通过系统调查、面向对象分析、设计与实现,将客观世界的空间模型平滑而自然地过渡到面向对象的系统模型,运用人类日常思维方式和原则进行系统开发,有利于发挥人类的思维能力,有效控制系统复杂性,保持系统与客观世界的一致性;可以实现软件复用,简化程序设计;开发系统质量高、适应性强,具有较强的系统稳定性;开发周期缩短,系统测试简化,可重用性、可维护性和可拓展性好。其缺点是对系统开发的技术环境要求较高。

4. CASE 方法

(1) CASE 的定义。计算机辅助软件工程也被称为计算机辅助系统工程,是一种提供软件工具以实现自动化,从而减少开发者重复工作的方法。CASE 工具能够帮助系统开发人员创建清晰的文档,并加强协调开发与团队合作。系统开发人员通过交换和相互查阅、修改已完成的工作文件,可以轻松共享开发工作,并在一定程度上提高系统开发人员的工作效率。为了更加有效地利用 CASE 工具进行系统开发,开发者可以制定开发项目全体成员都能遵守的一套通用的命名规则、标准和开发方法。CASE 工具及其开发的系统已被证明更为可靠,且所需维护工作更少。

多数 CASE 工具都是以微机为基础的,具备很强的图形处理能力。CASE 提供自动化图形处理工具,能够生成表格、图表、屏幕、报告生成器、数据字典、扩展报告工具、分析检查工具、代码生成器和文件生成器。CASE 具有验证设计图表和说明书的功能,可以通过自动化改进及提供原型设备来支持系统的迭代设计。CASE 工具通常可以借助以下几种方法来提高系统开发的效率和质量:① 实施一套标准的开发方法和设计原则,使系统开发和设计更具整体性和一致性;② 加强用户与系统开发人员的沟通,通过提高沟通效率来提升开发人员对用户需求的理解程度；③ 将设计组件进行组织和关联,通过设计数据仓库来实现组件的快速访问与处理；④ 自动化解决分析和设计过程中的冗余及错误；⑤ 借助自动化方法实现代码的生成、测试与控制。

(2) CASE方法的特点。采用CASE工具进行系统开发,需要结合一种或多种具体的开发方法,如结构化系统开发方法、原型法、面向对象开发方法等,CASE方法为每一种具体的开发方法提供支持具体过程的专门工具。CASE方法的开发过程是以自动化工具和开发环境为基础的自动化开发过程,其集成了多种既可以单独使用又可以组合使用的工具,有利于管理信息系统的开发。

CASE方法的特点是解决了从客观对象到软件系统的映射问题,支持系统开发的全过程；加快了开发速度,缩短了开发周期；提高了开发质量,系统的重用性好,且易于管理与维护；可以自动生成系统开发过程中所需的各种开发文档和工具。

本章开头的"导入"中,A银行FMIS开发的案例对我们在管理信息系统开发中的重要借鉴意义和贡献,可以结合本章内容加以阐释。

探 究 发 现

1. 新的信息系统会让组织产生怎样的变化?
2. 系统开发过程中的核心活动是什么?
3. 信息系统开发有哪几种策略?各有何优缺点?分别适用于什么场合?
4. 简述信息系统开发的结构化思想。

本 章 小 结

本章主要介绍了以下内容:

1. 系统开发的一般过程。了解系统的生命周期及系统开发的一般过程：系统规划、系统分析、系统设计、系统实施、系统运行维护和评价。

2. 信息系统开发的主要方法。了解信息系统开发的不同方法、各种方法的利弊及适用场合,包括传统的结构化系统开发方法、原型法及面向对象的开发方法。

3. 信息系统开发的主要方式。了解信息系统开发的主要方式及每种开发方式的适用场合,包括自行开发、委托开发、合作开发、外购商业软件等。

本 章 习 题

一、选择题

1. 诺兰模型中将以计算机管理为主变成以数据管理为主的阶段是   (   )

A. 数据管理阶段　　　B. 集成阶段　　　C. 控制阶段　　　D. 蔓延阶段

2. 信息系统的生命周期起始阶段是　　　　　　　　　　　　　　　　　　　（　　）

A. 系统设计　　　B. 系统规划　　　C. 系统分析　　　D. 系统实施

3. 以下关于原型法的阐述中,不正确的是　　　　　　　　　　　　　　　　（　　）

A. 对开发环境和软件工具要求高　　　　B. 能及时反映用户需求

C. 符合人们认识事物的规律　　　　　　D. 适合大型系统开发

二、简答题

1. 简述管理信息系统的开发特点。
2. 简述管理信息系统的开发原则。
3. 简述诺兰模型的阶段划分。
4. 简述管理信息系统的开发方式。
5. 简述结构化系统开发方法的优缺点。

拓展学习

1. 选择一个管理信息网站并进行全面的浏览。总结网站的开发方式。分析网站提供的功能、网站的信息需求及用户的反馈信息。网站的设计是否达到功能要求？网站为公司带来了什么价值？制作演示文稿并报告展示你的结果。

2. A科技公司主要为B市C区进行河(湖)长制管理信息系统的开发。A科技公司依据C区河湖分布、信息化现状及发展定位,迅速基于原型开发出的河(湖)长制管理信息系统难以满足河湖动态监测、常态跟踪的需求。经双方从政策需要、行业实际、河(湖)长工作内容及技术开发特点深入交流,A科技公司决定采用瀑布模型的思想,重新进行系统分析,重点梳理了河湖管理过程中问题发现、信息推送、问题处理、问题反馈等流程,在此基础上进行功能逻辑架构搭建、功能结构划分,进而实现河(湖)长移动巡河(App端)、公众在线参与治理,助力C区践行河湖治理(PC端)。

   通过以上文字介绍的"A科技公司河(湖)长制管理信息系统开发之路",思考以下几个问题：

   (1) 管理信息系统的开发中有哪些可选择的模型？河(湖)长制管理信息系统的开发中该如何选择相应的模型？为什么？

   (2) 河(湖)长制管理信息系统开发模型的选择及开发过程对类似的企业有哪些启示与可借鉴之处？

第四章

管理信息系统的规划与分析

 本章教学目标

通过学习本章,了解管理信息系统规划的定义、特点、作用、内容与步骤及系统分析的相关概述与方法。掌握管理信息系统规划阶段的三种常用方法、可行性研究和业务流程再造,掌握管理信息系统分析阶段所涉及的详细调查与系统化分析。

 本章核心概念

关键成功因素法、战略目标集转化法、企业系统规划法、可行性研究、业务流程再造、详细调查、结构化分析方法、数据流程图、数据字典、结构化语言、判定树、判定表。

 导入

互联生活　智慧筑家
——企业架构赋能 A 地产集团数字化转型

2020年3月,在聚光灯的一片璀璨之下,A产城创集团有限公司(原A地产集团)荣获2020中国房地产开发企业创新能力十强。2019年,原A地产集团公司响应国家创新型经济发展要求,在全国落地"产城创生态圈"模式,战略升级为A产城创集团有限公司。A产城创集团承接A地产集团物联网模式,深度践行"产城创生态圈"发展战略,打造产业新城,即通过产业聚集带动人才聚集、经济发展、就业提升,实现与用户共美好,与城市共发展,以"物联生态,美好生活"为经营理念,坚守"用户观",实现数字化转型,打造物联网时代生态品牌。

这一切都源于2018年,那时的A地产集团站在新的十字路口,面临着市场以及集团业务的压力,时任A地产集团信息化的负责人陷入了举步维艰的困境:在纷繁复杂的市场与政策环境下,面临着3年400亿元销售目标的巨大压力,如何在资产运营的发展阶段中实现快速的资产增值,成为A地产集团的发展重点。几十年来房地产市场发展太快,但如今却遇到了矛盾,市场增长放缓,公司利润目标的压力使集团高层管理者不得不低头思考,公司人员众多、业务繁杂、信息孤岛随处可见,如何能更加有效地为A地产集团的未来产业战略目标提供强大支撑?如何在获得价值增长的同时降低系统性风险?如何在未来的数字化时代抢占一席之地?

　　2013年,A地产集团出台了本企业的第一个信息系统实施方案。A地产集团布局全新的信息系统实施策略,在企业内部按照统筹分建、备案分建的原则逐渐建立了以部门为主要板块的信息系统管理体系。A地产集团已经有明确的业务发展战略规划,但是在信息系统建设上只是提出了初步的规划构想,由于各方面原因还没有细化。在A地产集团2017年提出的今后5年的发展规划中,仅提出了以物联网为主体的信息系统规划设想。之后,A地产集团统一规划,构建新的蓝图,以集团战略视角明确信息系统规划使命,以"信息系统支撑战略目标"为发展愿景,以战略一致性原则确定信息系统规划目标,以企业架构模型为信息系统规划体系,通过信息化流程规划与基于企业架构的信息系统规划的紧密结合,提升A地产集团信息系统规划的整体效能。

　　A地产集团基于企业架构构建信息系统规划,主要从业务架构规划、应用架构规划、数据架构规划和技术架构规划4个方面展开。企业架构助推A地产集团业务流程规划:首先,根据集团信息战略部署和企业架构,进行总体业务流程规划,全方位地描述流程,并转换为对信息系统的关键支撑需求,确保战略的落地。其次,全面掌握信息,进行精准的事前算赢。事前算赢就是以价值链各个环节的信息为依据,对各个业务环节进行全盘考虑,避免错误的决策和执行,达到圆满完成企业经营目标的目的。接着,进行工程和成本的全流程梳理,包含目标成本、招标、定标、合约/订单、付款信息化5个流程;进行销售全流程梳理,包括定价、销售、回款、佣金结算4个流程;进行费用全流程梳理,包括预算、合同/费用、月度付款预算、付款申请、BCC/EVS 5个流程。最后,多重保障信息系统规划落地实施。

　　A地产集团信息系统建设已经有了5年的历程。5年中,A地产集团以战略视角明确信息系统规划,以信息系统支撑战略目标发展,以价值链分析确定信息系统规划,基于企业架构模型构建信息系统规划,包括业务构架规划、应用构架规划、数据构架规划、技术构架规划,使A地产集团的信息系统的发展与集团整体计划相协调,为集团"互联生活 智慧筑家"战略计划的实施奠定了良好的信息系统支撑。

　　如今A地产集团更名为A产城创集团有限公司,已由原来的住宅地产企业转型为工业地产、住宅地产、商业地产、文化地产、养生地产五大模式全维度覆盖的新型企业。承接集团"一店一库智慧家"产业战略,基于企业架构搭建的集团信息系统平台,充分整合了集团全产业链优质资源,为打造网络化时代智慧产业地产提供便捷、智能的信息共享协同平台,助力A地产集团物联网模式再次转型,深度践行"产城创生态圈"发展战略。

　　问题:

　　(1)案例中A地产集团基于企业架构的信息系统规划总共分为哪几步,整体思路是什么?

　　(2)A地产集团此次的信息系统规划还存在哪些不足?

第一节 管理信息系统的规划

管理信息系统的系统规划又称为管理信息系统的战略规划,是系统开发生命周期的第一阶段,主要目的是针对企业整体信息管理需求,依据企业资源状况及当前技术环境,对企业管理信息系统从系统目标、总体功能结构、关键功能需求、关键信息需求、开发进度等方面作出战略性安排,并明确系统在整个生命周期内的发展方向、系统规模和开发计划。

一、管理信息系统规划的概述

(一)管理信息系统规划的定义

管理信息系统规划是根据企业的战略目标和方向、约束和政策、计划和指标,从企业的现状出发,经过初步调查,用系统科学的方法对所开发的管理信息系统的技术方案、实施过程、系统规模、资金来源、开发计划及开发队伍组织等的全面规划。它要支持企业的总目标,要摆脱系统对组织机构的依赖性,整体上着眼于高层管理并兼顾其他各管理层,保证系统结构有良好的整体性且便于实施。

管理信息系统规划要解决的是面向长远的、未来的、全局性和关键性的问题,而不是项目开发中的具体业务问题。它是关于管理信息系统长远发展的计划,是企业战略规划的一个重要组成部分。它的制定需要一个领导小组负责,同时需要企业领导参与,并进行有关人员培训,明确规划工作的进度,保证规划工作的顺利开展。

(二)管理信息系统规划的特点

管理信息系统规划具有以下几个特点:

1. 不确定性

管理信息系统规划是对系统进行长远的、全局性的规划,具有较强的不确定性,结构化程度较低。

2. 服务性

管理信息系统规划是为系统开发服务的,管理信息系统开发是一项耗资大、历时长、技术复杂且涉及面广的系统工程,在着手开发之前,必须认真制定有充分依据的系统规划。管理信息系统规划的好坏往往是管理信息系统成败的关键。

3. 宏观性

管理信息系统规划立足于系统的长远发展,必须把握系统发展的总体脉搏,使其具有宏观指导性。

4. 动态性

企业的内外部环境会随着市场的变化而发生改变,企业的战略目标、发展方向和系统需求也会动态变化,这使管理信息系统的规划需要具备动态性的特点来满足企业的动态需求。

(三) 管理信息系统规划的作用

管理信息系统规划是系统开发建设成功的关键之一,其在以下几个方面发挥重要作用:

一是确保管理信息系统正确的目标和任务,降低系统开发风险。通过制定规划和发展战略,可以找出企业目前存在的问题,为系统目标和开发任务的确定提供给了保障,有利于促进系统的应用,提高系统开发的经济效益。

二是合理分配和利用现有的信息资源,其中包括信息、信息技术和信息生产者。通过对信息资源的合理使用,可以有效节省企业对于系统开发的投资。

三是指导管理信息系统的开发,借助系统总体方案和项目开发计划,为系统开发工作的考核提供标准。

(四) 管理信息系统规划的内容

管理信息系统规划的主要任务是确定管理信息系统的目标及总体功能结构;了解企业资源现状,估计管理信息系统的总体费用,规划开发进度;从企业管理全局出发,规划企业运作方式及主要业务流程;制定项目实施方案,规划资源分配方案;完成可行性研究。管理信息系统规划主要包含以下内容:

1. 制定系统目标、结构和约束

根据企业的现状和具体情况来制定所要开发的管理信息系统的战略目标和方向、约束和政策、计划与指标,并确定信息的主要类型、子系统及其功能结构,为系统开发提供框架。对管理信息系统的组织、人员、管理和运行进行全面规划,为系统发展方向提供准则,为工作考核提供具体衡量标准。

2. 分析现状

分析当前信息技术发展状况以及同行业中信息系统的应用情况,企业自身当前系统的状况、计算机硬件和软件状况、产业人员配备情况、资金投入情况和管理运行情况等;对企业的业务流程现状、存在的问题与不足进行分析,制定规划和相应的开发计划,考虑业务流程在新技术条件下的重组。

3. 预测影响规划的信息技术的发展

管理信息系统规划中涉及的信息技术包括计算机硬件技术、网络技术和数据处理技术等,这些信息技术的不断更新会给管理信息系统的开发带来深刻的影响,与管理信息系统的性能如处理效率、响应时间等有着密切的联系,同时也决定着管理信息系统开发建设的优劣。对影响管理信息系统规划的信息技术的发展进行预测,有利于在系统规划过程中对信息技术最新发展成果的吸收,从而使所开发的管理信息系统具有更强大的生命力。

4. 效益分析和实施计划

管理信息系统规划不仅包括系统目标、结构等的制定和规划,还包括系统的效益分析和实施计划。开发和应用管理信息系统的目标就是提高企业生产力和生产效率,最终提高企业效益。根据系统目标要求确定指标体系,在分析指标可达程度的基础上,进行效益分析,其中包括经济效益分析和社会效益分析。实施计划是实施管理信息系统开发的具体计划和安排,包括中短期计划和长期发展计划。

(五) 管理信息系统规划的步骤

管理信息系统规划主要包括以下几个步骤:

1. 做好规划准备

确定管理信息系统规划的年限及规划的方式与方法,邀请系统规划专家,组建系统规划领导小组,落实规划的工作环境,启动规划的制定工作。

2. 收集相关信息

在对系统进行正式规划之前,对企业发展战略、信息技术现状、组织机构和管理、企业现行系统建设水平、管理水平和企业综合实力进行初步调查。

3. 进行战略分析

对管理信息系统的目标、开发方法、功能结构、计划活动、信息部门情况、财务情况、风险度和政策等进行分析。

4. 定义约束条件

根据企业自身财务资源、人力及物力等方面的限制,定义管理信息系统的约束条件和政策。

5. 明确战略目标

根据战略分析结果和定义的系统约束条件与政策,结合企业发展战略目标和领导意见,确定系统的开发目标,明确系统的功能、规模和质量等。

6. 提出未来战略图

给出管理信息系统的总体框架、技术路线和开发路线,确定各个子系统的划分等。

7. 选择开发方案

选定优先开发的项目,并确定系统总体开发顺序、开发策略和开发方法。

8. 提出实施进度

估计项目成本和人员需求,并依此编制项目实施进度计划。

9. 审批实施规划

将系统规划形成文档,经企业领导审批后生效。

二、管理信息系统规划的方法

管理信息系统规划的方法有很多种,其中常用的有:关键成功因素法、战略目标集转化法和企业系统规划法。

(一) 关键成功因素法

关键成功因素法(Critical Success Factors,CSF)是 1970 年由哈佛大学教授扎尼(Zani)提出的,它是一种识别与分析企业目标实现的关键成功因素的方法,1980 年罗查德(Rochart)教授首次将该方法用于确定信息系统战略。关键成功因素法是以关键因素为依据来确定信息系统需求的一种管理信息系统总体规划的方法,该方法通过识别有助于实现企业战略目标的关键成功因素,找出实现目标所需的关键信息集合,从而确定系统开发的优先次序,同时根据关键因素来确定系统的需求,并对系统进行规划,以获得良好的绩效,实现企业的目标。该方法并不是一种制定管理信息系统规划的完整方法,而是制定管理信息系统规划的辅助方法,从系统目标中找出关键因素,并在系统战略中予以重点考虑。

1. 关键成功因素的主要来源

关键成功因素是指对企业成功起关键作用的因素,它的特点是少量、易于识别且可操作,可用于确定企业的系统需求和企业目标。它主要有以下四个来源:

(1) 个别产业的结构。不同产业因产业本身特质及结构不同,而有不同的关键成功因素,此因素是决定产业本身的经营特性,该产业内的所有企业都必须注意这些因素。

(2) 竞争策略、产业中的地位及地理位置。企业的产业地位是由过去的历史与现在的竞争策略所决定的,在产业中的各家企业因其竞争地位的不同,关键成功因素也会有所不同,对于有一家或两家大企业主导的产业而言,领导厂商的行动常给产业内小企业带来重大的问题,所以对小企业而言,大企业竞争者的策略可能就是其生存竞争的关键成功因素。

(3) 环境因素。外部环境因素的变动会影响企业的关键成功因素,如当市场需求波动较大时,存货控制可能会成为企业的关键成功因素之一。

(4) 暂时因素。大部分源于企业内的特殊情况,是在某一特定时期对企业的成功产生重大影响的活动领域。

常见的关键成功因素确定方法有:环境分析法、产业结构分析法、产业/企业专家法、竞争分析法、产业领导厂商分析法、企业本体分析法、突然因素分析法和市场策略对获利影响的分析法等。

2. 关键成功因素法的基本步骤

关键成功因素法有四个基本步骤,如图4-1所示。

(1) 识别目标;
(2) 识别关键成功因素;
(3) 识别指标和标准;
(4) 识别测量性能的数据(定义数据字典)。

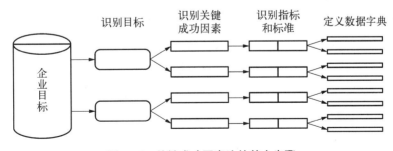

图4-1 关键成功因素法的基本步骤

3. 识别关键成功因素

识别关键成功因素是指识别与企业目标相关的主要数据类型及其关系,是关键成功因素法的一个重要环节。首先,要了解企业的目标,找出与之相关的影响因素,然后,进一步识别影响目标实现的直接相关因素,即关键成功因素。一般采用因果图(又称鱼骨图)作为识别关键成功因素的工具,图4-2所示为提高产品竞争力的因果图。

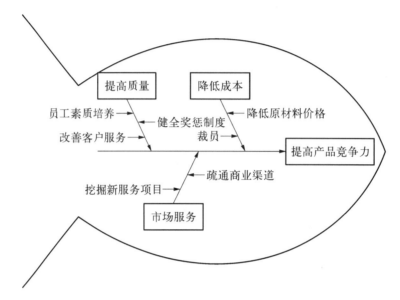

图4-2 提高产品竞争力的因果图

4. 关键成功因素法的优缺点

关键成功因素法的优点在于能够快速准确地识别和确定系统的核心需求,使所开发的系统具有很强的针对性,能够较快地取得效益,有助于企业目标的实现。其缺点在于应用关键成功因素法来规划和开发系统时需要注意,当关键成功因素解决后,又会出现新的关键成功因素,此时必须重新规划和开发系统。

(二)战略目标集转化法

战略目标集转化法(Strategy Set Transformation,SST)由威廉·金(William King)于1978年提出,是一种确定系统战略目标的方法,该方法把企业的总战略看成一个目标集,包括使命、目标、战略及其他影响战略的相关因素(如发展趋势、管理复杂性、环境约束等)。战略目标转化法的目的就是识别企业的战略目标集,并将企业的战略目标集转化为管理信息系统的战略目标集,其中,管理信息系统的战略目标集通常由系统目标、系统战略和系统约束组成,图4-3所示为利用SST确定管理信息系统战略目标的过程。

1. 战略目标集转化法的基本步骤

战略目标集转化法的基本步骤如下:

(1)识别企业的战略目标集。企业的战略目标集通常是在企业的战略和长期计划的基础上归纳总结形成的。在识别企业的战略目标集之前,可以先考察企业内部是否有成文的战略式长期计划,若没有则可以借助以下步骤来构造企业的战略目标集。

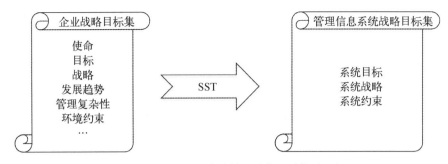

图 4-3 利用 SST 确定管理信息系统战略目标

第一步,刻画出企业各类人员结构,如供应商、经销商、客户、管理者、企业员工、股东、政府、贷款人及竞争对手等。第二步,识别各类人员的目标与要求,对各类人员的目标与要求做定性描述,对其满意度做定量分析。第三步,识别各类人员的战略与使命,结合企业自身的规划与目标,识别出企业的战略目标集。

(2) 将企业战略目标集转化为管理信息系统战略目标集。将企业战略目标集转化为管理信息系统战略目标集的过程通常是一一对应的,包括系统目标、约束与设计原则等,转化完成后可得到整个管理信息系统的战略结构,并选出一个方案交由企业管理层审阅。

如图 4-4 所示为某企业运用 SST 进行管理信息系统战略规划的过程,企业目标由不同群体引出,比如目标 O1 由股东、债权人和管理者引出,战略 S1 由目标 O1 和 O6 引出,以此类推,这样就可以列出管理信息系统的目标、约束和设计战略。

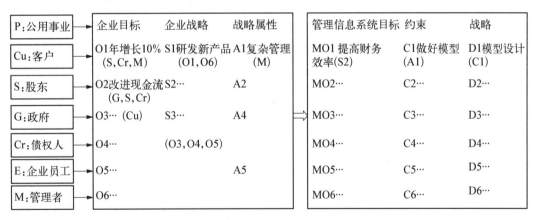

图 4-4 某企业运用 SST 进行管理信息系统战略规划的过程

2. 战略目标集转化法的优缺点

战略目标集转化法的优点在于该方法从企业利益相关者的角度出发分析各类人员结构,识别其要求和企业战略目标,并将企业的战略目标转化为管理信息系统的战略目标,相对来说,该方法描述全面,疏漏较少,但也有缺点,即在突出重点方面不如关键成功因素法。

(三) 企业系统规划法

企业系统规划法(Business System Planning,BSP)由 IBM 公司于 20 世纪 70 年代提

出,是一种根据企业目标制定管理信息系统规划的结构化方法。其作为较早使用面向过程的管理思想来进行系统规划的方法,具有可操作性强、能够较好地满足企业信息需求等特点,在管理信息系统规划中应用广泛。它能明确系统的总体结构及子系统的构成和开发顺序,满足企业各个管理层次的信息需求,并保证信息的一致性。该方法从企业目标入手,自上而下地识别企业目标、业务流程和数据,再自下而上地逐步将企业目标转化为管理信息系统的目标和结构,为企业目标的实现提供支持和保障,其基本思路如图4-5所示。

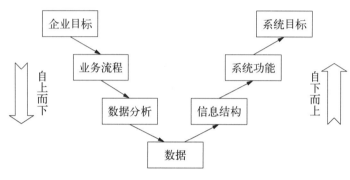

图4-5 BSP的基本思路

1. 企业系统规划法的基本步骤

BSP作为制定规划的一项系统工程,其基本步骤如图4-6所示。

(1) 规划准备工作。由企业最高领导牵头成立系统规划委员会,并下设系统规划研究组,开始规划准备工作,提出相应的工作计划。

(2) 调查研究。系统规划研究组成员在查阅资料的基础上,深入各级管理层进行调查研究,了解企业相关决策过程、职能部门的组织架构和业务活动及存在的主要问题。调查研究主要通过面对面访谈的形式展开,事先要准备相应的提纲,事后要对访谈记录进行整理、分析与总结。

(3) 定义业务过程。定义业务过程是BSP的核心。业务过程,又称企业过程或管理功能组,是指企业管理中必要且逻辑上相关的、为了完成某种管理功能的一组决策和活动。业务过程可分为计划与控制流程、产品和服务流程、支持性资源流程三个方面。

(4) 业务过程重组。业务过程重组是在定义业务过程的基础上,对业务过程进行分析,找到哪些过程是正确的,哪些过程是低效的,需要利用信息技术对其进行怎样的优化处理;还有哪些过程不具备信息处理的特点,无法在信息技术的支持下进行分析处理的,应当取消。

(5) 定义数据类。数据类指的是支持业务过程所必需的逻辑上相关的数据。按照业务过程对所产生、控制和使用的数据进行识别和分类,即从各项业务过程的角度出发,将与该业务过程相关的输入数据和输出数据按逻辑相关性整理出来归纳成数据类。识别企业数据类的方法有功能法和企业实体法。

(6) 定义信息系统总体结构。定义信息系统总体结构的目的是刻画未来信息系统的

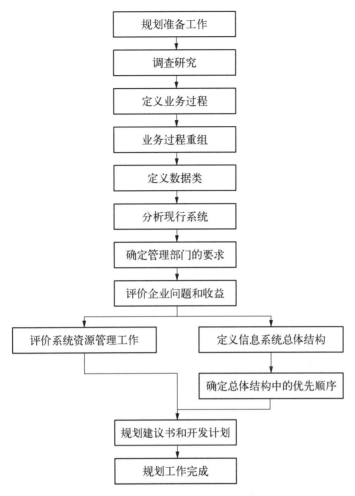

图 4-6 BSP 方法的基本步骤

框架和相应的数据类,因此其主要工作是划分子系统,具体可利用过程/数据矩阵来实现。

过程/数据矩阵(又称 U/C 矩阵),是用来表示 BSP 中过程和数据类两者之间的关系的。在 BSP 中,过程和数据类是定义信息系统总体结构的基础,借助 U/C 矩阵可以直观地看出两者之间的关系,并根据这些关系可以将整体系统有效划分为各个子系统。在 U/C 矩阵中,行表示数据类,列表示过程,用字母"U"(Use)和"C"(Create)来表示过程对数据类的使用和产生。

(7) 确定总体结构中的优先顺序。通过系统需求程度与潜在效益评估、技术约束分析等原则确定总体结构中各个子系统的优先开发顺序。

(8) 完成 BSP 研究报告,提出规划建议书和开发计划。

2. 企业系统规划法的基本原则

企业系统规划法具有以下基本原则:

必须支持企业的战略目标;应当表达出企业各个管理层次的需求;应该向整个企业提

供一致性信息;应该经得起组织机构和管理体制变化;先"自上而下"识别和分析,再"自下而上"设计。

3. 企业系统规划法的优缺点

企业系统规划法的优点在于它能保证所开发的信息系统独立于企业的组织机构,使信息系统能够应对组织结构或管理体制的变化,并且具有良好的环境适应性;通过对数据进行统一规划、管理和控制,可以有效保证信息的一致性,且能满足企业各个管理层次的信息需求;可以确定未来信息系统的总体结构,明确各个子系统的构成和开发顺序。其缺点在于数据收集量大、成本高;收集的数据往往无法满足管理者的关键目标需求。

(四)三种管理信息系统规划方法的比较

关键成功因素法、战略目标集转化法和企业系统规划法三种常用的管理信息系统规划方法的比较如表 4.1 所示。

表 4.1 CSF、SST、BSP 三种方法的比较

方 法	优 点	缺 点
关键成功因素法(CSF)	能够抓住企业的主要矛盾,更好地识别和确定系统的核心需求,突出企业目标实现的重点	在目标的细化和实现方面作用较小,不能很好地适应系统需求的变化
战略目标集转化法(SST)	能够比较全面地从企业利益相关者的角度识别企业战略目标,进而转化为管理信息系统的目标	在突出重点企业目标方面相对 CSF 方法较弱
企业系统规划法(BSP)	具有良好的环境适应性,所开发的系统能够很好地应对组织结构或管理体制的变化,能够满足各个管理层次的需求	数据量大,成本较高

在实际开发过程中,应用一种规划方法无法达到预期目标时,往往会采用多种方法的组合应用。例如,可将关键成功因素法、战略目标集转化法、企业系统规划法三种系统规划方法进行组合使用,称为 CSB 方法。通过组合应用,可以充分发挥各个方法的优势,弥补单个方法应用的不足。CSB 方法先应用 CSF 来确定企业目标,再应用 SST 对识别出来的企业目标进行补充和完善,并转化为管理信息系统的目标,最后应用 BSP 对企业目标和管理信息系统目标进行核验以确定管理信息系统的结构。但该方法的规划过程相对复杂,且开发过程中的灵活度不高,实际开发时可根据具体的开发背景和环境进行灵活调整与运用。

三、可行性研究

(一)可行性研究的概述

可行性研究又称为可行性分析,是指在管理信息系统项目正式开发之前,认真了解企业的需求、内外部环境及现有资源条件,从技术、经济、社会等方面对项目的必要性、可能

性、合理性,以及项目所面临的重大风险进行分析与评估,最终得出所要开发的管理信息系统项目是否可行的结论。

可行性研究的结论可分为三种情况:第一种,项目可行,则按照开发计划进行开发;第二种,项目整体上可行,但存在一些问题,需要对项目作出相应的修改才能使项目得以实施;第三种,项目不可行,则宣告项目终止,不予立项。

可行性研究的主要目的是在系统正式开发之前,用最小的成本在最短的时间内对系统进行全面有效的分析,及时发现项目存在的问题,并确定问题是否能够解决,以避免造成不必要的损失。

(二) 可行性研究的内容

管理信息系统可行性研究指根据系统目标和信息的需要,对用户是采购还是研制新系统及在技术、经济和社会方面是否可行进行的分析研究。这是投资决策的基础,其中,投资效益的计算和分析是可行性研究结果的综合性反映,是作出最后投资决策的依据。可行性研究应在系统投资前进行,可行性研究报告经企业主管部门审批后,系统研制小组的工作重点即转入系统的实施阶段。可行性研究的主要工作如下:第一,组织可行性研究小组,通常由熟悉计算机的技术人员、经营管理人员、系统未来的使用部门(如会计部门和生产部门)人员、高级管理人员等组成。第二,评价和选择新系统,即从技术可行性、经济可行性和社会可行性三方面进行评价与论证。通过可行性研究,可对不同选择方案进行分析比较,提出一个符合用户特殊需要的建议书,作为企业投资决策的依据。

1. 技术可行性

技术可行性是分析在特定情况下现有技术资源的可用性及这些技术资源用于实现管理信息系统开发的可能性和现实性,即利用现有的技术资源能否解决系统存在的技术难点,能否实现目标系统的开发,现有的技术人员能否胜任目标系统的开发工作,系统开发的软硬件资源是否充足及技术发展对系统建设的影响等。对系统进行技术可行性分析时需要注意以下几个方面:

(1) 全面考虑管理信息系统开发过程中涉及的技术问题。管理信息系统开发过程中会涉及多方面的技术、开发方法、软硬件平台、系统布局和结构、输入输出技术及其他相关技术等,要全面客观地分析这些技术及这些技术的现实性和成熟度。

(2) 尽量使用成熟技术来进行开发。成熟技术是指被多数人认可、采用且被反复证明行之有效的技术。成熟技术经过长时间、大范围的使用、补充和优化,其精细程度、优化程度和可操作性、经济性相比新技术要好,且使用成熟技术来进行开发一般具有较高的成功率。因此,管理信息系统的开发,在满足系统开发需求、适应系统发展需要和保证开发成本的基础上,要尽量使用成熟技术。

(3) 慎重引入先进技术。在管理信息系统开发的过程中,当现有的成熟技术无法解决目标系统的一些特定问题时,则需要引入一些先进技术来实现系统的开发,保证系统具有更好的适应性。在先进技术的选上,需要秉持慎重的原则,对所选技术的成熟程度进行全面分析,以确保系统的实用以及能够更好地满足用户的需求。

(4) 着眼于具体的开发环境和开发人员。在实际的系统开发中,需要对具体的开发环境和开发人员进行检查和评估,确保开发环境和开发人员能够满足系统开发的要求,若出现不匹配的情况,则需要对开发环境或开发人员进行适当的调整。

2. 经济可行性

经济可行性分析也称投资/效益分析或成本/效益分析,是管理信息系统项目所需要的花费和项目开发成功之后所能带来的经济效益的比较,是对组织的经济状况和投资能力的分析,是对系统建设、运行和维护费的估算和对系统建成后可能取得的社会及经济效益的估计。投资/效益分析需要确定管理信息系统项目的总成本和总效益,通常,当总效益大于总成本时,管理信息系统的开发在经济上才是可行的。

(1) 总成本的估算。总成本的估算包括开发总成本和运营管理总成本两部分的估算。

开发总成本是指管理信息系统从立项到投入运行所花费的所有费用,其主要表现为人力资源成本(人工费),当然还有计算机硬件、软件、外部设备、维护费用等。估计人力资源成本的方法主要有三种:第一种,代码行技术。即用每行代码的平均成本乘以程序行数就可以确定系统的开发成本,这是一种比较简单的定量估计方法。其中,每行代码的平均成本主要取决于系统复杂度和工资水平,可用历史经验数据作参考;程序行数可用标准值法、专家估计法等进行估计。第二种,任务分解技术。首先把系统开发工程的总任务分解为若干个相对独立的任务,再分别估计每个单独开发的任务的成本,将各个任务的成本累加起来即是系统开发总成本。常用的分解方法是按开发阶段来划分任务的。典型环境下各个开发阶段大致需要使用的人力资源成本的百分比如表 4.2 所示。实际估算过程中,应针对每个开发阶段具体的特点,并参照以往的经验尽可能准确地估计每个开发阶段实际所花费的人力资源成本。第三种,自动估计成本技术。采用自动估计成本的软件工具可以减少人的劳动,且估计结果更为客观,但是需要有大量历史数据作为基础,并且需要良好的数据库系统支持。

表 4.2 典型环境下各个开发阶段需要使用的人力资源成本的百分比

任 务	人力资源成本(%)
可行性研究	5
需求分析	10
设 计	25
编码与单元测试	20
综合测试	40
总 计	100

运行管理总成本是指管理信息系统投入使用之后,系统运行、管理与维护所花费的所有费用,对这些费用的估算即是对管理信息系统运行管理总成本的估算。

(2) 总效益的估算。总效益的估算包括直接经济效益和间接社会效益的估算。直接经济效益是指管理信息系统能够直接获取的,并且能够用资金度量的效益,如降低成本、提高资金周转率、降低人员成本和消耗等可以用资金来计算;间接社会效益是指能够整体提高企业信誉与形象,提高企业的管理水平,但无法简单地用资金来计算这部分效益,间接社会效益通常需要根据本企业的状况和不同企业之间的类比进行概括估计。

(3) 成本/效益分析。成本/效益分析首先是估算开发成本、运行管理成本和新系统所能带来的经济效益,接下来将新系统的成本和效益进行比较,以便从经济角度判断新系统是否值得投资。由于投资是现在进行的,而效益是将来获得的,因此,还需要考虑货币的时间价值、投资回收期及投资回收率等。

3. 社会可行性

社会可行性是利用政策、法律、道德、制度、管理与人员等社会因素来论证管理信息系统开发的可能性和现实性。社会可行性还包括操作可行性。操作可行性是指系统在本企业的操作环境中能否使用和有多大的效率,主要用来分析和测定管理信息系统在确定环境中能够有效地从事工作并被用户方便使用的程度和能力。

操作可行性需考虑以下几个方面:问题域的手工业务流程和新系统的流程两种流程的相近程度和差距;系统业务的专业化程度;系统对用户的使用要求;系统界面的友好程度及操作的方便程度;用户的实际能力;用户的操作习惯;使用单位的计算机使用情况;使用单位的规章制度。

(三) 可行性研究报告

可行性研究报告的主要内容包括以下几个方面:

现行系统概况,包括组织结构、主要工作任务和业务流程、人员、设备、费用状况;主要问题和主要信息需求;拟建新系统的方案,包括主要目标、规模、初步结构、实施计划与投资方案、人员补充方案等;经济可行性分析,包括总成本估算、总效益估算、成本/效益分析;技术可行性分析,包括技术资源的可用性和用于系统开发的可能性和现实性;社会可行性分析,包括社会法律政策可行性、社会公共环境可行性和操作可行性;结论,对可行性研究结果进行总结,并作出相应的解释。

(四) 可行性研究的步骤

可行性研究通常包括以下 8 个步骤:

步骤一,复查系统规模和目标。对要开发的管理信息系统规模和目标进行复查,在阅读和分析有关材料的基础上,确保分析人员能够准确描述目标系统的一切约束和限制,以及系统确实存在的有待解决的问题,以保证系统开发的完备性和有效性。

步骤二,研究目前正在使用的系统。分析企业目前正在使用的系统存在的问题,了解该系统运行的整体情况,针对其现有的不足及企业需求的满足程度,对新系统的开发提出弥补不足和满足企业需求的方案,为新系统的开发提供必要的支持和保障。

步骤三,构建新系统的逻辑模型。从现行系统的物理结构出发,分析其内在的逻辑模型,对照该模型及新系统的预期目标,构建新系统的逻辑模型,进而设计新系统,构建新的物理系统,实现企业目标。

步骤四,进一步定义问题。分析人员和用户对系统规模和目标进行复查,检查系统要求是否符合开发目标,定义出现的问题,分析这些问题,导出试探性的解;在此基础上再次定义问题,再一次分析这些问题,修改对应的解;继续这个循环过程,直到提出的逻辑模型完全符合系统目标。

步骤五,导出并评价供选择的解法。从技术的角度出发考虑解决问题的不同方案,或者使用组合的方法导出若干个可能的物理系统供分析人员选择和评价,并对系统方案进行技术可行性、经济可行性和社会可行性分析,选择在技术、经济、社会等方面都可行的系统方案来制作实现进度表。

步骤六,推荐行动方案。根据所选择的可行系统方案得到的可行性研究结果,决定是否继续进行这项开发工程,在对所要开发的系统进行详细的成本/效益分析的基础上,为系统的开发给出具体的开发建议和解决方案,用户可根据推荐意见确定最终的开发方案和行动方针。

步骤七,草拟开发计划。系统分析员根据用户确定的最终方案草拟具体的系统开发计划,其中包括制定工程进度表、系统开发的详细进度表和系统生命周期各个阶段的成本估计,以及各类开发人员和开发资源的需求和使用计划等。

步骤八,书写文档提交审查。将可行性研究各个步骤的工作结果整理成相应的文档上交,供用户和评审组审查,以完成开发项目和开发计划的确定。

在本章开头的"导入"中,A地产集团基于企业架构的信息系统规划的方法和整体思路可以用本节内容回答。

四、业务流程再造

(一)业务流程再造的概述

业务流程再造(Business Process Reengineering,BPR)最早由美国学者迈克尔·哈默(Michael Hammer)于1990年提出,后来迈克尔·哈默与詹姆斯·钱皮(James Champy)于1993年合著出版了《企业再造:企业革命的宣言书》,并在此书中对BPR进行了定义,认为BPR是对企业的业务流程作根本性的思考和彻底性的变革,其目的是使业务流程能够在成本、质量、服务和速度等方面取得显著性的改善和根本性的进步,这有利于企业最大限度地适应以顾客(Customer)、竞争(Competition)和变化(Change)为特征的现代企业经营环境。从定义中可以发现,"根本性""彻底性""显著性"和"业务流程"是BPR的核心内容。BPR的产生源于以顾客、竞争和变化(3C)为特征的外部环境的影响和现代化信息技术所带来的变革。

作为一种管理思想,业务流程再造关注的是企业的核心问题,不是简单地对企业进行改良、增强或调整,而是对企业进行重新构造,借助于 BPR,企业业绩可以得到显著的增长。业务流程是指一组共同为顾客创造价值而又相互关联的活动,BPR 的全部工作都是围绕业务流程展开的。BPR 的本质是根据新技术条件下现代化信息处理的特点,在事物发生的过程中寻找解决问题的途径,对企业业务流程进行重新构造,从根本上提高企业的运行效率和企业竞争力。

业务流程再造框架如图 4-7 所示,由再造过程中的各个部分组成,主要包括业务流程再造的一系列指导原则;业务流程再造的过程;业务流程再造的一系列方法和工具。业务流程再造框架涵盖了再造的重要环节,按照框架的指导,企业可以顺利地完成业务流程再造过程。

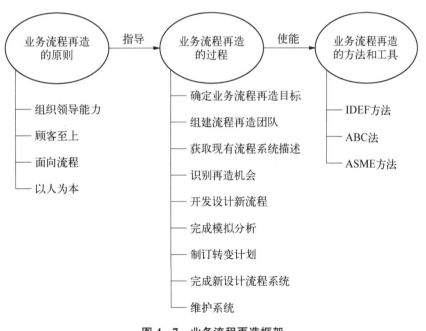

图 4-7 业务流程再造框架

(二) 业务流程再造的原则

业务流程再造原则是进行业务流程再造的指导思想,涵盖了管理学家的研究成果和各个实施企业流程再造企业的实践经验。概括来说,业务流程再造应当遵循以下几个原则:

1. 组织领导能力

业务流程再造需要来自领导的强有力的支持,组织领导能力是否强大是业务流程再造成败的关键。业务流程再造采用的过程管理,是一种动态管理方式,可以有效节省外部用户的时间,相对于职能管理,其管理相对复杂一些,更考验组织领导者的管理水平。

2. 顾客至上

业务流程再造强调以关心顾客的需求和满意度为目标,对现有的业务流程进行重新构造。企业需要准确把握顾客的需求,包括顾客对产品和服务需求的具体内容和优先程度等。以顾客为中心,不断改善服务方式和服务水平,提高顾客满意度。

3. 面向流程

业务流程再造是针对企业的业务流程的根本性和彻底性的变革,是以业务流程为对象的。企业管理是面向业务流程的。在企业内部,能为顾客创造价值的是各种流程,业务流程决定着企业的运行效率。

4. 以人为本

企业要重视发挥每个人在整个业务流程中的作用,以人为本,激发每个人的创造力和活力,充分尊重每个人创造的价值,实现员工与企业的共同成长与发展。

(三)业务流程再造的过程

业务流程再造过程是企业进行业务流程再造的核心内容,包括组成过程的各个活动,以及活动之间的关系。在业务流程再造原则的指导下,企业通过实施过程中的具体步骤来确保再造过程的顺利进行。

1. 确定业务流程再造目标

在实施业务流程再造之前,需要开展系统调研,可通过与一线工作人员访谈等形式进行,了解企业运营所面临的问题,从而提出业务流程再造的要求,确定流程再造后要达到的目标。

2. 组建流程再造团队

企业在进行业务流程再造之前,需要为流程再造配置人员和相应的组织,组建相应的流程再造团队。组织成员包括领导者、流程再造总监、流程负责人、流程再造团队、指导委员会。领导者一般由总经理担任,负责确定企业的业务流程再造的使命和目标,营造适宜的工作环境等;流程再造总监一般由副总经理担任,直接领导流程负责人和流程再造团队,协调跨部门的再造活动,为再造活动提供充足的基础设施等;流程负责人负责组建和管理流程再造团队,配置资源,进行团队间的交流与协作等;流程再造团队由内部工作人员和外部顾问及顾客等组成,负责分析现有的流程,发现问题,提出解决方案,拟定新的流程,并对再造后的流程进行维护等;指导委员会由公司内各个职能部门主管组成,负责解决跨越再造项目和过程的全局性问题,协调再造过程的优先次序,分配总体资源等。

3. 获取现有流程系统描述

在组建流程再造团队的基础上,进一步确认业务流程再造的使命和目标,并对企业现有流程进行系统分析和描述。首先,对现有流程进行描述,通过描述来反映企业中流程的现有状态,在详细描述的基础上建立模型。然后,借助模型可以得出活动之间和流程之间的关系。详细描述和模型为进一步的分析流程提供了依据,方便有效地识别再造过程中的关键信息。常用的针对流程建立模型的方法为 IDEF(Integrated Definition Modeling)方法。

4. 识别再造机会

在获取现有流程的描述和模型之后,下一步是识别流程中的再造机会,对企业的现有流程进行诊断,以便开发和设计出更合理的流程。首先,把现有流程进行分类,以便后续突出业务流程再造的项目重点,明确目标。然后,对现有流程进行定量分析,发现限制企业目标完成的约束。约束是企业的流程中没有必要存在的、运行不良的、有所欠缺的活动,借助流程再造,可以有效消除存在于流程中的约束,进而更好地满足顾客的需求,提高企业的绩效。

5. 开发设计新流程

流程再造的核心是设计流程的输入和输出,以及输入和输出之间的过程。在流程分析和识别再造机会的基础上,围绕业务流程再造的使命和目标,重新设计和开发新的流程。流程设计遵循的原则有:工作的合并;增加员工的决策权;采用同步流程;减少不必要的审核和监督;建立信息资源的共享和在源头获取信息;消除非增值活动;增加增值流程;为流程安排有效的资源;预测可能的失败情况,并提出预防措施和应急方案。

6. 完成模拟分析

在完成新流程设计之后,需要在现实环境中模拟新流程,同时进行定量和定性分析,集中检验新流程的性能。定量和定性分析可从部分再设计的流程开始,得到的结果用于流程的进一步优化和作为备选方案的筛选依据。具体步骤包括:按照新的流程画出流程图;给出衡量输出的绩效指标,并确认绩效指标的水平;选择部分流程进行试点,从中积累经验,及时总结失败的教训,这些经验教训在其他部分的流程再造中都可以借鉴。

7. 制订转变计划

在完成新流程的模拟分析之后,需要为新流程制订实施计划。为确保新设计流程的正常运行,需要在组织中建立流程管理系统,以各种流程为基本控制单元,对流程规划、设计、构造和调控等所有环节实行系统管理,全面协调各种流程的匹配关系,并建立有效的组织保障。在充分考虑风险和收益平衡的基础上,规划新流程实施的时间表。

8. 完成新设计流程系统

按照流程的转变计划,在组织中实施新流程,同时还需要为新流程购买技术设备、培训员工,对企业资源进行再分配,并编写新流程的相关文件,另外为新流程设置考核体系。

9. 维护系统

为了更好地适应未来环境的变化,系统的再设计流程需要不断地进行,以巩固业务流程再造项目的成果。流程的维护过程如图4-8所示。在环境发生变化时,若顾客的需求或竞争对手发生了变化,需要在辨认企业内外部环境变化的基础上,分析现有流程,再设计新流程,检验和模拟新流程,最后实施新流程。通过这些步骤来维护系统流程,提高流程对内外部环境

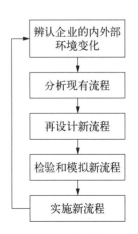

图4-8 流程的维护过程

变化的适应性。

(四) 业务流程再造的方法和工具

业务流程再造的方法和工具促进了业务流程再造的实践,为业务流程再造提供了具体的分析、设计和实施技术,确保了业务流程再造的顺利进行。常用的业务流程再造方法和工具有:IDEF方法、ABC法和AMSE方法。

1. IDEF 方法

整合定义方法(Integrated Definition Modeling),简称IDEF方法,是用于描述企业内部运作的一套建模方法。IDEF方法是美国空军在20世纪70年代制定的,在开始阶段,IDEF方法主要应用于软件开发,现已作为一般流程图制作工具使用,主要用于创建各种系统的图像表达、分析系统模块、创建系统的最佳版本和帮助不同系统之间的转换。其中,IDEF0主要用于功能建模,IDEF1主要用于信息建模,IDEF3主要用于过程描述获取。

2. ABC 法

基于活动的成本分析法(Activity Based Costing),简称ABC法,按照各种活动消耗资源的多少把成本费用分摊到各项活动中,再按照各产品发生的活动多少把成本分摊到各产品中。ABC法提供了充分、准确、及时和相关性的信息,以优先考虑顾客的满意度为目标,以顾客所关心的成本、质量、时间和创新为着眼点,通过对产品形成过程的价值链的分析,尽量消除非增值的活动,降低浪费。其主要分析手段是重点分析实际成本与理想成本的差额。

3. ASME 方法

ASME方法,即由美国机械工程师学会(American Society of Mechanical Engineers)制定的方法,其最大的优点是可以清晰地表达流程中各个活动是否是增值活动,并清楚地显示非增值活动所在的环节。使用ASME方法对现有流程进行描述时,采用表格来记录活动、时间以及操作对整个流程所作的贡献。

在本章开头的"导入"中,A地产集团此次的信息系统规划还存在业务流程再造等方面的不足,可以参考本节知识回答。

第二节　管理信息系统的分析

管理信息系统的分析是系统开发生命周期的第二阶段,其主要目的是根据管理信息系统规划阶段确定的系统总体方案和项目开发计划,对现行系统进行详细调查,描述现行系统的业务流程,指出现行系统的局限和不足之处,确定新系统的基本目标和逻辑功能要求,从而构建新系统的逻辑模型。

一、管理信息系统分析的概述

(一) 管理信息系统分析的定义

管理信息系统分析是在规划阶段完成的初步调查和在可行性研究的基础上,对现行系统的结构、功能,以及数据过程分析等进行详细调查,并对用户需求进行分析。通过详细了解企业的组织结构、组织目标、组织的业务流程及数据流程,分析和理解用户与管理业务对系统开发的实际需求,包括对系统功能、性能等方面的需求,在此基础上编写系统需求说明书,方便开发人员明确用户的系统需求。在对现行系统进行详细调查的基础上,确定新系统应具有的逻辑功能,运用结构化等系统分析方法建立新的逻辑模型,并撰写系统分析报告,为管理信息系统的设计提供设计思路和依据。

(二) 管理信息系统分析的任务

管理信息系统分析阶段的基本任务是分析人员和用户一起在充分了解用户需求的基础上,把双方对新系统的理解表达整理成系统分析报告。系统分析报告通过评审之后,将会成为新系统设计和验收的依据。

1. 新系统的来源

新系统并不是由系统开发人员凭空想象出来的,而是在现行系统的基础上,从现行系统入手,对现行系统进行优化,使新系统的功能和效率更高,使用更加方便,总体上和各方面都要优于现行系统。因此,分析人员要在系统规划工作的基础上,与用户密切配合,用系统的思想和方法,对企业的业务活动进行全面详细的调查分析,收集报表、账单等业务资料,详细掌握现行系统的工作流程,分析其局限性与不足之处,找出制约现行系统的关键问题,列出几种可行的解决方案,并综合分析、比较这些方案的优劣,最终确定新系统的逻辑模型。概括来说,新系统建立在现行系统的基础之上,且优于现行系统。

2. 系统分析阶段的困难

系统分析是系统开发中最重要的阶段,也是困难最多的阶段。最主要的困难来自分析人员和用户对问题的不同理解。

一般情况下,分析人员往往是计算机专家,但缺乏足够的关于新系统的业务知识,在系统调查中分析人员往往面临关于业务流程的困惑。一个稍具规模的系统,其业务数据量是相当大的,有反映各种业务情况的报表、账簿、业务数据,有业务人员手中的各种正规的或非正规的手册、技术资料、规章制度等。各种业务之间的关系复杂,不熟悉业务情况的分析人员往往被淹没在各种信息流程中,难以理出头绪,更难以分析出制约现行系统的"瓶颈"问题。

对于用户来说,用户精通业务,但往往缺乏足够的计算机方面的知识,对于计算机"能做什么"和"不能做什么"比较模糊。而且,用户虽然精通自己的业务,但可能不善于把业务过程明确地表达出来,不知道如何为分析人员做业务介绍。对于一些具体业务,用户会理所当然地认为就应该这样做或那样做。特别是对某些决策问题,用户往往根据个人的直觉和经验来判断。

以上原因导致了分析人员和用户的交流困难,对同一问题的描述容易出现误解和遗漏,而这些误解和遗漏往往会成为系统开发的隐患。例如,系统分析报告是这一阶段的工作成果,它可以认为是用户与开发人员之间的技术合同。系统分析报告应当严谨准确、无二义性,才能作为设计基础和验收依据。否则,即使系统开发完成,如果开发人员和用户对系统分析报告中的同一问题有不同的理解,在验收时便会引起双方的纠纷。

3. 系统分析阶段问题的解决

为了克服这些困难,做好系统分析工作,为管理信息系统的成功开发奠定基础,需要分析人员与用户相互理解,团结合作。分析人员应当树立"用户第一"的思想,虚心地向用户学习业务知识,并向用户介绍有关的计算机知识,加强双方的沟通。另外,还可以借助一些工具和技术,通过直观的图表等方式帮助分析人员和用户沟通。

(三) 管理信息系统分析的内容

管理信息系统分析的内容可分为目标分析、需求分析和功能分析三部分。

1. 目标分析

目标分析包括对现行系统的组织目标分析和新系统的组织目标分析。企业或组织的目标是组织开展各项工作的指南,借助于管理信息系统,有助于实现企业的总体目标。因此,在开发管理信息系统时,首先要清楚企业的组织目标。组织目标分析包括以下内容:

(1) 根据系统调查结果,分析、归纳和确定现行系统中的关键问题,列出问题表。

(2) 根据问题表,画出现行系统的目标树。

(3) 分析、确定各个分目标及它们之间的关系,如果目标之间有冲突,便要确定解决冲突的办法。

(4) 根据各分目标在系统中所起作用的轻重程度,重新安排问题表。这是确定新系统目标的基础。

新系统的组织目标分析是指在现行系统的组织目标分析的基础上,确定新系统要在哪些方面发挥作用及如何发挥作用。一般来说,新系统将加强以下两个方面的功能:

(1) 辅助管理功能。新系统可以帮助人们从大量烦杂、重复的日常工作中解放出来。比如,生产经营状况统计、财务记账、填写各类报表等。

(2) 辅助决策功能。新系统可以充分发挥信息存储、检索、传递的能力,运用其快速、准确的计算能力和人机结合解决问题的能力,帮助企业决策者制订各种计划,实现辅助决策功能。

2. 需求分析

在管理信息系统分析阶段,分析人员要对企业各个有关部门的业务流程进行详细调查。除此之外,还要向各级领导和业务人员就系统处理事务的能力和决策功能的需求作出分析汇报:

(1) 按照企业的管理目标并结合业务流程图,分析系统事务处理能力需求的合理性,既要对不合理的业务流程进行调整,还要对系统事务处理能力需求进行调整。

(2) 按照企业的管理目标,分析决策辅助功能需求的合理性。

(3) 分析系统的投资规模,综合分析、平衡各项需求,找出关键的、主要的需求,并制订出满足这些需求的初步计划,为功能分析奠定基础。

需求分析的结果还要反馈给业务人员,以征求其意见并进行修改。

3. 功能分析

功能具有层次性的特点,各层次功能之间存在着信息交换。因此,系统的功能分析主要包括功能层次结构分析和信息关联分析两个方面。关于功能分析的方法很多,例如,结构化系统分析和设计方法,就是一种功能和数据分析、分解相结合的功能分析方法。

(四)管理信息系统分析的步骤

管理信息系统分析的过程如图 4-9 所示,具体步骤如下:

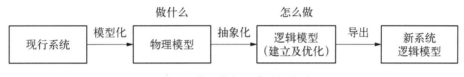

图 4-9 管理信息系统分析的过程

1. 获取现行系统的物理模型

现行系统可能是已经存在的计算机数据处理系统,也可能是手工的数据处理过程。分析人员通过现场调查研究,了解现行系统的运行情况,掌握现行系统的组织结构、资源利用、日常业务数据处理过程及数据的输入和输出等,并借助一个具体的模型来反映自己对现行系统的理解。这一模型即是现行系统的物理模型,它能客观地反映现行系统的实际情况。

2. 抽象描述现行系统的逻辑模型

在物理模型中有许多关于物理系统实现的细节问题,舍弃这些非本质的细节性问题,从物理模型中抽取关于系统要"做什么"的本质性问题,从而获得能够反映系统本质的逻辑模型。

3. 构建新系统的逻辑模型

新系统的逻辑模型是建立在现行系统的逻辑模型基础之上的。分析新系统与现行系统在逻辑上的差别,明确新系统要"怎么做",对现行系统的逻辑模型进行调整、改进与优化,进而导出新系统的逻辑模型。

二、详细调查

详细调查是对现行系统的实际运行过程进行调查,绘制出现行系统的物理模型。详细调查的目的是掌握现行系统的现状,发现问题和薄弱环节;收集资料,其中包括收集各种原始凭证和各种输出报表,以及统计各类数据的特征,为下一步的系统化分析和提出新系统的逻辑设计做好准备。详细调查本着用户参与的原则，要求使用部门的业务人员和主管人员、分析人员和系统设计人员共同参与对现行系统的详细调查等过程。详细调查主要通过访谈法、召开调查会、发调查表和参与业务实践等方式展开。详细调查主要分为管理业务调查和数据流程调查两部分。

（一）管理业务调查

管理业务调查包括组织结构调查、管理功能调查和管理业务流程调查。

1. 组织结构调查

组织结构是指一个组织（企业、部门、车间等）的组成及这些组成部分之间的相互关系。组织结构调查的内容包括组织内部的部门划分、领导与被领导关系、信息资料的传递关系、物资流动关系与资金流动关系、各部门的工作内容与职责和各级组织存在的问题及对新系统的要求等。组织结构调查中通常用树状结构图来反映组织内部之间的隶属关系。

2. 管理功能调查

功能是各组织机构职能的具体体现，任何一个系统都有一个目标，为了实现系统目标，系统必须具备各种功能。以功能为准绳考虑和设计管理信息系统，能让新系统在面对组织结构的变化时有良好的独立性。管理信息系统会受到组织结构的影响，但同时管理信息系统对组织结构和功能也会产生重大的影响。这种影响的结果可能是组织结构发生重大变革或组织功能出现重组。

3. 管理业务流程调查

对系统的组织结构和功能进行分析之后，还需要从实际业务流程的角度，将系统调查中有关的业务流程资料整合，并做进一步的分析。管理业务流程调查通过调查现行系统中各环节的业务活动，掌握业务的内容、作用，以及信息的输入输出、数据存储和信息的处理方法及过程等。它是掌握现行系统状况，确立系统逻辑模型不可或缺的环节。管理业务流程调查是按信息流动的过程调查各环节的处理业务、信息来源、处理方法、计算方法、信息流经去向、信息输出形态等。其主要目的是了解某项业务的具体处理流程，修改和删除原系统的不合理部分，在新系统基础上优化业务处理流程。调查工具有管理业务流程图和表格分配图，其中管理业务流程图是用于描述系统内各部门、人员之间存在的业务关系、业务顺序及管理信息流向的图表；表格分配图是用来描述管理业务流程的图表，可以帮助分析人员表示出系统中各种单据和报告分别涉及哪些部门的业务。

（二）数据流程调查

1. 数据流程调查的定义

数据流程调查是把数据在原系统内部的流动情况抽象地独立出来，去除了其中的物质要素，包括具体组织结构、信息载体、处理工作、物资、材料等，单从数据流动过程来考察实际业务的数据处理模式。数据流程调查主要包括对信息的流动、传递、处理和存储等的调查。数据流程调查的目的在于发现和解决数据流通中的问题，如数据流程不畅、前后数据不匹配、数据处理过程不合理等。畅通的数据流程是新系统用于实现业务处理过程的基础和保障。

2. 数据流程调查的内容

(1) 收集原系统全部输入单据(如入库单、收据、凭证等)、输出报表和数据存储介质(如账本、清单等)的典型格式。

(2) 在上述各种单据、报表、账本等的典型样品上或用附页注明制作单位、报送单位、存放地点、发生频度、发生的高峰时间及发生量等,并注明各项数据的类型、长度和取值范围。

(3) 弄清各环节上的处理方法和计算方法。

3. 数据流程调查的工具

数据流程调查的工具是数据流程图。数据流程图是一种能全面描述信息系统逻辑模型的主要工具,它可以用少数几种符号综合反映信息在系统中的流动、处理和存储情况,从而摆脱其物理内容。

三、管理信息系统分析方法

在系统的开发实践中,常用的系统分析方法有结构化分析方法和面向对象的分析方法等。本文主要介绍结构化分析方法。结构化分析方法(Structured Analysis,SA)是面向数据流进行分析的方法,它利用图形作为表达工具,非常清晰、简明,易于学习和掌握。具体来说,结构化分析方法按照自顶向下逐层分解的原则,将系统功能逐层分解为多个子功能,对应于多个子系统,并在功能分解的同时进行相应的数据分析和分解,借助于数据流程图和数据字典来表示。数据流程图和数据字典是对系统的逻辑模型进行描述的重要工具。

(一) 数据流程图

数据流程图(Data Flow Diagram,DFD)从数据传送和加工的角度抽象地描述信息在系统中的流动和数据处理的工作状况,是对系统的逻辑模型进行描述的一种重要工具。

1. 数据流程图的特性

(1) 抽象性。数据流程图的抽象性表现在它完全舍弃了具体的物质,只包含数据的流动、加工处理和存储。

(2) 概括性。数据流程图的概括性表现在它可以把信息中的各种不同业务处理过程联系起来,形成一个整体,无论是手工操作部分还是计算机处理部分,都可以用它系统地表达出来。

2. 数据流程图的基本图例

数据流程图包括外部实体、数据处理、数据流和数据存储。外部实体是指不受系统控制,本系统以外的人或事物;数据处理是指对数据的逻辑处理,它表达了对数据处理的逻辑功能;数据流主要说明数据的流动方向及其名称;数据存储用来表明数据保存的

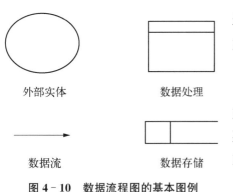

图 4-10 数据流程图的基本图例

地方,如文件夹、账本等。数据流程图的基本图例如图 4-10 所示。

3. 数据流程图的绘制

采用自顶向下逐层分解的方法绘制,示意图如图 4-11 所示,绘制的内容包括顶层数据流图、其余各层数据流图及总的数据流图。具体的步骤如下:

(1) 确定数据流程图的总体功能。

(2) 找出数据流程图的起点与终点,它们既是外部实体,也是系统的边界。

(3) 找出外部实体的输出数据流与输入数据流。

(4) 从外部实体的输出数据流出发,按照系统的逻辑需要,逐步绘制出一系列逻辑处理,直到找到外部实体所需的输入数据流,形成数据流的封闭。

(5) 按照上述的步骤,绘制出所需的子流程图。

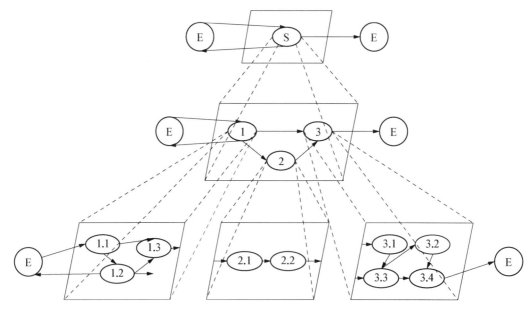

图 4-11 "自顶向下逐层分解"过程示意图

绘制数据流程图的注意事项如下:

(1) 数据流程图的绘制一般从左到右进行。

(2) 注意上一层父流程图与下一层子流程图的平衡。

(3) 数据流至少有一端连接数据处理框。

(4) 数据存储的输入和输出数据流要相协调。

(5) 数据处理的流入和流出数据流要相协调。

(6) 合理命名、准确编号。

(二) 数据字典

数据字典(Date Dictionary,DD)是数据流程图上所有成分的定义和解释的文字集合。数据流程图描述了系统的分解,即描述了系统由哪几个部分组成、各个部分之间的联系等,但没有说明系统各个成分的含义,而数据字典对数据流程图的各种成分而言发挥着注释和说明的作用,是对数据流程图的重要补充。

1. 数据字典的内容

数据字典对数据流程图中数据项、数据结构、数据流、数据存储、处理逻辑和外部实体六个方面进行了具体的定义和解释。

(1) 数据项又称数据元素,是最小的数据组成单位,是不可再分的数据单位,也是数据流、数据存储的基本组成,如学号、姓名等,它用于描述数据的静态特性。具体包括数据项的名称、编号、别名和简述,数据项的类型及宽度和数据项的取值范围。

(2) 数据结构的描述重点是数据之间的组合关系,即数据结构的组成成分,具体包括数据结构的名称和编号、简述和数据结构的组成。

(3) 数据流由一个或一组固定的数据项组成,用来描述数据项或数据结构在系统中的传输路径,具体包括数据流编号、名称和简述,数据流来源、去向和组成,数据流量和高峰流量等。

(4) 数据存储在数据字典中只描述数据的逻辑存储结构,而不涉及它的物理组织,具体包括数据存储编号、名称和简述,数据存储组成,关键字和相关联的处理等。

(5) 处理逻辑仅对数据流程图中最底层的处理逻辑加以说明,具体包括处理逻辑的编号、名称和简述,输入的数据流及其处理频率和输出的数据流及其处理频率等。

(6) 外部实体是数据的来源和去向,具体包括外部实体的编号、名称和简述,输入的数据流和输出的数据流等,在外部实体中的条目主要说明外部实体产生的数据和输入的数据及外部实体的数量。

2. 数据字典编写的基本要求

数据字典编写的基本要求如下:

(1) 数据流程图上各种成分的定义必须明确,易理解且唯一。

(2) 命令、编号与数据流程图一致,必要时可增加编码,方便查询、检索、维护和统计。

(3) 符合一致性与完整性的原则,对数据流程图上的成分定义与说明无遗漏。

(4) 格式规范,风格统一,文字精练,数字与符号正确。

(三) 描述处理逻辑的工具

对于数据流程图中比较简单的处理逻辑可以在数据字典中作出定义,对比较复杂的处理逻辑,有必要运用其他工具来加以说明。目前,常用的描述处理逻辑的工具有结构化语言、判定树和判定表。

1. 结构化语言

结构化语言是一种介于自然语言和形式化语言两者之间的半形式化语言。自然语言易理解,但不精确,可能产生二义性;形式化语言精确,但不易被理解。结构化语言是在自然语言的基础上加了一些限定,使用有限的词汇和语句来描述处理逻辑,既有自然语言的易理解的优点,又有结构化语言的精确的特性,且不受程序语言严格的语法约束。结构化语言的结构可分为外层和内层两层结构。

(1) 外层。结构化语言的外层结构用于描述控制结构,采用顺序、选择及循环3种基本结构。

顺序结构:由自然语言中的简单祈使语句序列构成。

选择结构:一般用 if ... then ... else ... endif 和 case ... of ... endcase 等关键词。

循环结构:一般用 do while ... enddo 和 repeat ... until 等关键词。

(2) 内层。结构化语言的内层结构一般采用祈使语句的自然语言短语,使用数据字典中的名词和有限的自定义词,其动词含义要具体,尽量不用形容词和副词来修饰,还可使用一些简单的算术运算和逻辑运算符号。

例如,某工厂业务处理系统中对"检查发货单"这个功能有如下要求:对于发货单金额超过 10 000 元,如果顾客信誉良好,欠款未逾期,则发批准书及发货单;否则,在偿还欠款之前不予批准发货。对于发货单金额未超过 10 000 元,如果顾客信誉良好,欠款未逾期,则发批准书及发货单;否则,向顾客发出赊欠报告,并发批准书及发货单。用结构化语言描述如下:

if 发货单金额超过 10 000 元 then
    if 欠款未逾期 then
        发批准书及发货单
    else(欠款逾期)
        在偿还欠款之前不予批准发货
    endif
else(发货单金额未超过 10 000 元)
    if 欠款未逾期 then
        发批准书及发货单
    else(欠款逾期)
        发赊欠报告、批准书及发货单
    endif
endif

2. 判定树

在某些处理逻辑中,处理动作需要依赖于多个逻辑条件的取值,此时处理逻辑的描述相对来说会比较复杂。当运用结构化语言来进行描述时,需要使用多重嵌套,会导致文本的可读性下降。对于这种处理逻辑,可采用判定树来描述。判定树适用于条件组合多、层次不是很多的情况。将结构化语言中"检查发货单"的例子用判定树描述,如图 4-12 所示。

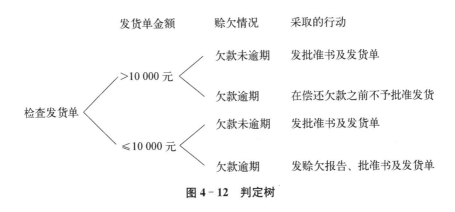

图 4-12 判定树

从图中可以看出,相比于结构化语言,判定树对处理逻辑的描述更加直观、易懂,易于理解、掌握与使用。但是,判定树只能表示静态逻辑,不能作为通用的设计工具。

3. 判定表

对于一些条件比较多、在每种条件下取值也比较多的情况,可采用判定表的形式。此时需要描述的处理逻辑是由一组动作组成的,而这些动作是否执行又取决于一组条件的取值,使用判定表可以把所有的条件和动作都加以说明,且不易发生错误和遗漏。

运用判定表来描述处理逻辑,通常包括以下几个步骤:

(1) 分析、确定处理逻辑涉及的条件,列在判定表的左上方。
(2) 分析、确定每个条件的取值情况。
(3) 列出条件的所有组合情况,标在判定表的右上方。
(4) 分析、确定处理逻辑涉及的动作,列在判定表的左下方。
(5) 决定各种条件组合下所采取的行动,画在判定表的右下方。
(6) 应用合并规则,化简判定表。

判定表由四个部分组成,左上方是条件说明,列出了所有可能的条件;左下方是动作说明,列出了所有可能采取的动作;右上方是条件组合,是针对各种条件给出的多种条件取值的组合;右下角是动作组合,指出了在某种条件取值的组合情况下所采取的动作,如表 4.3 所示是判定表的一般格式。

表 4.3 判定表的一般格式

条件说明	条件组合
动作说明	动作组合

将结构化语言中"检查发货单"的例子用判定表描述,如表 4.4 所示,其中"Y"表示条件为真,"N"表示条件为假。

表 4.4 "检查发货单"的判定表

项	目	1	2	3	4
条件	发货单金额超过 10 000 元	Y	Y	N	N
	欠款逾期	N	Y	N	Y
应采取的行动	发放批准书	√		√	√
	发放发货单	√		√	√
	发放赊欠报告				√
	不予批准发货		√		

按照步骤完成判定表的绘制后,需应用合并规则对绘制的判定表进行简化。合并的规则是对于采取相同动作的 N 条规则,如果有某个条件在这 N 列中的取值正好是该条件取值的全部情况,而其他条件的取值都相同,那么这 N 条规则可以合并,合并后该条件栏目用"/"表示,说明该条件的取值与所采取的动作无关。化简后的"检查发货单"的判定表如表 4.5 所示。

表 4.5 化简后的判定表

项	目	1	2	3
条件	发货单金额超过 10 000 元	Y	/	N
	欠款逾期	Y	N	Y
应采取的行动	发放批准书		√	√
	发放发货单		√	√
	发放赊欠报告			√
	不予批准发货	√		

四、系统化分析

系统化分析是提出新系统逻辑模型的重要步骤,通过系统化分析,找出现行系统逻辑模型存在的问题,提出优化和改进方法,逐层修改现行系统的数据流程图,最后得出新系统的逻辑模型。

(一) 系统化分析的内容

1. 分析系统目标

分析系统目标是在详细调查分析的基础上,根据可行性分析中所提出的目标进行再次考察,并根据对环境和条件的调查修正系统的目标,使系统目标适应组织的管理需求和战略目标。通过分析系统目标,可以确定新系统应在哪些方面发挥作用以及如何发挥作用。确定新系统目标时应遵循适用性、经济性和整体性原则。

2. 确定新系统边界

确定新系统边界是对由计算机完成部分和由人工完成部分的划分,也是对新系统人机接口的明确。通过确定新系统边界,可以有效提高系统开发效率,明确分工,有利于人机接口的设置与安排。

3. 分析新系统的功能

首先,检查主要处理功能是否能够满足系统要求,确定是否需要增加新的功能。其次,检查每项功能细节是否需要删除、合并或增加。最后,检查文件是否都有保留的必要。

4. 确定新系统的数据处理方式

数据处理方式可分为成批处理和联机实时处理两种。成批处理方式适用于有固定周期的处理活动,适用于大量的来自不同方面的数据综合处理业务,需要在一段时间内积累数据后才能进行的数据处理,以及没有通信设备而无法采用联机实时处理的情况。成批处理方式的特点是费用较低,同时可以有效地使用计算机。联机实时处理方式适用于需要迅速反应的数据处理,负荷量产生波动的数据处理,以及数据收集费用较高的数据处理。联机实时处理方式的特点是处理及时,但费用较高。

(二) 系统化分析的原则

遵循系统化分析时应尽可能少改变的原则。一般情况下,新系统的逻辑模型与现行系统的逻辑模型相比,变化相对来说较小,可能只是在某一个或几个处理中引进新技术改变几处数据的流程,或者改变某些数据存储的组织方式。

(三) 构建新系统的逻辑模型

构建新系统的逻辑模型应遵循用户第一、高效率、可靠性和灵活性等原则。通过系统化分析,对现行系统的逻辑模型进行优化和改进得出新系统的逻辑模型。新系统的逻辑模型是系统分析阶段的最主要成果,其主要内容如下:

(1) 新系统的业务流程。这是对现行系统业务流程的不足进行改进后的结果。

(2) 新系统的数据流程。这是对现行系统数据流程的不合理之处进行优化后的结果,包括新的数据流程中的人机界面划分。

(3) 新系统的逻辑结构。即新系统中的子系统划分。

五、系统分析报告

（一）系统分析报告的内容

系统分析报告作为系统分析阶段的成果，反映了这一阶段调查分析的全部情况，也是系统设计和实现的纲领性文件。

系统分析报告一般包括以下几个方面的内容：

1. 系统概述

说明所开发的管理信息系统的对应项目名称、背景资料、系统目标、系统主要工作内容、报告中所用的专门术语等。

2. 现行系统的调查情况

在系统分析报告中概括阐明现行系统的目标、主要功能、主要业务、组织机构等存在的问题和薄弱环节，以及用户提出开发新系统请求的主要原因。数据流程图是描述现行系统逻辑模型的主要工具。

3. 建立新系统的逻辑模型

通过对现行系统的综合分析，找出现行系统的局限性和不足之处，以及制约现行系统的关键问题，确定新系统的基本目标和逻辑功能要求，在对现行系统的逻辑模型进行改进和优化的基础上，建立新系统的逻辑模型。

借助系统分析的多方面工作，进一步明确新系统的目标。系统目标作为新系统验收的标准，应在数量和指标上进行明确。具体内容包括以下几点：

（1）对数据流程图的进一步说明。说明新系统与现行系统在处理功能、数据流和数据存储等方面有哪些变化和改进，重点说明系统处理和数据存储部分。

（2）数据存储的要求。新系统中要建立哪些数据文件，并明确它们的用途、组织方式及数据共享方式等。

（3）与其他子系统的关系。一般来说，管理信息系统是整个组织的一个子系统，它的开发和建立将影响其与其他子系统之间的关系，系统之间的接口和信息流通方式等都将发生变化。

新系统的逻辑模型也是通过相应的数据流程图来加以说明的。数据字典、结构化语言、判定树、判定表等往往篇幅较大，可作为系统分析报告的附件。但是，根据它们得出的主要结论，如主要的业务量、总的数据存储量等，应在系统分析报告中展示。

4. 实施计划

（1）工作任务的分解。对系统开发中的各项工作，按照子系统或系统功能进行划分，各部分内容由专人分工负责。

（2）工作进度安排。安排各项工作的预定开始时间和结束时间，规定系统开发的进度和各项任务完成的先后次序。

（3）开发费用预算。估算本项目所需要的劳务及经费，包括各项工作所需的人力资源、办公费用及差旅费用等。

（二）系统分析报告的审议

系统分析报告在整个管理信息系统开发过程中起到至关重要的作用，是下一步管理信息系统设计及验收的依据。对系统分析报告的审议应由开发人员、企业领导、业务人员和系统分析专家共同进行。

如果在审议中，审议人员发现开发人员对系统的了解存在较大的差错、遗漏或是审议人员对系统分析报告中所提出的开发方案不满意，则需要返工，重新进行系统调查和分析，直到系统分析报告通过审议为止。

系统分析报告一旦审议通过，则将成为新系统开发过程中的纲领性文件，是下一阶段系统设计的主要依据。同时，系统分析报告也是用户与开发人员之间的"技术合同"，是将来对系统进行验收的标准之一。

探 究 发 现

1. 为什么要制定信息系统的战略规划？
2. 如何进行可行性分析？
3. 调查研究的目的是什么？如何保证调查研究准确全面？

本 章 小 结

本章主要介绍了以下内容：

1. 管理信息系统规划的主要方法。了解管理信息系统规划的不同方法及其适用场景和具体步骤，包括关键成功因素法、战略目标集转化法和企业系统规划法。

2. 管理信息系统的可行性主要从技术、经济和社会可行性三方面进行评价与论证。

3. 业务流程再造的过程、方法和工具。了解业务流程再造的不同方法及其适用场景。

4. 管理信息系统分析方法。了解管理信息系统的结构化分析方法，该方法的分析过程及各种工具的运用，包括数据流程图、数据字典、结构化语言、判定树和判定表。

本 章 习 题

一、选择题

1. 可行性研究的内容包括　　　　　　　　　　　　　　　　　　　　　　（　　）

　　A. 经济可行性　　　B. 技术可行性　　　C. 社会可行性　　　D. 以上都是

2. 经济可行性研究的问题包括　　　　　　　　　　　　　　　　　　　　（　　）

　　A. 运行方式　　　B. 开发方式　　　C. 成本效益　　　D. 技术风险

3. 在结构化分析方法中,用以表达系统内数据的运动状况的工具是 （   ）
   A. 数据流程图　　　　　　　　　　B. 数据字典
   C. 结构化语言　　　　　　　　　　D. 判定树与判定表

二、简答题

1. 管理信息系统规划的步骤有哪些?
2. 简述管理信息系统常用的三种规划方法及其优缺点。
3. 业务流程再造应遵循哪些原则?
4. 详细调查的目的是什么? 主要包括哪些内容?
5. 描述系统逻辑模型的工具有哪些?

拓 展 学 习

1. 选择一个管理信息网站,并浏览该网站,利用从网站上得到的信息和书中的知识,准备一份所选网站的系统分析报告。制作演示文稿并展示你的结果。

2. 为顺应国家"互联网+"战略,配合传统邮政企业的转型升级,邮政行业面临越来越多的移动信息化需求和分散开发造成的重复投资,同时还存在着潜在的信息安全隐患,亟须建立一个基于移动互联网及云计算技术的、开放的、可扩展的中国邮政移动应用平台,实现对邮政客户服务及内部生产管理的全面移动信息化的统一支撑;对用户、设备、开发、应用及安全的统一管控;对移动应用开发的统一管理。为顺应时代发展,中国邮政整合了在线业务平台、CRM、OA、大数据平台、新一代寄递一体化业务平台、ERP 等的手机客户端和公众号,形成线上线下的联动机制,逐步提升内部生产办公效率、提高客户满意度。具体内容包括平台建设背景、平台定位、业务需求分析、平台架构设计、平台运营实施等。中国邮政的成功转型,可以帮助更多企业,尤其是快递企业更好地认识移动应用平台建设的关键要素,为企业信息化升级提供借鉴和启示。

   通过以上文字介绍的"涅槃重生:中国邮政移动应用平台建设之路",思考以下几个问题:

   (1) 新建设的中国邮政移动应用平台是一个怎样的平台? 它与现有应用平台有什么不同? 新平台能实现哪些经营管理功能?
   (2) 中国邮政移动应用平台建设采用的是哪种开发方式? 为什么要采用这种开发方式?
   (3) 通过本案例,请你为中国邮政移动应用平台的实施提供一些参考建议。

第五章

管理信息系统的设计与实施

 本章教学目标

通过学习本章,了解管理信息系统设计的定义、任务、原则、基本原理与优化规则,以及管理信息系统实施的定义、任务、内容和步骤。掌握管理信息系统设计阶段的总体设计与详细设计,以及物理系统的实施、程序设计、系统测试和系统试运行与转换。

 本章核心概念

模块化设计、模块独立性、内聚、耦合、总体设计、系统结构图、HIPO图、详细设计、程序设计、白盒测试法、黑盒测试法、系统转换。

 导入

如何突破重围——营口港生产管理信息系统实施之路

营口港位于渤海的辽东湾东北海岸,是辽宁沿海经济区的核心港口,是东北区域最近的出海港和第二大开放港口。营口港推行以"做大存量,转型升级"为核心的企业战略,深入实施"互联港+"和"TEU(Twenty-feet Equivalent Unit)"两大发展战略。"互联港+"战略是指借助互联网优势,实现与金融、产业及人才的融合,从而实现港口从重资产运营向轻资产盈利的转变;"TEU"战略是指对接国家"一带一路"倡议,连接东西和南北物流渠道,开辟连接欧亚、辐射东北乃至东北亚、东南亚的T型大通道,推进营口港逐步由终点港转变为中转港。

营口港专业化码头生产管理信息系统项目由信息化领导小组主管、集团信息公司和集团各专业化码头生产公司联合实施上线。专业化码头生产管理信息系统于2012年10月开始实施,由集团实业公司招标办公室通过招标确定的服务器供应商、智能道口供应商及软件开发商,分阶段、分步骤按照项目组制定的项目规划实施,包括后台支撑、智能道口和软件系统三大组成部分。其中,后台支撑的网络建设和中心机房系统集成分别由集团旗下的信息公司和对外招标的沈阳A系统集成公司负责。智能道口的基础设施建设由集团旗下的B公司负责;由于营口港自身技术能力不足,智能道口的道口系统集成通过对外招标的方式选定了南京C系统集成公司负责完成。软件系统模块通过对外招标的方式选定了 D 科技软件公司与信息公司共同负责开发。

虽然存储设备已到货验收,网络安全设备、存储环境、数据库及应用服务器已安装部署,服务器系统集成已内部联调,信息系统整体已试运行,但仍发生了系统联调延迟事件、暂停试用信息系统事件及司机联名抗议事件。

无论用怎样科学的理论方法,有多少的项目实施经验,在真正进行项目实施的过程中,总会有这样或那样的突发状况,这些突发状况不会因管理者的意愿而改变,唯一的解决办法就是在发生突发状况后,管理者利用他们所拥有的资源来补救。其总经理虽然也意识到了这一点,召集各个项目经理一同分析了导致这三起事件的主要原因,可问题是,面对新的技术新的方法带来的新的问题,如何在保护和管理巨大的 IT 投资的同时,将项目管理的方法、工具和手段科学地应用到企业的项目中使其顺利发展、成功突围呢?

问题:

(1) 案例中营口港在生产管理信息系统实施项目中主要遇到了哪些问题?

(2) 你将如何决策来解决这些问题?

第一节 管理信息系统的设计

管理信息系统的设计是系统开发生命周期的第三阶段,主要目的是在保证实现逻辑模型的基础上,尽可能提高新系统的简单性、可变性、一致性、完整性、可靠性、经济性、安全性及系统的运行效率,为下一阶段的系统实施制定蓝图。

一、管理信息系统设计的概述

(一) 管理信息系统设计的定义

管理信息系统设计是从管理信息系统的逻辑模型出发,以系统分析报告为依据,从抽象到具体,进行系统物理模型的设计。按照结构化设计方法,从项目管理观点来看,通常将系统设计分为总体设计和详细设计两个阶段。总体设计用来确定系统的结构,即系统的组成及组成成分之间的相互关系;详细设计用来确定各组成成分内部的算法和数据结构,产生描述各组成成分程序过程的详细设计文档。通过总体设计和详细设计,最终产生新系统的物理模型,并撰写系统设计报告。系统设计报告经过审核通过之后将成为系统开发下一阶段,即系统实施阶段的工作依据。

(二) 管理信息系统设计的任务

管理信息系统设计的任务是依据系统分析报告和开发者的知识、经验在各种技术和实施方法中权衡利弊,合理地使用各种资源,将分析阶段所获得的系统逻辑模型转化为一个具体的可实现的物理模型,并完成系统设计报告。

(三）管理信息系统设计的原则

管理信息系统设计的原则在一定程度上是辩证统一、相辅相成的，主要有以下几个原则：

简单性：在达到预定目标、具备所需要的功能的前提下，系统应尽可能简单。

可变性：在设计系统的过程中应尽量使系统易修改与维护。

一致性：系统的一致性有利于子系统之间、多系统之间的联系与合作。

完整性：系统作为一个统一的整体而存在，所以系统的功能应尽量完整。

可靠性：只有可靠的系统才能保证系统的质量并得到用户的信任。

经济性：在满足系统需求的前提下，应尽可能减少系统的资源消耗。

安全性：系统应具备保密和防病毒等功能来保证系统的安全。

高效性：系统应尽可能提高其运作效率，主要包括处理能力、处理速度、响应时间等几个方面。

(四）管理信息系统设计的基本原理

在管理信息系统的设计过程中要遵循的基本原理有：模块化设计原理、模块独立性原理等。

1. 模块化设计原理

所谓模块是指具有相对独立性的，由数据说明、执行语句等程序对象构成的集合。程序中的每个模块都需要单独命名，通过名字可实现对指定模块的访问。在高级语言中，模块具体表现为函数、子程序和过程等。模块具有外部和内部两类特征。

（1）模块的外部特征包括模块的输入、输出接口和功能。输入、输出接口用于实现模块之间的数据传送，即向模块输入所需的原始数据及从模块输出得到的结果数据；功能是指模块完成的工作内容。

（2）模块的内部特征包括模块的内部数据和程序代码。内部数据是指仅能在模块内部使用的局部量；程序代码用于描述实现模块功能的具体方法和步骤。

模块化是指将整个系统划分为若干个模块，每个模块用于实现一个特定的功能。划分模块对于解决大型复杂问题是非常有必要的，因为这样可以有效降低解决问题的难度，从而降低系统开发的工作量。

采用模块化设计原理的优势在于模块化使系统结构更加清晰，易于设计与理解；模块化使系统更容易测试和调试，因为程序错误通常局限在有关的模块及它们之间的接口中，这样有利于提高系统的可靠性；由于系统的变动往往只涉及少数几个模块，所以模块化还能提高系统的可修改性；模块化使一个复杂的系统可以由许多程序员分工编写，并且可以进一步分配技术熟练的程序员编写困难的模块，有助于系统开发工程的组织管理；模块化还有利于提高程序代码的可重用性。

2. 模块独立性原理

模块独立性概括了把系统划分为模块时需要遵守的准则，同时也是判断模块构造是否合理的标准。模块独立性是指每个模块只完成系统要求的独立的子功能,并且与其他模块的联系最少且接口简单。

模块独立性可以从两个方面来衡量:模块本身的内聚和模块之间的耦合。前者反映的是模块内部之间各成分之间的联系,也称块内联系;后者反映的是一个模块与其他模块之间的联系,又称块间联系。模块的独立性越高,则块内联系越强,块间联系越弱。因此,必须尽可能地设计出高内聚低耦合的模块。

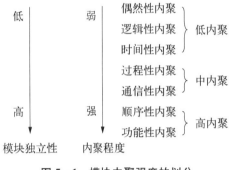

图 5-1 模块内聚强度的划分

(1)内聚。模块的内聚是指模块内部各成分间联系的紧密程度。一个模块内部各成分之间的联系越紧密,该模块的独立性越高。按照由弱到强的顺序,模块的内聚可分为七种类型,如图 5-1 所示。

若几个模块有一段代码是相同的,那么便可将它们抽取出来形成单独的模块,即偶然性内聚模块。例如,几个模块都要执行"加 1"的操作,为避免重复书写而将这些操作汇成一个模块。偶然性内聚是内聚程度最弱的一种内聚,具有偶然性内聚的模块独立性低,不易理解和修改,会给系统带来很大的困扰,出错的概率要比其他类型的模块大得多。因此,在系统设计时应尽量避免使用。

逻辑性内聚是指模块内执行几个逻辑上相似的功能,通过参数确定模块完成的功能。例如,将产生各种类型错误的信息输出放在一个模块或将从不同设备上的输入放在一个模块,形成一种单入口多功能模块。这种模块内聚程度有所提高,各部分之间在功能上也有相互关系,但不易修改,因为当某个调用模块要求修改模块公用代码时,另一些调用模块却不要求修改。另外,调用时需要进行控制参数的传递,造成模块间的控制耦合,而且在调用此模块时,不用的部分也占据了内存,从而降低了系统效率。

若模块中包含了需要在同一时间段中执行的多个任务,则称该模块的内聚为时间性内聚。例如,将多个变量的初始化放在同一模块中实现或将需要同时使用的多个库文件的打开操作放在同一个模块中,都会产生时间性内聚的模块。由于时间性内聚模块中的各个部分在时间上相互联系,其内聚程度比逻辑性内聚高一些,但这样的模块往往会因和其他相关模块有着紧密的联系而造成耦合性的增加。

当模块中包含的任务必须按照某一特定的次序来执行时,该模块被称为过程性内聚模块。例如,用高斯消去法解线性方程组的流程为:建立方程组系统矩阵→高斯消去→回代,将其纳入一个模块中就形成了一个过程性内聚模块。

如果模块内各功能部分都使用了相同的输入数据或产生了相同的输出数据,则称之为通信性内聚模块。例如,模块完成建表、查表两部分功能,都使用同一数据结构——名字表;模块完成生产日报表、周报表和月报表,都使用了同一数据——日产量。通信性内聚模块的各部分都紧密相关于同一数据(或数据结构),所以内聚性要高于前几种类型。同时,如果把某一数据结构、文件及设备等操作都放在一个模块内,就可达到信息隐蔽的作用。

若模块中的各个部分都与同一个功能密切相关,并且必须按照先后顺序执行(通常前一部分的输出数据是后一部分的输入数据),则称该模块的内聚为顺序性内聚。例如,在处理学生成绩的模块中,前一部分根据成绩统计出合格的学生人数,后一部分根据及格人数计算出学生的合格率。由于顺序性内聚模块中的各个部分在功能和执行顺序上都密切相关,所以内聚程度很高且易于理解。

若模块中各个部分都是完成某一具体功能必不可少的组成部分,或者说该模块中所有部分都是为了完成一项具体功能而协同工作、紧密联系、不可分割的,则称该模块为功能性内聚模块。比如,求某组数中元素的个数的单一功能的模块。功能性内聚是所有内聚中内聚程度最高的,其模块易理解、易修改,有利于实现模块的重用,从而可提高系统开发的效率。

综上所述,对于内聚要采取的设计原则是:禁用偶然性内聚和逻辑性内聚,限制使用时间性内聚,少用过程性内聚和通信性内聚,提倡使用顺序性内聚和功能性内聚。

(2) 耦合。模块的耦合是指模块之间相互联系的程度。相互联系复杂的模块耦合度强,模块独立性低;相互联系简单的模块耦合度弱,模块独立性高。按照由弱到强的顺序,模块的耦合也可分为七种类型,如图5-2所示。

非直接耦合是指两个模块之间没有直接关系,相互之间没有信息传递,它们之间的联系完全是通过主模块的控制和调用来实现的。因此,非直接耦合中模块间的耦合性最弱,但模块独立性最高。

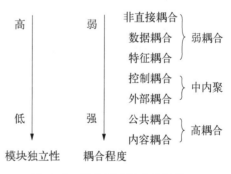

图5-2 模块耦合强度的划分

数据耦合是指若两个模块之间仅通过模块参数交换信息且交换的信息全部为简单数据信息,相当于高级语言中的值传递,则称这种耦合为数据耦合。数据耦合的耦合程度较低,模块的独立性较高。通常软件系统中都包含有数据耦合。

特征耦合是指两个模块之间传递的是数据结构,具体来说,模块间传递的是数据结构的地址。由于模块必须清楚所要传递的数据结构,并要按要求对其进行操作,导致模块的可理解性降低,模块间的耦合程度比数据耦合高,模块的独立性比数据耦合低。

控制耦合是指一个模块调用另一个模块时,传递的是控制变量,被调模块通过该控制变量的值有选择地执行模块内某一功能。因此,被调模块内应具有多个功能,哪个功能起作用受其调用模块的控制。控制耦合增加了理解、编程及修改的复杂性,调用模块必须知道被调模块内部的逻辑关系,即被调模块处理细节不能隐藏,从而降低了模块的独立性。

外部耦合是指一组模块访问同一个全局变量。

公共耦合是指一组模块访问同一个全局性数据结构。如果在模块之间的共享数据很多且通过参数的传递很不方便时，才使用公共耦合，因为公共耦合会引起以下问题：① 耦合的复杂程度随模块的个数增加而增加，无法控制各个模块对公共数据的存取，若某个模块出错，便可能通过公共区域将错误延伸到其他模块，会影响整个系统的可靠性。② 系统的可维护性变差。若某一模块修改了公共区域的数据，则会影响到与此相关的所有模块。③ 降低了系统的可理解性。因为各个模块使用公共区域的数据方式往往是隐含的，所以难以查明数据被哪些模块共享。

如果发生下列情况，两个模块之间就会发生内容耦合：① 一个模块可以直接访问另一个模块的内部数据。② 一个模块不通过正常入口转到另一个模块内部。③ 两个模块有一部分程序代码重叠（只可能出现在汇编语言中）。④ 一个模块有多个入口。内容耦合的耦合程度最强，导致模块的独立性最低。它会因模块间的联系过于紧密而给后期的开发和维护工作带来很大的麻烦。

综上所述，对于耦合要采取的原则是：尽量使用非直接耦合、数据耦合和特征耦合，少用控制耦合和外部耦合，限制使用公共耦合，禁用内容耦合。

模块的内聚和耦合是密切相关的，模块的高内聚往往意味着模块间的低耦合。内聚和耦合都是进行模块化设计的有力工具。实践表明，内聚更重要，在设计过程中要把注意力更多地集中在提高模块的内聚程度上。

（五）管理信息系统设计的优化规则

在管理信息系统的实际设计过程中，会采用以下几条常用的优化规则来改进系统设计，提供系统质量，更好地实现系统的模块化。

1. 模块的作用范围应处于其控制范围内

一个模块的作用范围，是指由该模块中所包含的判断处理所影响到的所有模块的集合。而一个模块的控制范围，是指它可以调用的所有下层模块和其本身所组成的集合。模块的控制范围和作用范围的关系，直接决定了系统中模块关系的复杂程度、系统的可修改性和可维护性。因此，在系统设计中，对于任何一个具有判断功能的模块，该模块的作用范围应处于其控制范围内。

若模块的作用范围不在其控制范围之内一般可通过下列两种方法进行改进：第一种，在整个系统结构中将具有判断功能的模块合并到它的上层调用模块中，从而提高判断点的位置，以扩大模块的控制范围。第二种，在系统结构层次中，将受到某判断模块影响而又不在其控制范围内的模块下移，使其处于判断模块的控制范围之内。

2. 降低模块接口的复杂度

复杂的模块接口是导致系统出错的主要原因之一，因此，在系统设计中应尽量使模块接口简单清晰。降低模块接口的复杂度可以提高系统的可读性，减少出现错误的可能性，并且有利于系统的测试与维护。

3. 改进系统结构提高模块独立性

设计出系统的初步结构后,应审查分析该结构,通过模块分解或合并,力求降低模块之间的耦合,提高模块的内聚,保持模块的相对独立性,优化设计好的初步系统结构。

二、管理信息系统的总体设计

(一) 管理信息系统总体设计的概述

总体设计是在进行系统详细设计之前对系统结构、功能和模块等的划分与设计,有利于系统实施人员更好地了解系统的整体结构与实现。通过划分系统组成部分和设计系统的结构,可以较少的成本开发出高质量的管理信息系统。

总体设计侧重于设计系统的整体结构,主要进行模块的划分并确定模块间的关系等。对于每个模块,总体设计阶段只定义其外部结构,即模块之间的调用关系及参数的传递等。对于每一个模块内部的内容,则应在详细设计阶段完成。

1. 总体设计的目的

总体设计主要根据系统分析报告中所描述的系统目标、系统功能与环境条件,确定系统的总体结构,将系统按照功能划分为若干个子系统;按照层次结构关系划分功能模块,确定模块间的相互关系,画出系统结构图。

2. 总体设计的任务

总体设计的任务是确定系统的模块结构,它包括以下几项工作:① 把系统分解成一个个模块。② 确定每个模块的功能。③ 确定模块间的联系。④ 确定模块的界面,即模块间信息的传递。⑤ 评价模块结构质量。

系统的结构设计是以模块为基础的,借助模块化设计,可以更好地实现系统的功能。在系统分析阶段,通过系统分析方法把系统分解成层次结构。在系统设计阶段,以系统分析的结果和系统分析报告为依据,从系统实现的角度根据模块化的设计思想把系统划分为各个模块,并确定模块之间的关系和组成模块的层次结构。系统的结构设计作为总体设计的关键一步,对系统的详细设计和编码起到了至关重要的作用。

完成总体设计后,需要对系统总体结构设计的结果进行整理,编写总体设计说明书,为系统的详细设计提供基础和设计依据。另外,对设计部分是否完整地实现了需求中规定的功能及是否能够达到预期性能等要求,对设计方案的可行性、关键部分的处理及内外部接口定义的正确性、有效性及各部分之间的一致性等,都要进行严格的评审与考量。

3. 总体设计说明书

总体设计说明书是总体设计阶段完成后提交的技术文档,它的主要内容包括以下几个部分:① 引言:总体设计说明书的编写目的、背景、定义和参考资料等。② 总体设计:需求规定、运行环境、基本设计概念、处理流程和结构。③ 接口设计:用户接口和内外部接口。④ 运行设计:运行模块的组合、运行控制和运行时间。⑤ 系统数据结构设计:逻辑结构设计、物理结构设计、数据结构与程序的关系。⑥ 系统出错处理设计:出错信息、补救措施和系统恢复设计。

4. 总体设计的评审

总体设计完成之后,需要提交评审,总体设计的评审包括以下内容:① 可追溯性:确认该设计是否覆盖了所有已经确定的系统需求,系统的各个组成部分是否能够追溯到具体的某一项需求。② 接口:确认该系统的内外部接口是否已经进行了明确的定义。模块是否满足高内聚和低耦合的要求,模块作用范围是否在其控制范围之内。③ 风险:确认该设计在现有的技术条件下和预算范围内是否能够按时实现与交付。④ 实用性:确认该设计对于需求的解决方案是否实用。⑤ 技术清晰度:确认该设计是否以一种易于转化成代码的形式表达。⑥ 可维护性:确认该设计是否考虑了系统的运行维护。⑦ 质量:确认该设计是否具有良好的质量特征。⑧ 各种选择方案:查看该设计是否考虑了其他方案,以及对各种选择方案进行比较的标准是否合理和准确。⑨ 限制:评估对该系统的限制是否与需求一致,是否现实。⑩ 其他具体问题:对文档、可测试性及设计过程等方面进行评估。

5. 总体设计的图形工具

总体设计的图形工具有系统结构图(Structure Chart,SC)和HIPO(Hierarchy plus Input-Process-Output)图,它们主要用来描述系统模块的层次结构。

(1) 系统结构图。系统结构图也称为结构图或控制结构图,是进行系统结构设计的有力工具,是描述系统物理结构的主要图形工具。它表示的是一个系统(或功能模块)的层次分解关系,模块之间的调用关系,以及模块之间数据流和控制流等信息的传递关系。系统结构图的基本符号及其含义如表5.1所示。

表5.1 系统结构图的基本符号及其含义

符　号	含　义
□	用于表示模块,方框中为模块的名称
→	用于描述模块之间的调用关系
○→　●→	用于表示模块调用过程中传递的信息,在箭头上标明信息名称;箭头尾部若为空心圆,则表示传递的信息是数据;若为实心圆,则表示传递的是控制信息
A B C	表示模块A选择调用模块B或模块C
A B C	表示模块A循环调用模块B和模块C

在系统结构图中，模块有传入模块、传出模块、变换模块和协调模块四种类型，如图5-3所示。

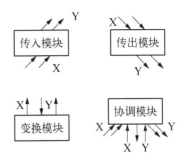

图5-3 系统结构图的模块类型

传入模块，从下属模块取得数据，经过某些处理，再将其传送给上级模块。它传送的数据流叫作逻辑输入数据流。传出模块，从上级模块取得数据，进行某些处理，再将其传送给下属模块。它传送的数据流叫作逻辑输出数据流。变换模块，它从上级模块取得数据，进行特定的处理，转换成其他形式，再传送回上级模块。协调模块，对所有下属模块进行协调和管理的模块。

某"订单处理"数据流程图如图5-4所示，其对应的"订单处理"功能的系统结构图如图5-5所示。

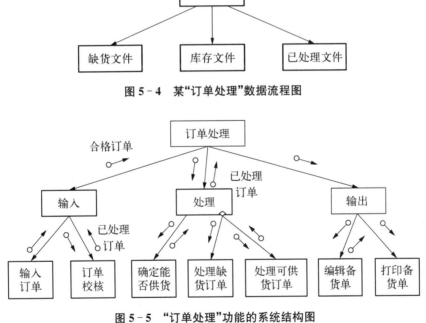

图5-4 某"订单处理"数据流程图

图5-5 "订单处理"功能的系统结构图

（2）HIPO图。HIPO图是IBM公司于20世纪70年代中期推出的一种用于描述系统结构和模块内部处理功能的图形工具。HIPO图是在描述系统总体模块结构的层次结构图（H图）的基础上，与描述每个模块内部的处理过程和输入、输出数据的IPO图进行结合所组成的。HIPO图通常由一张总的层次化模块结构图和若干张具体模块内部展开的IPO图构成。作为表示系统结构的工具，HIPO图是以模块分解的层次性及模块内部输入、处理、输出三大基本部分为基础建立的。

层次结构图（H图）主要用于描述系统的层次结构及各模块之间的关系。H图通过树形结构的一系列多层次的矩形框来描述复杂系统的层次结构,每一个矩形框表示一个模块。在树形结构的顶层,有且仅有一个矩形框,用来代表完整的系统结构。下面各层的矩形框是对系统结构的逐步分解和细化后得到的功能模块。底层的矩形框代表组成该系统结构的基本元素,是系统的最小单位,不可再分割。在 HIPO 图中,为了使 H 图更具可追踪性,可以为除顶层矩形框以外的其他矩形框加上能够反映层次关系的编号。如图 5-6 所示为正文加工系统的 H 图,顶层的矩形框代表正文加工系统,下一层是系统的主要模块,它调用下层模块来完成正文加工的全部功能,底层的每个模块控制完成正文加工的一个主要功能。例如,"编辑"模块通过调用它的下层模块可以实现添加、删除、修改等六种功能。

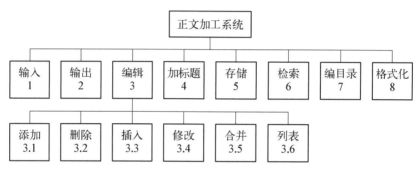

图 5-6 正文加工系统的 H 图

IPO 图主要用于描述某个特定模块内部的处理过程和输入/输出关系。IPO 图使用的基本符号既少又简单,易于使用。IPO 图由输入、处理和输出三部分组成,在左边的输入框中,列出有关的输入数据;在中间的处理框中,列出主要的处理,其次序表示了执行的顺序,但仅使用这些基本符号还不足以精确描述执行处理的详细情况;在右边的输出框中,列出产生的输出数据。在 IPO 图中还用类似向量符号的粗大箭头清晰地指出数据的传递情况。如图 5-7 所示,是一个主文件更新的 IPO 图。

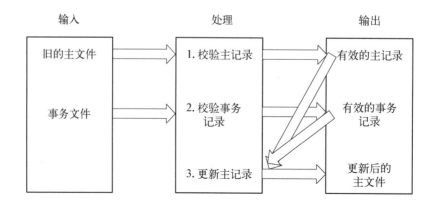

图 5-7 主文件更新的 IPO 图

现在一般建议使用一种改进的IPO图(也称为IPO表),这种图中包含某些附加的信息,在系统设计过程中它将比原始的IPO图更有用,如图5-8所示。改进后的IPO图中包含的附加信息主要有系统名称、图的作者、完成的日期、本土描述的模块的名字、模块在层次结构图中的编号、调用本模块的模块清单、本模块调用的模块清单、注释及本模块使用的局部数据元素等。

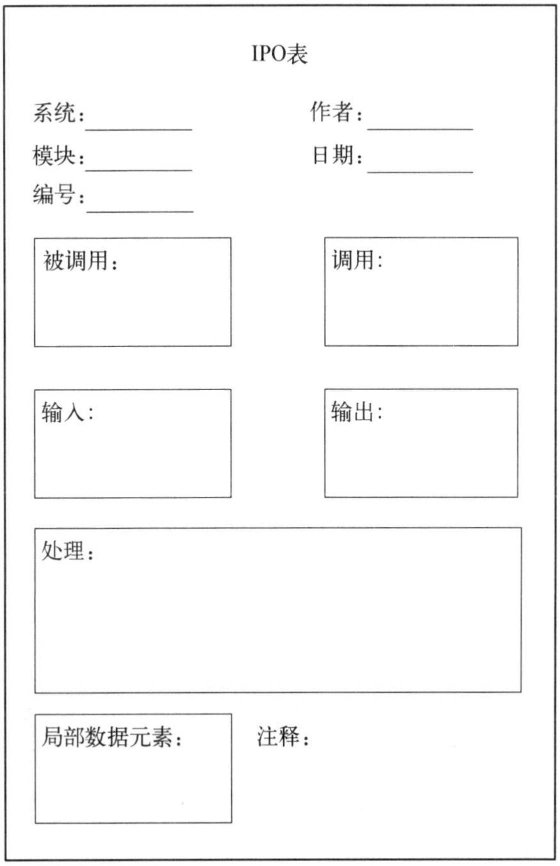

(二) 总体设计方法

在总体设计中,采用结构化设计方法进行系统的结构设计。结构化系统设计方法是在结构化思想的基础上发展起来的一种用于复杂系统结构设计的技术,其运用一套标准的设计准则和工具,采用模块化的方法进行系统结构设计。

1. 结构化设计方法的基本思想

结构化设计方法的基本思想是使系统模块化,在这一思想的指导下,设计人员根据系统的数据流程图,自顶向下,层层分解,步步求精,最后建立起一个结构良好的模块化系统。

图5-8 改进后的IPO图的形式

2. 结构化设计方法的任务与内容

结构化设计方法的任务是根据数据流程图建立系统结构图,用系统结构图来描述系统分层次的模块结构及模块之间的联系和控制关系。结构化设计方法的主要内容,包括以下三个方面:① 研究系统分解成一个个模块的方法;② 评价模块的方法;③ 从数据流程图导出系统模块结构图的方法。

3. 结构化设计方法的分解原则

结构化设计的分解原则主要有两点:① 把密切相关的子问题划归为系统的同一部分;② 把不相关的子问题划归为系统的不同部分。

4. 结构化设计方法的策略

结构化设计方法的策略有变换分析和事务分析两种。它们都是实现系统设计的具体手段。无论使用哪种策略进行设计,都可以分为两步进行:第一步,从数据流程图导出初始结构图;第二步,运用一定的规则对初始结构图进行改进。

变换分析：变换型系统是目前最常见的系统之一，其系统结构由输入、加工和输出三部分组成。这类系统的功能是从某处获得输入数据，再对这些数据进行加工，然后将加工结果输出。

事务分析：事务型系统的功能是接受一项事务，然后按事务的不同类型选择进行某一类事务的处理。在选择调用某个事务处理模块时，每个事务处理模块都可能调用若干个操作模块，而每个操作模块又都可能调用若干个细节模块。

5. 结构化设计方法的优点

结构化设计方法的优点是可变更性强，能适应系统环境的变化，各个模块功能单一，模块之间相互独立，便于比较、编程、测试、修改、维护和排错等。

结构化的设计方法和结构化分析方法一样，都通过"分解"来控制系统的复杂性。在设计时，"分解"就是将系统划分成一个个模块，即模块化，这体现了结构化设计方法的基本思想。分解过程完成后，系统就被分为相对独立、功能单一的模块结构，每个模块都可单独地进行编程、修改等，这就大大提高了系统质量，简化了开发工作，为系统实施打下了良好基础。

三、管理信息系统的详细设计

详细设计是对每个模块给出详细的过程性描述，确定每个模块内部的算法和数据结构等。它对最终程序代码的质量起着决定性的作用，对系统的测试和维护人员了解模块的内部结构也是很重要的。详细设计的主要内容包括：代码设计、数据存储设计、输入/输出设计、处理过程设计和用户界面设计。

（一）代码设计

1. 代码的定义

代码指的是代表事物名称、属性和状态等的一种符号。它是一种特殊的数据，是一种数据的缩写结构，是唯一的标识。在管理信息系统中，代码是一连串字母、数字、符号的组合，它是人和计算机的共同语言，是便于计算机对信息进行分类、核对、统计和检索的关键。代码设计的好坏对系统性能和效率影响很大。

2. 代码的功能

（1）代码为事物提供一个概要而不含糊的认定，便于数据的存储和检索。代码缩短了事物的名称，无论是记录、记忆还是存储，都可以节省时间和空间。

（2）使用代码可以提高处理的效率和精度。使用代码可以十分迅速地对事物进行排序、累计或按某种规定算法进行统计分析。

（3）代码提高了数据的全局一致性。对同一事物，在不同场合可能会有不同叫法，但借助代码，可以实现编码统一，提高系统的整体性，进而减少因数据不一致而造成的错误。

（4）代码是人和计算机的共同语言，是两者交换信息的工具。为了给尚无代码的数据项编码或统一和改进原有代码，使之适应计算机处理的要求，在建立新系统时，必须对整个系统进行代码设计。

3. 代码设计的原则

代码设计应遵循的以下原则：① 唯一性。一个名称可能对应多个事物，但每个事物应有唯一的编码。② 合理性。代码的结构应与事物的分类体系相对应，且适合计算机的处理。③ 规范性。代码的长度和格式要统一。④ 稳定性。代码系统要有一定的稳定性。⑤ 精确性。尽量使代码在字面上就能反映所代表事物的某些属性，减少出错的机会。⑥ 可扩展性。尽量短小并有一定的可扩展性，便于记忆和扩充代码。

4. 代码的种类

(1) 顺序码。顺序码又称系列码，是一种用连续数字代表编码对象的码。例如，用 1 代表博士，用 2 代表硕士，用 3 代表学士等。顺序码的优点在于短而简便，记录的定位方法简单，易于管理。但这种码没有逻辑基础，不易记忆。此外，新加的代码只能列在最后，删除时则易造成空码。通常，顺序码作为其他码分类中细分类的一种补充手段。

(2) 区间码。区间码把数据项分为若干组，每一区间代表一个组，码中数字的值和位置都代表一定意义。典型的例子是邮政编码。区间码的优点在于信息处理比较可靠，排序、分类、检索等操作方便。但这种代码的长度与其分类属性的数量有关，有时可能造成代码过长。在许多情况下，代码会有冗余。同时，这种码的维护也比较困难。

区间码又可分为以下多种类型：① 多面码。一个数据项可能具有多方面的特性。如果在代码的结构中，为这些特性各规定一个位置，就形成多面码。例如，对于机制螺钉，可作如表 5.2 所示的规定。代码 1234 表示材料为不锈钢的 $\phi 1.0$ mm 六角形头上漆螺钉。② 上下关联区间码。上下关联区间码由几个意义上相关的区间码组成，其结构一般由左向右排列。例如，会计核算方面，用最左位代表核算种类，下一位代表会计核算项目。③ 十进位码。此法相当于图书分类中的十进位分类码。例如 913.6，小数点左边的数字组合代表主要分类，小数点右边的代表子分类。子分类划分虽然方便，但所占位数长短不一，不适合计算机处理。显然，只要把代码的位数固定下来，就可以利用计算机进行处理。④ 助忆码。助忆码通常用文字、数字或文字与数字的组合来描述。其特点是可以通过代码联想其含义，代码的描述方式有助于记忆。例如，用 TV-B-14 代表 14 英寸黑白电视机，用 TV-C-42 代表 42 英寸彩色电视机。助忆码适用于数据项数目较少的情况（一般少于 50 个），否则可能引起错误的联想。

表 5.2 多面码示例

材　料	螺钉外径(mm)	螺钉头形状	表面处理
1－不锈钢	1－$\phi 0.5$	1－圆头	1－未处理
2－黄铜	2－$\phi 1.0$	2－平头	2－镀铬
3－钢	3－$\phi 1.5$	3－六角形头	3－镀锌
		4－方形头	4－上漆

5. 代码的校验

代码作为计算机的重要输入内容之一,其正确性直接影响到整个设计工作的质量。特别是人们重复抄写代码和将它通过人工输入计算机时,发生错误的可能性更大。为了保证代码输入的正确性,通常会对代码进行校验。常见的代码校验方法主要有以下两种:

(1) 带校验位的代码校验方法。带校验位的代码校验方法要求所设计的代码结构中含有校验位,通常是代码的最后一位(或多位)。校验位的值是按某种计算方法,由代码的各个位的值计算出来的。其基本原理是按预先规定的算法,根据源代码值算出校验位值,附加在源代码后。代码输入后再用同样的算法,根据源代码自动计算校验位的值,以校验输入的正确性。带校验位的代码校验方法事实上是将校验位变成代码的一个组成部分,即"代码值=源代码+校验位",同时这也成了该方法的缺点,它使代码长度增加了一位(或多位)。

带校验位的代码校验方法具有很强的校错能力,可以发现以下各种错误:① 抄写错误,如把1抄写成7。② 易位错误,如把1234错写成1243。③ 双易错误,如把12345错写成14235。④ 随机错误,包括以上两种或三种情况的综合性错误或其他错误。

计算校验值的方法有很多种,其中常用的一种方法是"加权取余"方法。"加权取余"方法的步骤为:第一步,对源代码中的每一位加权求和。其中权因子可以任意选取,选取原则以提高错误发生率为基础。常用的有:算术级数:1,2,3,4,5,…;质数:2,3,5,7,…;几何级数:2,4,8,16,32,…。第二步,求余数。用加权和 S 除以模数 M 可得余数 R,即 $S/M=Q\cdots R$(Q 为商)。其中,模数 M 也可以任意选取,选取原则同样以提高错误发生率为基础。常用的模数为10和11。第三步,选择校验值。可将余数 R 直接作为校验值,也可把模数 M 与余数 R 之差(即 $M-R$)作为校验值,还可取余数 R 的若干位作为校验值等。把选择的校验值放在源代码的最后作为整个代码的组成部分。

"加权取余"方法的实例:假设源代码是12345,采用"加权取余"校验方法生成该代码的校验值。

首先,选取加权因子为2,3,5,7,11,然后加权求和:

$$S=1\times 2+2\times 3+3\times 5+4\times 7+5\times 11=106$$

然后,选取模数 M 为11,求余数:$S/M=106/11=9\cdots\cdots 7$。

最后,直接选择余数7作为校验值,加上校验值的代码为123457。

(2) 代码库检索校验方法。代码库检索校验方法采用检索代码库的方式实现代码的校验。具体地说,就是首先建立标准的代码库,然后当输入代码时,都要到代码库中检索该代码,如果检索成功,则说明所输入的代码是正确的。代码库检索校验方法的校错率为100%,其缺点是频繁检索代码库会使系统效率降低,尤其是对于大型数据库来说。

6. 代码设计步骤

代码设计的步骤会因代码设计方法和工具的不同而有所差异,但是基本符合以下步骤和流程:

(1) 明确代码目的。

(2) 决定代码对象。对所要处理的所有信息逐项进行研究,以决定哪些项目需要代码化。对已经存在代码的对象要整理出代码调查书,以便重新研究。

(3) 决定代码使用范围和期限。

(4) 分析代码对象的特性,包括代码使用频率、变更周期、追加删除情况及处理要求等。

(5) 决定代码结构。

(6) 为每一种代码编写代码设计书。

(7) 汇集全部的代码设计书编制成代码本,并建立相应的代码管理制度,以便代码的使用与维护。

(二) 数据存储设计

在系统分析阶段设计新系统的逻辑模型时,已从逻辑角度对数据存储进行了初步设计。设计阶段的数据存储设计,就是要根据需要的计算机硬件、软件、空间布局和使用要求,进一步完成数据存储的详细设计。

管理信息系统是基于文件系统或数据库系统的系统,文件是存放在系统中处理和维护数据的最基本形式,对整个系统的全局数据管理需采用数据库。

1. 文件分类与设计

文件的分类方式有很多种,按照不同的分类方式有不同的结果。按文件的存储介质可分为:卡片、纸带、磁盘、磁带和打印文件。按文件的信息流可分为:输入(卡片)、输出(打印机)和输入、输出文件(磁盘)。按文件的组织方式可分为:顺序、索引和直接存取文件。按文件的用途可分为:主文件、处理文件、工作文件、周转文件和其他文件。下面重点介绍按文件用途进行分类的方式。

(1) 主文件。主文件是系统中最重要的共享文件,主要存放具有固定值属性的数据,系统中所有模块都有可能访问这些数据。为了发挥主文件数据的作用,它必须准确、完整并及时更新。例如,教务管理信息系统中的教职工基本信息(工号、姓名、职称等),课程基本信息(课程编号、课程名称、课程学时、课程学分等)。

(2) 处理文件。处理文件又称事务文件,是用来存放事务数据的临时文件,包含了对主文件更新的全部数据。例如,人事变更文件包括代码、姓名、部门、基本工资、附加工资、备注等。

(3) 工作文件。工作文件是处理过程中暂时存放数据的文件,如排序过程中建立的排序文件、打印时建立的报表文件等。

(4) 周转文件。周转文件用于存放具有固定个体变动属性的数据。例如,住宿职工信息系统中的电费扣款文件(代码、姓名、用电量、电费等)。财务科根据职工信息生成空周转文件(代码,姓名由系统生成,用电量、电费为空),周转文件发送给总务科填写用电量和电费,总务科把填写好的周转文件发送给财务科。周转文件既是输出文件又是输入文件,只是输入和输出的个体变动属性数据不同。

(5) 其他文件。如上面文件中的副本文件,使文件在遭到破坏时便于恢复;离线保存的档案文件,以防止非法访问、用作历史资料等。

文件设计就是根据文件的使用要求、处理方式、存储量、数据的活动性及硬件设备的条件等,合理地确定文件类别,选择文件介质,决定文件的组织方式和存取方法。在设计文件之前,首先要确定数据处理的方式、文件的存储介质、计算机操作提供的文件组织方式、存取方式和对存取时间、处理时间的要求等。文件设计的步骤是先设计主文件,即共享文件,然后再根据系统处理过程设计处理文件、工作文件、周转文件和其他文件。

2. 数据库设计

数据库设计是管理信息系统设计的重要组成部分。数据库设计和使用包括用户需求分析、概念模型设计、逻辑模型设计、数据库物理结构设计、数据库实施、运行与数据维护六个环节。在系统分析阶段,完成用户需求分析和概念模型的设计;在系统设计阶段,进行逻辑模型设计和数据库物理结构设计。

数据库逻辑模型设计是把数据库概念模型(E-R图)转换成与选定的具体的数据库管理系统相互支持的数据模型(主要是关系模型)。逻辑模型设计的主要目的是保证数据共享,消除结构冗余,实现数据的逻辑独立性,易懂易用,有利于数据的完整性及安全性控制,且尽量降低资源消耗。

数据库物理结构设计是为给定的逻辑模型在应用环境上选定合适的存储结构和存取方式,以获得数据库的最佳存取效率。数据库物理结构设计的主要依据是需求分析报告和数据库的逻辑模型,其主要任务包括:确定库文件的存储结构、选取存取路径、确定数据存放的位置和确定存储分配。

(三) 输入/输出设计

1. 输入设计

输入设计的任务是根据具体业务要求,确定适当的输入形式,使管理信息系统获取管理工作中产生的正确的信息。输入设计对系统的质量起着决定性作用,输入过程是管理信息系统与用户之间交互的纽带。输入设计决定人机交互的效率,其目的是提高输入效率,减少输入错误。

(1) 输入设计的原则。输入设计包括数据规范和数据准备的过程,在实际的输入设计过程中,应遵循以下原则:① 控制输入量。在输入设计中,应尽量控制输入数据总量,在输入时,只需输入基本的信息,而其他可通过计算、统计、检索得到的信息则由系统自动产生,这样有利于提高系统效率,降低系统的运行成本。② 减少输入延迟。输入数据的速度往往成为提高系统运行效率的瓶颈,为减少输入延迟,可采用周转文件、批量输入等方式。③ 减少输入错误。输入设计中应采用多种输入校验方法和有效性验证技术,减少输入错误。④ 输入过程应尽量简化。输入设计应尽量避免不必要的输入步骤,不能因为查错、纠错而使输入复杂化。

(2) 输入设备的选择。输入设计首先要确定输入设备的类型和输入介质,常用的输入设备有:键盘-磁盘输入装置、光电阅读器和终端输入等。① 键盘-磁盘输入装置。由数据录入员通过工作站录入,经可靠性验证后存入磁记录介质(如磁带、磁盘等)。这种输入设备成本低、速度快,易于携带,适用于大量数据输入。② 光电阅读器。采用光笔读入光学标记条形码或用扫描仪录入纸上文字。光符号读入器适用于自选商场、借书处等少量数据录入的场合。纸上文字的扫描录入费用高、速度慢,但具有较好的发展前景。③ 终端输入。终端可在线与主机联系,实时返回处理结果。

(3) 输入校验。为实现减少输入错误的目标,在输入设计过程中,要对全部输入数据设想其可能发生的错误,并对其进行校验。

输入错误的种类有:① 数据本身错误,是指由于原始数据填写错误等原因引起的输入数据错误。② 数据多余或不足,是指在数据收集过程中产生的差错,如数据的重复或遗漏等原因引起的数据错误。③ 数据的延误,是指数据收集过程中所产生的差错,不过它的内容和数据都是正确的,只是由于时间上的延误而产生差错。这种差错多由开票、传送等环节的延误而引起,严重时会导致输出信息毫无利用价值。因此,数据的收集与运行必须具有一定的时间性,应事先确定产生数据延迟时的处理决策。

输入数据的校验方法有人工直接检查、由计算机用程序校验及人与计算机两者分别处理后再相互查对校验等多种方法。实践中,数据校验的具体方法主要有以下几种:① 重复校验。这种方法是将同一数据先后输入两次,然后由计算机程序自动对比校验,如两次输入内容不一致,计算机显示或打印出错信息。② 视觉校验。输入的同时,由计算机打印或显示输入数据,然后与原始单据进行比较,找出差错。视觉校验不可能查出所有的差错,其查错率为 75%～85%。③ 检验位校验。类似于代码设计中的代码校验位校验。④ 控制总数校验。用控制总数校验时,工作人员先手工求出数据的总值,然后在数据的输入过程中由计算机程序累计总值,将两者对比校验。⑤ 数据类型校验。校验数据是数字型还是字符型。⑥ 格式校验。校验数据记录中各数据项的位数和位置是否符合预先规定的格式。⑦ 逻辑校验。检查业务上各种数据的逻辑性有无矛盾。⑧ 界限校验。检查某项输入数据的内容是否位于规定范围之内。⑨ 顺序校验。检查记录的顺序是否符合要求。⑩ 记录计数校验。通过计算记录个数来检查记录是否遗漏和重复。不仅对输入数据,对处理数据、输出数据及出错数据的个数等均可进行计数校验。⑪ 平衡校验。平衡校验的目的在于检查相反项目间是否平衡,如会计工作中检查借方会计科目合计与贷方会计科目合计是否一致。⑫ 对照校验。对照校验是将输入的数据与基本文件的数据进行核对,检查两者是否一致。

(4) 原始单据的格式设计。输入设计的重要内容之一是设计好原始单据的格式。开发新系统时,即使原系统的单据很齐全,一般也要重新设计和审查原始单据。设计原始单据的原则如下:① 便于填写。原始单据的设计要保证填写迅速、正确、全面、简易和节约,具体地说应做到填写量小,版面排列简明易懂。② 便于归档。单据大小要标准化,预留装订位置,标明传票的流动路径。③ 单据的格式应能保证输入精度。单据应按照预先确定的格式要求进行填写,以保证输入精度。

2. 输出设计

输出设计的任务是使管理信息系统输出满足用户需求的信息。输出设计的目的是为了正确及时反映和组成各部门需要的管理信息,这也是管理信息系统的价值所在。输出的信息能否满足用户的需求,直接关系到系统的使用效果和系统的成功与否。

输出是指计算机系统对输入的原始信息进行加工处理,形成高质量、具有一定格式的有效信息并提供给用户使用。为了设计出满足用户需求的输出,设计人员会通过交互的方式与用户密切沟通,了解用户的需求,以实现预期目标。

(1) 输出设计的原则。输出设计的原则有以下几点:① 简洁性。管理信息系统的输出应简洁易懂,易于阅读与理解。② 及时性。管理信息系统的输出应是及时的,只要用户需要,应随时可以生成用户需要的各种信息。开发人员在设计和实现输出时,必须考虑输出的及时性。③ 安全性。访问管理信息系统的用户是经过授权的,只有合法的用户才能访问在自己权限内希望得到的输出信息,未经授权的用户不能访问相应的输出信息。④ 有效性。管理信息系统输出的内容应是有效的,输出的内容、格式等信息必须满足用户的需求。

(2) 输出设计的内容。输出设计主要包括以下内容:① 确定输出的使用信息。用户是信息输出的使用者,因此输出设计首先要确定用户在使用信息方面的要求,包括使用者、使用的目的、输出的速度、使用的频率、有效期、保管方法、份数和安全性要求等。② 确定输出的内容。根据用户对信息的使用要求来确定输出信息的内容,包括输出的项目、数据类型、位数、取值范围、数据的形式、完整性与一致性等。③ 选择输出设备与介质。常用的输出设备种类繁多。不同的设备使用不同的介质,有各自不同的特点,应根据输出的要求进行合理的选择。④ 确定输出的格式。任何提供给用户的信息都要进行格式设计。输出格式要符合原系统统一的标准,尽量考虑使用者的要求和习惯,使表格清晰、美观、易于阅读和理解。

(3) 输出的设备与介质。输出设备与介质是用户直接获取信息的工具,设计人员能够选择合适的输出设备与介质,并以清楚的方式将信息表达出来,是用户评价系统实用性的关键。常用的输出设备与介质有:打印机、显示器、音频、微缩胶卷、CD - ROM 光盘和DVD 光盘、电子文档等。① 打印机。打印机是常用的输出设备,打印机的介质是打印纸,费用低,易于保存,输出信息量大,故障率低,可靠性高。但打印机有噪声,打印速度慢,环保性差。② 显示器。显示器是一种日益普遍的输出设备,它没有噪声,同时拥有着交互式用户参与的优势,可以灵活地完成用户实时改变输出的信息。它是一种允许用户展示数据库中的信息而不必保留的输出设备。③ 音频。音频输出是瞬变的,声音可以使输出更加完美,但音频输出的应用有限。④ 微缩胶卷。微缩胶卷是存储大容量信息的一种方式,体积小,易保存,但微缩胶卷的制作和放映需要特殊的设备,其价格偏高。⑤ CD - ROM 光盘和 DVD 光盘。随着对多媒体输出的需求不断增长,在 CD - ROM 光盘上显示信息已变得十分普遍。任何大容量及内容相对固定的信息都可使用 CD - ROM 光盘来输出。CD-ROM 光盘不易损坏,可以存储文本、图形、音乐及全动画影像,检索速度快,但输出耗时。DVD 光盘拥有更大的容量,可以替代 CD-ROM。DVD 光盘不仅被用于输出,还能在 DVD-RAM 上进行存储工作。⑥ 电子文档。电子文档通常以电子邮件、传真及网络论坛等形式出现,无须硬拷贝,通过互联网进行输出内容的传递。电子文档的缺点是格式难以控制,有滥用系统的潜在可能性,难以建立对垃圾文档的有效监控。

(4) 输出设计的评价。输出设计的评价一般要考虑以下几个方面:① 能否为用户提供及时、准确、全面的信息服务。② 是否便于阅读和理解,符合用户的习惯。③ 是否充分考虑和利用了输出设备的功能。④ 是否为今后的发展预留了一定的空间。

(四) 处理过程设计

处理过程设计的主要工作是通过一种合适的表达方法来描述系统结构图中每个模块的功能实现过程。这种表达方法应当简明、准确,并由此能直接导出用编程语言表示的程序,这样有利于系统实施阶段的系统编码,结合系统结构图,可以更加方便正确地编写出程序代码。描述处理过程设计的工具很多,常用的有程序流程图、N-S 图和 PAD 图等。

1. 程序流程图

程序流程图(Program Flow Chart)也称为程序框图,是由一些图框和流程线组成的,其中图框表示各种操作的类型,图框中的文字和符号表示操作的内容,流程线表示操作的先后次序。

(1) 程序流程图的基本符号和结构。程序流程图常用的基本符号如图 5-9 所示,用程序流程图表达的三种基本控制结构(顺序、选择和循环)如图 5-10 所示。其中,选择结构分为单分支选择和多分支选择两类;循环结构分为 DO-WHILE(当型)和 DO-UNTIL(直到型)两类。

1. 一般处理框　2. 输入输出框　3. 判断框　4. 流程线　5. 起止框

图 5-9　程序流程图的基本符号

(2) 程序流程图的优缺点。程序流程图的优点是比较直观、清晰,使用灵活,便于阅读与掌握,在 20 世纪 40 年代末至 70 年代初被普遍采用。但随着程序设计方法的发展,程序流程图的许多缺点逐渐暴露出来。这些缺点主要体现在以下几个方面:① 可以随心所欲地控制流程线的流向,容易造成非结构化的程序结构,编码时势必不加限制地使用"goto"语句,导致基本控制块多入口多出口,这样会使系统质量受到影响,这与系统设计的原则相违背。② 程序流程图本质上不支持逐步求精,会使程序员容易过早地考虑程序的具体控制流程而忽略了程序的全局结构。③ 程序流程图难以表示系统中的数据结构。④ 对于大型系统而言,程序流程图过于琐碎,不容易阅读与修改。

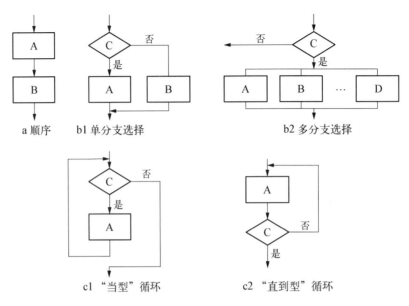

图 5-10 程序流程图的基本结构

为了克服程序流程图的缺陷,要求程序流程图都应由三种基本控制结构顺序组合和完整嵌套而成,不能有相互交叉的情况,这样的程序流程图才是结构化的程序流程图。

2. N-S 图

N-S 图(Nassi-Shneiderman)又称为盒图,是由美国学者 Nassi 和 Shneiderman 于 1973 年按照结构化的程序设计要求提出的一种用于描述处理过程设计的工具。N-S 图完全去掉了流程线,算法的每一步都用一个矩形框来描述,把一个个矩形框按执行的次序连接起来就是一个完整的算法描述。

(1) N-S 图的基本结构。用 N-S 图表达的三种基本控制结构,如图 5-11 所示。

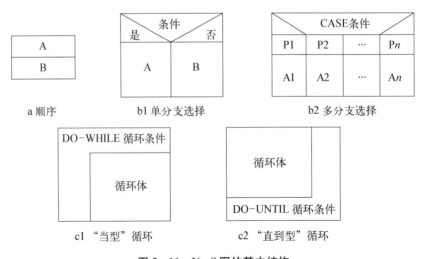

图 5-11 N-S 图的基本结构

(2) N-S图的优缺点。N-S图的优点在于所有的程序结构均用矩形框来表示,无论并列或嵌套,程序的结构形象直观、清晰可见;它的控制转移不能任意规定,必须遵守结构化程序设计的要求,有效地保证了程序设计的质量;比较容易确定局部和全局数据的作用域;比较容易表示嵌套关系,也可以表示模块的层次结构。N-S图的缺点是当程序内嵌套的层数增多时,内层的矩形框越画越小,不仅会增加画图的困难,还会使图形的清晰度受到影响;当需要对设计进行修改时,N-S图的修改会比较麻烦,工作量会很大。

3. PAD图

PAD(Problem Analysis Diagram)图即问题分析图,是由日本日立公司于1974年提出的、由程序流程图演化而来的一种用于描述处理过程设计的图形表达工具。PAD图用二维树型结构的图表示程序的数据流,便于将PAD图转换为程序代码。

PAD图的基本原理是采用自顶向下、逐步细化和结构化设计的原则,力求将模糊的问题解的概念逐步转换为确定的和详尽的过程,使之最终可采用计算机直接进行处理。

(1) PAD图的基本结构。用PAD图表达的三种基本控制结构,如图5-12所示。

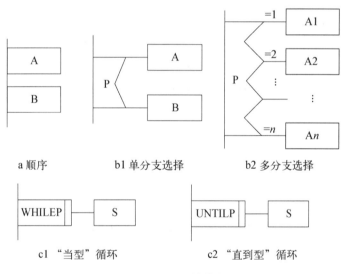

图 5-12　PAD图的基本结构

(2) PAD图的优缺点。用PAD图表达的系统处理过程将呈树形结构,它既克服了传统的程序流程图不能清晰表现程序的缺点,又不像N-S图那样有把全部程序约束在一个矩形框内。PAD图的主要优点有:① 支持自顶向下,逐步求精的要求。② 满足结构化程序设计要求,采用PAD图导出的程序必然是结构化的。③ 描述的算法结构清晰、易读易懂、使用方便。图中每条竖线表示一个嵌套层次,图示随层次增加向右延伸。④ 不仅可以描述控制,还可以描述数据结构。⑤ 可自动生成程序。PAD图有对照Fortran、Pascal、COBOL等高级程序语言的标准图形符号,很容易将PAD图描述的算法转换为源程序代码,这种转换可由软件工具自动完成,从而省去人工编码的工作,有利于提高软件的可靠性和软件系统的生产率。但是,与程序流程图和 N‑S 图相比,PAD 图的使用不是很普遍。

(五) 用户界面设计

用户界面是系统与用户之间的接口,也是控制和选择信息输入、输出的主要途径,设计时应注重交互友好、使用简便、易于操作,避免烦琐、花哨的界面。界面设计要面向预期用户,充分理解用户环境和标准设置的含义,满足不同类型用户的要求。

1. 用户界面设计的原则

(1) 易用性。所设计的界面必须让用户易学易用。在良好的系统界面设计中,用户不需要记忆很多命令和规则。

(2) 反馈性。对用户每一次操作都应产生反馈信息,对需要较长时间的处理,系统可以显示出一个画面,告诉用户系统正在干什么并应有完成任务的进度信息提示。

(3) 合理性。在设计菜单等提供给用户显示操作功能时,应注意表示的合理性,即相关功能应尽可能地放在一起。

(4) 统一性。指在类似环境中操作方法、画面的展现等均应类似,在设计时应特别注意保持统一的风格。

(5) 容错性。系统应表现出较强的对输入的容错性。首先,对于用户的输入应做到无论怎样输入错误,也不会导致系统死机。尽量使操作可逆,允许用户犯错。其次,应根据系统的需要对输入进行必要的检查,如去掉无意义的空格、对数据格式进行校验等。

2. 用户界面设计的主要内容

在系统设计阶段不可能设计每一个用户交互过程及其界面,但必须定义用户界面的总框架。该总框架应包括以下内容:

(1) 确定界面形式。是采用字符界面还是图形界面,是采用菜单方式还是图形化图标方式或基于对象方式等。

(2) 定义基本的交互控制方式。如图形界面中文本输入框的形状及其操作方式,窗口的种类、形状及其操作方式,另外还有滚动条、列表框等。

(3) 定义基本的图形和符号。在图形界面中,常用一些图标表示某些常用的操作或应用系统中的某类事物,这些图标及其语义在整个系统中要保持统一和一一对应。

(4) 定义类似环境中的操作方法,使其保持一致。定义通用的功能键和组合键的含义及其操作内容、文本编辑的方式、窗口的转换方式、事件的取消操作方式、菜单的返回方式等。

(5) 定义统一的信息反馈策略、帮助策略以及界面色彩。

3. 用户界面设计的方式

用户界面设计包括菜单方式、会话方式、提示方式及操作权限管理方式等。

(1) 菜单方式。菜单是管理信息系统功能选择操作的最常用方式,特别针对图形用户界面,菜单集中了系统的各项功能,直观且易操作。菜单的形式可以是下拉式、弹出式或快捷菜单,也可以是按钮选择式等。设计菜单时应和系统的划分结合起来,尽量将一组相关的菜单放在一起。同一层菜单中,功能应尽可能多,菜单设计的层次尽可能少。一般功能选择性操作最好让用户一次就进入系统,避免让用户选择后再确定。对于一些重要操作,如删除操作、终止系统运行、退出操作,可以提示用户确定。菜单设计时若在两个邻近的功能之间选择,应使用高亮度或强烈的对比色,使它们的变化醒目。

(2) 会话方式。在系统运行过程中,当用户操作错误时,系统要向用户发出提示和警告性的信息;当系统执行用户操作指令遇到两种以上的可能时,系统提请用户进一步选择;当系统定量分析的结果通过屏幕向用户展示,系统发出控制性的信息提示等。这些提示通常是由系统开发人员根据实际系统操作过程,将会话语言写在程序中自动生成的。

(3) 提示方式。为了方便用户使用,系统应能提供相应的操作提示信息和帮助。在操作界面上,常常将提示以小标签的形式显示在屏幕上,或者以文字显示在屏幕旁边,还可以将系统操作说明输入系统文件并建立联机帮助等。

(4) 操作权限管理方式。为了保证系统的安全,可以控制用户对系统的访问。可以设置用户登录界面,通过用户名和口令使用权限等来控制对数据的访问。

四、管理信息系统的设计文档

管理信息系统设计阶段的成果——设计文档,其包括新系统的物理模型和系统设计报告两部分,它们为下一步的系统实施奠定了基础。

(一) 新系统的物理模型

新系统的物理模型主要是由系统结构图、处理过程流程图、数据存储说明、输入/输出设计书和处理过程流程图等组成的。系统结构图将整个系统划分为一个个相互联系的模块,并严格定义了模块间的调用格式,如模块名、参数及其类型、返回值等,而处理过程流程图对各模块的内部处理过程进行了描述,详细地定义了每一个模块的输入、处理、数据存储及输出的具体内容,再结合数据存储说明和输入/输出设计书等内容就形成了一个完整的新系统的物理模型。

(二) 系统设计报告

系统设计报告是管理信息系统设计阶段总成果的文字体现。新系统的物理模型是产生系统设计报告的主要基础和依据,系统设计报告又是对新系统物理模型的详细解释与说明。系统设计报告完成后要对系统设计阶段的成果进行评审,评审通过并经有关部门和领导审核批准后,则可进入管理信息系统的实施阶段。

系统设计报告的主要内容如下:

1. 引言

(1) 摘要:包括系统的项目目标、项目名称和功能等的说明。

(2) 背景:包括项目开发者、用户、本项目和其他系统或机构的关系和联系。

(3) 系统环境与限制:包括硬件、软件和运行环境等方面的限制,保密和安全的限制,有关系统软件文本,有关网络协议标准文本等。

(4) 参考资料和专门术语说明。

2. 系统设计方案

(1) 模块设计：包括系统的模块结构图和各个模块的 IPO 图（包括各模块的名称、功能、调用关系、局部数据元素和详细的算法说明等）。

(2) 代码设计：包括各类代码的类型、名称、功能、使用范围和使用要求等。

(3) 数据存储设计：包括概述（目标、主要功能）、需求规定（精度、有效性、时间要求及其他专门要求）、运行环境要求（设备支持软件、安全保密等要求）、逻辑结构设计（有关文件及其记录，主要为数据项的标识、定义、长度和它们之间的关系）、物理结构设计（有关文件的存储要求、访问方法、存储单位、设计考虑和保密处理等）。

(4) 输入/输出设计：包括输入项目、输入人员（指出所要求的输入操作人员的水平与技术专长，说明与输入数据有关的接口软件及其来源）、主要功能（对于满足正确、迅速、简单、经济、方便使用等方面要求的说明）；输入项目、输出接收者、输出要求（所用设备介质、输出格式、数值范围和精度要求）。

(5) 处理过程设计：包括各个模块的程序流程图、N-S 图及 PAD 图等。

(6) 用户界面设计：包括界面形式与交互方式、操作方法、信息反馈策略和帮助策略等。

(7) 物理系统配置方案报告：包括硬件配置设计、通信与网络配置设计、软件配置设计、机房配置设计。

(8) 系统实施计划：包括实施工作任务的分解、进度安排和经费预算，实施方案的审批等。

第二节　管理信息系统的实施

管理信息系统的实施是系统开发生命周期的第四阶段，处于系统开发的后期阶段，主要目的是将系统设计的结果付诸实践，建立计算机硬件环境和系统软件环境，编写和调试计算机程序，组织系统测试和各类人员的培训，完成系统的切换并最终交付使用。

一、管理信息系统实施的概述

(一) 管理信息系统实施的定义

管理信息系统实施是指把系统设计阶段构建的物理模型转化成可实际运行的新系统。系统实施阶段既是成功地实现新系统，又是取得用户对新系统信任的关键阶段。

(二) 管理信息系统实施的任务

管理信息系统实施的主要任务是实现系统设计阶段提出的物理模型，即按照系统设计报告要求，熟悉和安装新的硬件和软件，编制程序，调试新系统，对系统操作和管理人员进行培训，最终按实施方案完成一个可以实际运行的管理信息系统，交付用户使用。

(三) 管理信息系统实施的内容和步骤

管理信息系统实施的内容和步骤如下：

1. 物理系统的实施

物理系统的实施包括计算机系统和网络系统的实施。

2. 程序设计

使用程序设计语言来实现系统设计中的各个细节，以达到系统开发的目的。

3. 系统测试

在完成系统的程序设计之后，对系统进行测试，以确保新系统的有效运行。

4. 系统试运行与转换

新系统通过测试后，首先必须进行一段时间的试运行，以进一步发现和更正系统存在的问题，之后才能正式交付使用。然后，对相关人员进行培训，逐步完成系统的转换。最后，对系统实施结果进行整理，形成系统实施报告，其中包括程序设计报告、系统测试报告和系统使用说明书。

二、物理系统的实施

物理系统的建立是依据系统设计中对管理信息系统的硬件结构和软件结构的要求，结合系统分析阶段对各类资源的分析，选择并购置相应的硬件设备和系统软件。管理信息系统物理系统的实施包括计算机系统的实施和计算机网络系统的实施。

(一) 计算机系统的实施

计算机系统包括硬件系统和软件系统，其中，硬件系统包括主机、外围设备、稳压电源、空调装置、机房的配套设施及通信设备等；软件系统包括操作系统、数据库管理系统、各种应用软件和工具软件等。为保证计算机系统能够正常地运行，并充分发挥其性能来满足系统的设计要求，还必须使它在一个适当的外部环境中工作，这个外部环境对系统所处的湿度、温度、清洁程度和静电等都有一定的要求，在具体的实施过程中要多加注意。另外，在选购计算机系统时，还应考虑系统性价比是否合理，所选系统的售后服务是否良好及系统是否具有可扩充性。

(二) 计算机网络系统的实施

计算机网络系统是现代管理信息系统建设的基础，网络系统的实施是指由系统分析和设计人员、网络构建人员共同根据系统设计阶段对计算机网络环境的要求，选择合适的网络操作系统，并按照新系统的工作模式，进行相关的网络通信设备与通信线路的连接、网络操作系统软件的安装和调试，以及整个网络系统的运行测试维护等。

三、管理信息系统实施的程序设计

程序设计是指依据系统分析和设计阶段开发人员提出的管理思想和业务模式为系统编写程序。程序设计的目的是使用选定的程序设计语言把系统设计中各个模块的过程描述翻译为可执行的程序,但编程不是系统开发的目的。因此,在编程时应尽量使用已有的程序和利用现有软件工具来减少开发的工作量,并使系统开发过程更加规范化。

（一）程序设计的基本要求

使用程序设计语言编写的程序应容易维护与理解,并且能够保持高效、可靠运行。管理信息系统的程序设计应满足以下基本要求：

一是可靠性。程序设计的可靠性包括程序运行的安全可靠性、数据处理的正确性及操作权限的控制等。

二是实用性。程序设计的实用性是从用户的角度进行考量的,具体包括界面是否友好、操作使用是否方便快捷、响应速度是否可以接受等。

三是规范性。程序设计的规范性包括程序命名的规范性、程序书写格式的规范性、变量定义的规范性及解释语句使用的规范性等。

四是可读性。程序设计的可读性包括程序结构清晰、可理解性好、无复杂的个人程序设计技巧等。程序的规范性和可读性对未来程序的修改和维护至关重要,如果程序的规范性和可读性不强,则很难进行程序的修改与维护,会影响系统未来的使用。

（二）程序设计语言的选择

在选择程序设计语言时应考虑以下几个方面的因素：

一是管理信息系统的应用领域。选用的程序设计语言应适合管理信息系统的开发。

二是结构化程度与数据管理能力。选用的程序设计语言应具有较好的模块化机制,便于阅读、理解及调试,并具有较好的数据管理能力。

三是开发人员的语言熟练程度。选用的程序设计语言应是开发团队所熟悉的,以保证编码的质量和效率及可维护性。

四是可开发人机交互界面。选用的程序设计语言应具备可开发出友好简易的人机交互界面的能力,便于用户操作和进行个性化设置。

五是系统用户的要求。由于用户是系统的使用者,选用的程序设计语言应满足系统用户的要求。

六是系统的可移植性。选用的程序设计语言应具有较好的通用性及较高的标准化程度,能够适应不同的软硬件环境。

（三）程序设计报告

程序设计报告具体包括以下内容：系统选定的程序设计语言；系统的功能；系统开发的最小平台；系统覆盖的流程；系统的全局变量；程序清单；系统的共享数据；系统接口的实现；程序的调试。

四、管理信息系统的测试

在完成程序设计之后,为保证新系统正确有效地运行,需要进行系统测试。系统测试的目的是发现并改正隐藏在程序内部的错误,以及进行各个模块间的连接和各子系统功能的测试。系统测试作为管理信息系统实施的一个重要环节,是保证系统质量的重要手段。

(一) 系统测试的定义

系统测试是将已经实施的计算机软件、硬件、外部设备、网络等元素结合在一起,进行系统的各种集合测试和确认测试,目的是与系统的需求进行比较,发现所开发的系统与用户需求不符或矛盾的地方,从而提出更加完善的方案。系统测试最后通过交付测试报告,说明测试数据的选择、测试用例及测试结果是否符合预期目标。据大量资料统计显示,系统测试的工作量往往占系统开发总工作量的40%以上。

系统测试是为了发现新系统中的错误并进行改正和完善。在系统测试工作开始之前要组织开发人员和技术骨干制订周密的测试计划,确定测试目标、测试方法和测试步骤。在测试工作进行中必须做好测试情况的相关记录并存入系统测试档案。测试工作完成后要做好总结工作,多方论证、慎重考虑,提出系统性能完善的建议。

(二) 系统测试的原则

在进行系统测试时应遵循以下几项原则:

一是系统测试应由程序设计团队之外的人员来完成。

二是测试用例的设计不仅要有输入数据,还要有与之对应的预期输出结果。

三是测试用例的设计不仅要有合理的输入数据,还要有不合理的输入数据。

四是除了检查程序是否做了它应做的工作之外,还应检查程序是否做了它不应做的工作。

五是重点测试那些容易出错及出错多的程序模块。

六是对程序进行修改和完善后要进行回归测试。

(三) 系统测试的方法

常用的系统测试方法有白盒测试法和黑盒测试法。

1. 白盒测试法

白盒测试又称为结构测试,它把程序看作一个透明的盒子,能够直观地看到它的内部结构和处理过程。白盒测试主要以检查处理过程的细节为基础,对程序中尽可能多的逻辑路径进行测试,检查其是否都能按预定要求正确工作。

2. 黑盒测试法

黑盒测试又称功能测试,它把程序看作一个黑盒子,不考虑程序的内部逻辑结构和处理过程,只着眼于程序的外部特性。黑盒测试是在已知程序具有的功能的基础上,通过程序上的接口进行测试,检查其是否满足功能要求,主要测试程序功能是否可按照系统设计报告的设定的那样正常使用、程序是否能适当地接收输入而产生正确的输出及程序是否保持外部信息的完整性。

无论是白盒测试还是黑盒测试,都不能做到把所有可能输入的情况都进行测试,这种穷尽测试是无法实现的。为了保证程序的可靠性,必须仔细设计测试方案,用尽可能少的测试用例发现尽可能多的错误。

(四) 系统测试方案的设计

系统测试方案的设计是系统测试阶段的关键技术问题。通常测试方案由测试目的和测试用例两部分组成,其中,测试用例包括输入的测试数据和预期的输出结果。依据系统测试方法,有以下两种不同的系统测试方案:

1. 以白盒测试方法为依据

使用白盒测试方法,其测试目的是做如下检查:① 将程序模块的所有独立路径至少执行一次;② 将所有的逻辑判定取真值或取假值都测试一遍;③ 在循环的边界和运行的界限内执行循环体;④ 测试内部结构的有效性。

白盒测试常见的两种测试技术是逻辑覆盖和基本路径测试。

(1) 逻辑覆盖。逻辑覆盖是对一系列测试过程的总称。根据覆盖源程序语句的详尽程度及覆盖标准的不同,可将逻辑覆盖分为语句覆盖、判定覆盖、条件覆盖、判定/条件覆盖、条件组合覆盖和路径覆盖。通常情况下,六种覆盖标准的比较如表 5.3 所示。

需要注意的是,条件覆盖通常比判定覆盖强,因为它使判定表达式中每个条件都取到了两种不同的结果,而判定覆盖却只考虑整个判定表达式的值。但也可能有相反的情况:虽然每个条件都取到了两种不同的结果,但判定表达式始终只取一个值,这样会导致测试数据只满足条件覆盖标准而不满足判定覆盖标准。

表 5.3 六种覆盖标准的比较

发现错误能力 弱→强	语句覆盖	每条语句至少执行一次
	判定覆盖	每个判定的每个分支都至少执行一次
	条件覆盖	每个判定的每个条件应取到各种可能的值
	判定/条件覆盖	同时满足判定覆盖和条件覆盖
	条件组合覆盖	每个判定中各个条件的每一种组合都至少出现一次
	路径覆盖	使程序中每一种可能的路径至少执行一次

在实际情况中,相对来说,路径覆盖的逻辑覆盖标准是相当强的,但是路径覆盖并没有检验表达式中条件的各种组合情况,而只考虑了每个判定表达式的取值。若把路径覆盖和条件覆盖组合起来应用,可以设计出发现错误能力更强的测试过程。

(2) 基本路径测试。使用基本路径测试技术来设计测试用例时,要先计算被测过程的逻辑复杂度,并依据逻辑复杂度定义执行路径的基本集合,从该集合中导出的测试用例可以保证程序中的每条语句都至少被执行一次,且每个判定条件在执行时都分别取到了真值和假值。具体步骤如下:① 依据过程设计的结果画出相应的程序图;② 计算程序图的环形复杂度,即平面图中区域的个数;③ 确定只包含独立路径的基本路径集,通常复杂度即为基本路径的数量;④ 设计出可强制执行基本路径集中每条路径的测试用例。

2. 以黑盒测试方法为依据

使用黑盒测试方法,其测试目的是发现如下错误:① 程序功能不正确或出现了遗漏;② 界面出现了错误;③ 数据结构错误或外部数据库访问出错;④ 性能达不到要求;⑤ 初始化和终止错误。

黑盒测试常见的设计测试用例的方法有等价类划分法、边界值分析法、错误推测法和因果图法四种,在实际测试过程中,通常会将各种方法结合起来使用。

(1) 等价类划分法。等价类划分法是把程序的输入域即程序所有可能的输入数据划分为若干部分,然后从每个部分中选取少数代表性数据作为测试用例。使用等价类划分法来设计测试用例的步骤如下:

第一步,划分等价类。等价类是指测试相同目标或揭露相同程序错误的一组测试数据,是某个输入域的子集。在一个等价类中,如果其中的一个例子发现了程序的错误,则这个等价类中其他的例子也会发现同样的错误。等价类可划分为有效等价类和无效等价类,有效等价类是指合理的、有意义的输入数据构成的集合;而无效等价类是指不合理的、无意义输入数据构成的集合。在设计测试用例时,要同时考虑这两种等价类。

第二步,确定测试用例。根据已划分的等价类,可以按照以下步骤来设计测试用例:① 为每一个等价类规定一个唯一的编号。② 设计一个新的测试用例,使其尽可能多地覆盖尚未被覆盖的有效等价类,重复这一步,直到所有的有效等价类都被覆盖为止。③ 设计一个新的测试用例,使其仅覆盖一个尚未被覆盖的无效等价类,重复这一步,直到所有的无效等价类都被覆盖为止。

(2) 边界值分析法。边界值分析法是对等价类划分法的补充。大量的错误发生在输入或输出范围的边界上,而不是发生在输入、输出范围的内部。因此,针对各种边界情况设计测试用例,可以查出更多的错误。使用边界值设计测试用例首先应确定边界情况,然后选取正好等于、略微大于或略微小于边界的值作为测试数据。

(3) 错误推测法。错误推测法是基于经验和直觉推测程序中所有可能存在的各种错误,有针对性地设计测试用例的方法。它的基本思想是列出程序中可能发生错误的情况,然后根据这些情况选择测试用例。该方法非常依赖测试用例设计人员的经验,如果测试用例设计人员的经验丰富,则使用错误推测法可以快速找到程序中存在的错误。错误推测法一般用于测试用例的补充。

(4) 因果图法。因果图是一个逻辑网络图,即用图来表示布尔逻辑(与、或、非)及其关系。等价类划分法和边界值分析法的不足之处在于没有考虑输入条件的各种组合,而因果图法可以用来描述多种条件的组合,并以产生多个动作的形式来设计测试用例。因果图法最终生成的是判定表,它适合于检查程序输入条件的各种组合情况。

(五) 系统测试的过程与步骤

1. 系统测试的过程

一个规范的系统测试过程一般包括:

(1)制订系统测试计划。系统测试计划的内容主要包括硬件和软件等测试环境说明、测试工具说明、测试团队的构成及职责、测试方法、系统功能性和技术性要求、测试进度等。在制订系统测试计划时应考虑系统的开发进度、质量要求、人为因素和客观条件等。

(2)编制系统测试大纲。系统测试大纲是在实际情况下进行系统测试的操作指南,它详尽地描述了在系统测试中针对系统的每一项功能或特性所必须完成的基本测试项目及测试的标准。

(3)设计测试用例。在设计测试用例时,一般要生成测试用例文档,该文档的主要内容包括被测试的项目、输入的数据、测试过程、预期输出结果等。设计和生成测试用例时,不仅要考虑合理的输入数据,还要考虑不合理的输入数据及各种边界条件和意外状况。

(4)实施测试。系统测试的实施阶段,是指测试人员根据预先编制的系统测试大纲和设计好的测试用例,对被测试系统进行实际检验。系统测试前必须做好的准备工作包括:已批准的系统测试计划、系统测试大纲和测试用例,系统设计报告,测试环境就绪,测试小组及成员就绪,系统测试可能涉及的相关文档。如果采用测试工具,还需准备自动化测试软件及编写好的脚本。

在测试实施的过程中,要及时记录检查出的任何错误和缺陷,并对测试结果进行正确的评估,必要时组织研讨会,处理和讨论测试过程中出现的问题。

(5)编写系统测试报告。在系统测试完成之后,要形成系统测试报告,说明系统测试的情况。报告应指出系统中存在的缺陷与不足,给出对测试结果的评估,得出系统测试的结论,也可以对系统的改进提出建议。

2.系统测试的步骤

系统测试由单元测试、集成测试、确认测试和系统测试四个步骤组成,具体如图5-13所示。

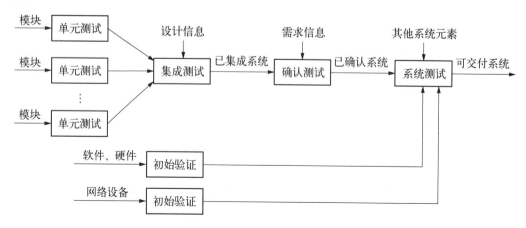

图5-13 系统测试的步骤

单元测试是指对源程序中的每一个程序模块进行测试,检查各个模块是否正确实现了规定的功能,从而发现模块在编码中或算法中的错误。单元测试大量使用白盒测试方法检查模块控制结构中的特定路径,以确保做到完全覆盖并发现尽可能多的错误。各模块经过单元测试后,再将其组装起来进行集成测试,以检查与设计相关的系统体系结构的有关问题。在集成测试过程中最常用的是黑盒测试,当然,为了保证覆盖主要的控制路径,也可能使用一定数量的白盒测试。在系统集成测试完成之后,还需要进行一系列高级测试,其中包括确认测试和系统测试。确认测试主要检查已集成的系统是否满足用户的需求。在确认测试过程中仅使用黑盒测试方法。系统测试是指把已确认的系统与经过初始验证通过的软件、硬件、网络设备及其他系统元素(如人工等)结合在一起进行的测试。在系统测试完成之后,便得到可以交付使用的系统。系统测试与系统开发过程的关系如图5-14所示。

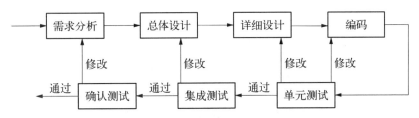

图 5-14 系统测试与系统开发过程的关系

(六) 系统测试报告

系统测试完成后,需要对测试的具体情况及测试结果进行说明,形成文档资料即系统测试报告。系统测试报告是把测试的过程和结果整理成文档,并对发现的问题和缺陷进行分析,为纠正存在的质量问题提供依据,同时为系统的验收和交付打下基础。一般系统测试报告由引言和正文两部分组成,具体内容如下:

引言部分:介绍系统测试报告的编写目的、项目背景、系统简介、术语和缩写词解释及参考资料。

系统测试介绍:包括系统测试计划、测试大纲、测试用例的设计方法、系统测试方法、测试环境等。

系统测试执行情况:介绍系统测试参与人员、时间、覆盖分析和系统缺陷统计与分析。

系统结论和建议:明确给出测试结论,并对系统存在的问题和缺陷给出修改、完善的建议和意见。

五、系统试运行与转换

在系统试运行前,需要对系统相关人员进行培训。在系统正式交付使用之前,必须进行系统的试运行以进一步发现和更正系统存在的问题。系统试运行需要系统开发人员、系统操作人员、用户单位领导和业务部门共同协作才能顺利完成。因此,这个过程的组织管理工作非常重要,需要制定相关运行管理制度。系统转换包括进行基础数据的准备、数据的编码、系统的参数设置、初始数据的录入等多项工作。

(一)系统试运行前的人员培训

人员是管理信息系统的重要组成部分,包括组织的各级管理人员和管理与维护系统的专业人员。如果管理人员对即将使用的新系统的管理过程不了解,那么就可能会消极地对待新系统,甚至阻碍系统的推广与应用。通过培训可以帮助管理人员和技术人员快速地了解和掌握新系统,熟悉、适应并使用与管理信息系统相关的管理思想和方法,同时培养出一批既懂管理业务又懂系统技术的组织内部人员。对系统使用人员、系统维护人员和系统管理人员的培训是系统正式交付和投入应用的重要前提,关系到系统能否正常运行,因此人员培训应尽早开展。系统操作人员的培训应与编码和测试同时进行,系统操作人员是未来新系统的主要用户,编码开始后系统开发人员便可对系统操作人员进行培训。

人员培训的内容包括系统的总体结构、系统的基本操作及使用、系统业务功能的操作与使用、系统数据的输入与处理、系统的使用权限、系统操作安全及注意事项等。系统维护人员应具有丰富的计算机软件、硬件及网络知识和熟练的计算机操作技能,对数据库与编程开发工具较熟悉,并能掌握系统的整体结构及相关参数设置和系统业务、分析、维护等功能与操作,还需要掌握可能出现问题的解决方法。系统管理人员在很大程度上影响着系统能否顺利运行,必须通过讲座、报告等培训方式,使他们了解系统的总体结构和业务功能,了解系统的使用权限与责任,重点掌握统计分析功能的操作和使用方法。对于尚未掌握计算机基本操作与使用的人员,还要进行计算机基本知识与操作技能方面的培训。除此之外,还需要对业务监督人员和归档人员进行培训。业务监督人员需要理解系统及其功能,并熟悉所监督的职能领域的工作。归档人员也要了解系统的总体方案和系统的档案管理规范。

(二)系统试运行

尽管新系统已经经过系统测试阶段的调试,但由于测试时采用的是设计好的测试用例,并不能完全测试出系统运行时可能出现的问题,所以系统开发完成后还应让它实际运行一段时间,以便更好地进行检验和测试,这一过程就是系统的试运行。

系统试运行的主要工作有:① 对系统进行初始化设置;② 输入各类基础数据,考察实际输入方式;③ 核对新旧系统的运行结果;④ 对新系统进行响应速度、负荷量等实际测试;⑤ 记录新系统运行的数据,作为管理信息系统文档的组成部分。

(三)系统转换

系统转换指的是新系统开发完成后新系统替换原有系统的过程,主要包括完成新系统基础数据的准备和必要的旧系统文件到新系统文件的转换;将系统有关资料转交用户,移交系统的控制权;协助用户实际使用新系统。

系统转换主要有以下三种方式：

1. 直接转换

直接转换是指在确认新系统运行正常且稳定以后，选定某一时刻，停止旧系统的运行，用新系统取代它投入正常运行。

2. 并行转换

并行转换是指完成新系统的测试与试运行后，旧系统与新系统同时投入运行，两者并行运行一段时间后，通过对比，确认新系统运行正常后，停止旧系统的工作，让新系统单独运行。

3. 分段转换

分段转换是指在新系统投入正常运行前，将新系统分阶段、分批逐步代替原系统的各部分，最后完全取代原系统。分段转换方式是直接转换和并行转换两种方式的结合。

系统转换方式的对比示意图如图 5-15 所示。

系统转换三种方式的比较如表 5.4 所示。

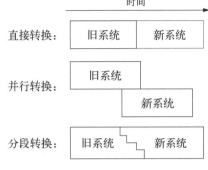

图 5-15 系统转换方式的对比示意图

表 5.4 系统转换三种方式的比较

系统转换方式	优　　点	不　　足	适用系统
直接转换	节省时间，减少经费支出	具有一定的危险性，一旦新系统出现预想不到的问题，会影响系统的正常工作	处理过程简单、初始数据量不大的系统
并行转换	不会因系统交付使用而引起系统工作中断。新旧系统同时工作，可以对新系统运行的正确性和效率给出恰当的评价	投入经费比较高，工作量比较大	非常重要的核心型系统的转换
分段转换	既顺利地交付新系统，也不发生过高的转换费用	一部分新系统和另一部分旧系统同时工作，增加了新旧系统之间功能、数据的衔接问题	大型系统，保证新旧系统顺利转换，并降低转换的费用

六、系统实施报告

系统实施报告是管理信息系统实施阶段形成的系统文档，其中包括程序设计报告、系统测试报告和系统使用说明书。程序设计报告和系统测试报告分别针对程序设计部分和系统测试部分。系统使用说明书为用户提供了系统的功能概况和一份详细的安装指南，以及一个贯穿全系统的详细使用说明。其内容包括系统概况、系统运行平台与安装方法和系统操作描述。

学习完本节管理信息系统实施的相关知识,回顾本章开头"导入"的案例中营口港在生产管理信息系统实施项目中遇到的问题,我们可以利用本章学习的知识对其加以决策解决。

探究发现

本章探究发现 参考答案

1. 建模和设计管理信息系统的主要方法是什么?
2. 管理信息系统实施的内容和步骤是什么?
3. 如何对生命周期法实施中的变更进行管理?

本章小结

本章主要介绍了以下内容:

1. 管理信息系统设计的原则与原理。了解了管理信息系统设计的原则、基本原理与优化规则。系统设计的原则主要有简单性、可变性、一致性、完整性、可靠性等。设计过程中要遵循的基本原理有:模块化设计原理、模块独立性原理等。

2. 管理信息系统设计中的总体设计与详细设计。了解总体设计的图形工具,主要有系统结构图和HIPO图。了解详细设计的主要内容,包括:代码设计、数据存储设计、输入/输出设计、处理过程设计和用户界面设计。

3. 物理系统的实施、程序设计、系统测试和系统试运行与转换。

本章习题

本章习题 参考答案

一、选择题

1. 模块的内聚是指模块内部各成分间联系的紧密程度,下列内聚性较强的是 （　　）
   A. 过程性内聚　　　　B. 功能性内聚　　　　C. 顺序性内聚　　　　D. 逻辑性内聚
2. 模块的耦合是指模块之间相互联系的程度,下列耦合性较强的是 （　　）
   A. 数据耦合　　　　　B. 公共耦合　　　　　C. 内容耦合　　　　　D. 控制耦合
3. 逻辑覆盖是对一系列测试过程的总称,下列发现错误能力较强的一类逻辑覆盖是（　　）
   A. 路径覆盖　　　　　　　　　　　　　B. 语句覆盖
   C. 判定覆盖　　　　　　　　　　　　　D. 条件组合覆盖

二、简答题

1. 管理信息系统的设计应遵循哪些原则?

2. 在管理信息系统的设计过程中要遵循哪些基本原理？
3. 模块的内聚和耦合分别有哪些类型？
4. 程序设计的基本要求有哪些？
5. 系统测试的常用方法有哪些？它们的作用分别是什么？

拓 展 学 习

1. 选择一个在线数据库网站进行研究。浏览该网站，查看它提供的信息。然后列出公司运营该网站必须在数据库中跟踪的实体和属性，列出你确定的实体之间的关系，制作演示文稿并展示你的结果。
2. 随着人们生活水平的不断提高，消费者需要吃到绿色、无公害的农产品，需要了解农产品从种植、饲养、加工到生产每一个环节的信息。因此，建立一套行之有效的农产品追溯体系不仅可以满足消费者需求，还可以提升农产品本身的价值。农产品防伪追溯管理信息系统便应运而生，其建设实施的流程包括项目需求分析、方案设计思想、信息系统建设方案，以及系统实施等技术设计和管理流程。

   通过以上文字介绍的"食品溯源：农产品防伪追溯管理信息系统建设之路"，思考以下几个问题：
   (1) 农产品防伪追溯管理信息系统的菜单栏可能包含哪些信息？农产品防伪追溯管理信息系统解决了哪些问题？
   (2) 农产品防伪追溯管理信息系统的建设应该有哪些阶段？每一个阶段的主要工作内容是什么？
   (3) 农产品防伪追溯管理信息系统可以运用哪些新的开发工具和技术？

第六章

管理信息系统的运行维护与评价

 本章教学目标

通过学习本章,了解管理信息系统的运行管理制度和系统运行的日常管理,了解管理信息系统维护的内容、类型和步骤,掌握管理信息系统评价的重要指标和评价方法。

 本章核心概念

改正性维护、适应性维护、完善性维护、预防性维护、多因素加权平均法、层次分析法、经济效果评价方法。

 导入

从 0 到 N：中小企业的信息化之路

A 服饰有限公司于 2009 年顺应时代发展,踏上了企业信息化建设的道路,确定了其主体营业方向是男士服饰零售。十几年过去了,其是否探索出了一条中小企业成功的信息化之路？

(一)抓住机遇,踏上信息化之路

顺时代潮流,探索前进方向：关于企业信息化建设这一概念也逐渐为大众熟知,一些互联网巨头也正是 2009 年壮大的。在创业初期,作为一个小微创新企业,A 服饰有限公司还在通过手写开票、手列表格、使用 excel 表格等方式进行简单的信息处理。面对时代的要求,A 服饰有限公司深知,只有走信息化的道路才能抓住发展的机遇。

(二)抓稳企业信息化建设,巩固发展方向

不断摸索,铺设信息化建设：2012 年正值我国新一代信息技术高速发展的一年,加之店铺运营规模扩大,所需管理的数据庞大,A 服饰有限公司处于信息化时代的窗口期。在迈向信息化管理的过程中,为了符合公司经营模式,A 服饰有限公司经历了多次试错,尝试了各类的管理信息系统。在 2012 年 A 服饰有限公司首次引入管理信息系统后,于 2016 年更换了新的管理信息系统,但近几年 A 服饰有限公司的管理信息系统无法与手机端对接,已无法满足移动端的操作需求。

加强管理,融合信息化管理：在 2019 年,A 服饰有限公司使用了 B 系统作为公司的管理信息系统,该系统主要功能有进货管理、库存管理、上下架管理、商品管理等。与之前的系统相比,B系统有两个明显的优势,一是可以通过移动端实现PC端的各项管理操作,二是可以直接通过手机录入商品信息,然后连接小票机进行价签打印,之前的系统则需要人工手写。在B系统稳定运行并被员工熟练使用后,A服饰有限公司为了更好地实现客户管理,于2020年引入了客户管理系统,以此培育客户资源并向客户提供的各项数据,为后期的进货、配货提供了分析和决策支持。通过这两个系统的有机融合,A服饰有限公司的信息化建设道路逐渐成熟,商品的管理与客户管理相结合,通过在多种后端提供跨平台的交互和服务方式等,用多重系统的实施或功能来解决"一揽子"的需求。公司的营业额也较引入这两个系统前增长了34%,并逐步稳定上升。

软件及服务,新型信息系统应用模式:A服饰有限公司在选择信息管理应用模式上,使用新型信息系统应用模式代替传统的应用服务提供机构模式,以软件服务模式为主体,可以针对中小企业信息化中的相关应用问题给出相关解决措施。通过SaaS模式(软件运营服务),减少了A服饰有限公司在管理信息系统上的维护成本,通过相对低廉的、阶段性的费用,减轻了公司进行信息化建设的压力。

(三)探望未来,完善信息化战略

摸索新型信息化平台,升级经营基础:在互联网+、区块链技术迅速发展、电子商务模式越来越成熟的大背景下,A服饰有限公司开始探索如何将传统线下零售方式与电子商务相结合,采取线下门店、线上平台的双线销售的模式。"新零售"是一种应用互联网的先进思想和技术,通过"线上和线下"相融合的模式对传统零售行业进行改良、创新,用先进的理念和思维指导,将优质的商品和服务提供给消费者。而区块链下的"新零售"突破了传统零售业和"新零售"的思维,或许可以打破中心化大型电商企业所建立的用户规模的绝对优势,让中小型企业也能获取更多的利润。

探索数字化转型,跟随时代步伐:A服饰有限公司意识到公司的管理信息化建设是时候步入信息化建设的高级阶段——数字化转型了。但对于A服饰有限公司这样的中小企业来说,数字化转型的成本较高、难度较大。于是公司考虑从多技术、多系统的集成运用入手,数字化转型后A服饰有限公司的运营呈现多系统、多技术融合的场景,涉及云技术平台和各种数据分析技术的应用。

创业的十几个年头以来,A服饰有限公司从一开始的人工管理到现在的成功数字化转型,其在这十多年中慢慢沉淀的经营理念已成为中小型企业信息化的成功典范。

问题:

(1)案例中的A服饰有限公司在起步时期是如何进行管理信息系统的运行管理的?

(2)A服饰有限公司在信息化逐步成熟后,又是如何维护其管理信息系统的?

管理信息系统的系统运行维护与评价是系统开发生命周期的最后一个阶段,其主要目的是做好系统的运行管理与维护工作,保证系统的安全稳定运行;满足用户对系统性能不断增长的需求和运行环境不断提高的要求,不断提升系统的可维护性;对管理信息系统进行全面的评价,为系统的改进和拓展提供依据。

第一节 管理信息系统的运行管理

管理信息系统的运行管理不仅仅是对机房环境和设施的管理,更重要的是对系统日常运行状况、数据输入、输出情况,系统的安全性与完备性等情况进行及时、如实的记录、处置,以及维护系统正常运行及相关组织机构和运行制度的管理。

一、系统运行管理制度

管理信息系统的正常运行离不开完备的系统运行管理制度。管理信息系统运行管理制度的建立是系统安全稳定运行的有效保障,它主要包括系统运行管理的组织机构、机房管理制度、系统维护制度、系统运行操作规程、系统运行记录制度等。

(一)系统运行管理的组织机构

系统运行管理制度运作的前提是建立和完善系统运行管理的组织机构。有效的组织结构对于提高系统运行的效率是至关重要的。系统运行管理的组织机构包括各类人员的构成、各自的职责、主要任务,以及其内部组织机构。系统运行管理的人员包括系统主管人员、机房管理人员、业务操作人员、数据库管理人员、系统维护人员、运行文档管理人员等。

(二)机房管理制度

机房管理制度的主要内容包括:① 机房的环境要求,主要有机房的温度、湿度、清洁程度、防火和防水等要求。② 对进出机房人员的规定。③ 机房的电力供应及应急措施。④ 设备和材料进出机房的管理要求。⑤ 网络安全保证、与外界信息交流的管理措施等。

(三)系统维护制度

系统维护制度的主要内容包括:① 系统维护组织机构设置。② 系统维护人员管理制度。③ 重大事项维护工作流程。④ 突发事件应急措施。⑤ 日常维护工作流程。⑥ 系统维护费用保障机制。

(四)系统运行操作规程

系统运行操作规程的主要内容包括:① 系统操作人员资格审查规定。② 系统操作人员使用权限、密码管理规定。③ 系统上机操作流程。④ 输入方式、输入数据的审核、输出格式等输入/输出要求。⑤ 系统运行病毒检测机制。⑥ 数据的备份保存制度。

(五)系统运行记录制度

系统运行情况的记录能够反映系统在大多数情况下的状态和工作效率,对系统的评价和改进具有重要的参考价值。建立系统运行记录制度可以确保对管理信息系统的运行情况进行及时、准确、完整的记录，并归档管理。系统运行记录的主要内容包括：① 系统每天的运行状况、运行日志。② 系统硬件、软件及数据的应用情况。③ 系统处理效率、文件存取率、更新率等。④ 系统运行效率、信息服务质量和维护修改情况。⑤ 意外情况发生的时间、原因与处理结果。

二、系统运行的日常管理

系统运行的日常管理包括数据的收集、整理、录入，计量手段和计量方法的管理，系统内部各种运行文件、历史文件的归档管理，处理结果的整理与分发等。此外，还包括硬件管理和设施管理。具体内容如下：

(一) 系统日常运行环境的管理

系统的正常运行所需的良好环境要靠机房管理人员精心维护。机房管理人员要负责控制机房的卫生、环境温度与湿度、电源的稳定性、防火设备与防火措施、系统的杀毒工作等。系统运行环境的管理工作应由硬件操作人员来完成。

(二) 数据相关操作的管理

数据相关操作，包括数据收集、整理、校验、录入，以及数据的更新等操作。这些数据相关操作的管理应由录入人员来完成。

(三) 信息处理和信息服务

在保证基本数据完整、及时和准确的前提下，系统应完成例行的信息处理和信息服务工作，其中包括统计分析、报表生成、与外界进行信息交流等，这些工作应由软件操作人员来完成。

(四) 运行与维护

为了完成数据录入和例行服务工作，要求各种设备始终保持正常的运行状态。为此，需要专门的硬件操作人员负责计算机本身的运行与维护，主要工作包括设备的使用管理、定期检查、备用配件的准备和使用、各种消耗性材料的使用管理等。

(五) 安全问题

系统的安全问题是系统日常工作的重要部分。对计算机应用系统来说，安全问题包括数据或信息的安全与保密、软件的安全和硬件设备的安全三个方面。

(六) 系统运行结果分析

系统运行结果分析是指根据系统运行得出的某种能反映组织经营生产方面发展趋势的信息，其可为企业的经营决策提供依据，以提高管理部门指导企业生产经营的能力。系统运行结果的分析工作由系统主管人员来完成。

学习完本节内容，我们就可以结合案例，回答本章开头"导入"中，A服饰有限公司在起步时期是如何进行管理信息系统运行管理的。

第二节 管理信息系统的维护

管理信息系统的维护是为应对管理信息系统的运行环境、用户需求和其他因素的各种变化,保证系统正常工作而开展的一切活动,它包括系统功能的改进和解决系统运行期间发生的一切问题和错误。管理信息系统的开发期一般为1~3年,而系统的维护期一般为5~10年。在管理信息系统的整个运行过程中,都伴随着系统的维护工作。

系统维护需求主要源于以下几个方面:① 上级管理部门的命令或要求;② 企业管理方式、方法和策略发生变化;③ 管理信息系统业务处理过程发生变化;④ 随着用户对管理信息系统的理解,其需求发生变化,要求进一步提高;⑤ 出现更先进的技术,如硬件和软件的升级、更新换代等。

一、系统维护的内容

系统维护面向系统中的各种构成因素,根据维护对象的不同,可将系统维护的内容分为硬件系统的维护、软件系统的维护和数据的维护。

(一) 硬件系统的维护

硬件系统的维护是指对主机、外设及其他辅助设备的维护和管理,其目的是尽量减少硬件的故障率,当故障发生时,能在尽可能短的时间内恢复。硬件系统的维护应由专门的硬件维护人员负责,而且在很多情况下,需要同硬件厂商合作来共同完成系统维护工作。

可将硬件系统的维护分为硬件系统更新和故障维护两种类型,其中,故障维护又分为突发性故障处理和定期预防性维护。对于硬件系统更新,需要注意的是,在更新前需要制订更新计划,并与硬件供应商、企业内部有关业务部门和其他相关机构进行协调,另外,更新的时间不宜过长。对于突发性故障处理,需要注意的是,不应拖延过长的时间,要配有足够的备用设备;对于重要的应用系统,应采用并行服务器结构。管理信息系统的硬件系统需要定期地进行预防性维护,比如,在每周或每月的固定时间对系统硬件进行常规性检查和保养。定期进行硬件系统的维护可以减少以后的系统维护工作量,降低维护的成本。

(二) 软件系统的维护

软件系统的维护涉及系统软件的维护和应用软件的维护两个方面。系统软件的维护可参考具体的系统软件使用与维护说明书。应用软件的维护主要是对系统应用和支持各种功能的代码的维护和管理。随着系统应用范围的扩大和应用环境的变化,系统中的各种代码都需要进行一定程序的增加、修改和删除,以及设置新的代码,以确保应用软件能够更好地适应新的要求。

(三) 数据的维护

数据的维护主要包括数据备份、数据恢复和数据归档。数据备份是将计算机硬盘上的原始数据复制到可移动介质上,如磁带、光盘、移动硬盘等。数据恢复是数据备份的逆过程,是指在数据备份的基础上,将备份的数据再复制到计算机硬盘上的操作。数据归档是指将计算机硬盘上的原始数据复制到可移动介质上,并在完成复制工作后将原始数据从硬盘上删除,释放硬盘空间。

数据备份与数据恢复主要是为了应对因介质、操作系统、应用软件和其他环境原因导致重要数据库文件严重损坏、系统运行瘫痪等情况的发生。数据归档一般在一个时间周期结束或一个项目完成时开展,将相关数据保存到可移动介质上,以备日后查询和使用,同时释放硬盘空间。

二、系统维护的类型

根据系统维护原因的不同,系统维护工作可分为改正性维护、适应性维护、完善性维护和预防性维护四种类型。这四种系统维护类型各占总维护量的比例如图6-1所示。

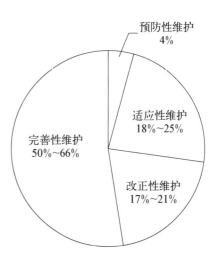

图6-1 系统维护各类型所占比例

(一) 改正性维护

改正性维护是诊断和改正系统错误的过程。通过改正性维护,可以及时纠正系统在开发期间未能发现的遗留错误,保证系统功能的正常运行。改正性维护可以改正的系统错误有系统测试阶段尚未发现的错误、输入检测不完善或键盘屏蔽不全面引起的输入错误以及以前未遇到过的数据输入组合或数据量增大引起的错误等。改正性维护约占总维护量的17%~21%。

(二) 适应性维护

适应性维护是指为使系统能够适应运行环境的变化而进行的维护。为了保证系统性能,使系统具备更强的适应性,需要定期对网络系统、计算机硬件或操作系统进行升级和更新,同时不断改进和完善应用软件功能。在进行适应性维护工作之前,通常需要制订维护工作计划,适应性维护工作完成后,应对维护后的软件进行测试,以确保软件的正常运行。适应性维护大约占总维护量的18%~25%。

(三) 完善性维护

完善性维护指的是为了改善系统的性能或扩充应用系统的功能而进行的维护,这些系统的性能或功能要求一般是在先前的功能需求中没有提出的。在整个维护工作量中,完善性维护约占50%~66%,居于第一位。

(四) 预防性维护

预防性维护是为了提高系统未来的可维护性、可靠性,或为未来的修改与调整奠定更好的基础而修改系统的过程。通过采用先进的软件工程方法对需要维护的系统或系统中的某一部分主动地进行重新设计、编码和测试。预防性维护约占总维护量的 4%。

三、系统维护的步骤

系统维护的步骤如图 6-2 所示。

需要注意的是,在实际的系统维护工作过程中,要严格按照各阶段所规定的开发原则和规范来进行,同时要建立和健全各类系统开发文档资料,文档资料要标准化、规范化,要保证维护文档的可追溯性,避免出现"改旧错出新错"的情况。

学习完本节内容,我们就可以回答本章开头"导入"中,A 服饰有限公司在信息化逐步成熟后,是如何维护其管理信息系统的。

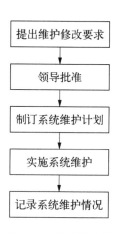

图 6-2　系统维护的步骤

第三节　管理信息系统的评价

系统评价主要是对系统投入运行后的工作质量、系统带来的效益及系统对信息资源的利用程度等进行分析,并通过相关评价指标进行评价,以便为系统维护和系统更新提供可靠依据。系统评价工作通常由开发人员和用户共同开展。系统评价的目的是通过对系统运行过程和绩效的审查,来检查系统的总体目标是否达到用户期望;检查系统的功能是否达到设计要求,还存在哪些问题;检查系统的各项运行指标是否达到设计要求;系统的实际效果是否满足预期及系统的管理工作是否完善,并提出系统今后改进和拓展的方向。

一、系统评价的主要指标

系统评价指标主要有系统性能指标、经济效益指标和应用指标。

(一) 系统性能指标

1. 系统的实用性

系统的实用性包括：对比系统目标和组织目标,检查系统建成后的实际完成情况;系统内部各种资源的利用情况,以及人机交互的灵活性与方便性。

2. 系统的可靠性

系统的可靠性包括：数据处理和信息输出的正确性与精确度,单位时间内的故障次数与故障时间在工作时间中的比例。

3. 可扩展性、可移植性

可扩展性、可移植性包括：系统功能与结构的调整、改进、增删,以及与其他系统交互或集成的难易程度。

4. 系统的可维护性

系统的可维护性包括：系统对误操作和故障诊断、排除、恢复的性能。

5. 安全保密性

安全保密性包括：安全保密措施的完整性、规范性与有效性等。

6. 系统文档的完备性

系统文档的完备性包括：开发工作和开发过程是否规范，各阶段文档是否齐全完备、是否准确。

(二) 经济效益指标

1. 系统投入资金

系统投入资金包括：系统硬件与软件的购置、安装，在应用系统的开发过程中所投入的资金。另外，组织内部投入的人力、物力等也应计算在内。较精确的计算还应考虑资金投入的时间及占用时间等因素，以及系统维护所投入的资金。

2. 系统运行费用

系统运行费用包括：通信和消耗性材料费用、系统投资折旧费及硬件日常维护费等。由于系统的技术成分较高、更新换代快，一般折旧年限为5~8年。另外，系统管理人工费用也应计入系统运行费用。

3. 系统运行新增效益

系统运行新增效益主要反映在降低成本、减少库存积压、加快流动资金周转与减少占用额、增加销售利润及减少人力资源等方面。新增效益可采用综合性的在同等产出或服务水平下，有无系统所导致的年生产经营费用对比来衡量，也可分别计算上述各方面的效益，然后求和表示。由于引起效益增减的因素相互关联、错综复杂，新增效益很难做精确的计算。

4. 投资回收期

投资回收期为通过新增效益，逐步收回投入的资金所需要的时间，它也是反映系统经济效益好坏的重要指标。

(三) 应用指标

系统投入使用后所产生的效益有些可以量化计算出来，但有一些是很难量化计算的，例如，由于改进运作方式促使成本下降、利润增加；工作人员自身素质的提高等难以计量的效益指标。这些间接效益对企业的生存与发展所起到的作用往往要大于直接经济效益。成功应用管理信息系统所产生的效益主要表现在以下几个方面：

一是会对组织为适应环境所作的结构、管理制度与管理模式等的变革起到巨大的推动作用，这种作用一般无法用其他方式来实现。

二是能改进组织的形象，对企业而言，对外可提高顾客对企业的信任程度，对内可提高全体员工的自信心。

三是可使管理人员获得更多新知识、新技术与新方法，进而提高他们的技术素质，拓宽思路，进入学习与掌握新知识的良性循环。

四是系统信息的共享使交互部门之间、管理人员之间的联系更紧密，这可加强他们的协作精神，提高凝聚力。

五是提高客户的响应速度，提高客户的满意度，进而提高市场份额。

六是对组织的规章制度、工作规范、定额与标准、计量与代码等基础管理产生很大的促进作用，为其他管理工作提供有利的条件。

二、系统评价方法

常用的系统评价方法有：多因素加权平均法、层次分析法和经济效果评价方法。

（一）多因素加权平均法

多因素加权平均法是一种简单易用的综合评价方法。它将重要性、实用性、准确性、及时性、友好性、经济性、安全可靠性、信息量、效益性、服务程度、投资情况、开发效率、资源利用率、人员情况、共享性、先进性、管理科学性、可维护性、领导支持、引导性20项指标列为表的最上层，然后请专家对每项指标按其重要性打一个权重分，权重分最高为10分，最低为1分。再请每位专家分别对评价系统的这20项指标打分，最高为10分，最低为1分（如表6.1所示）。

表6.1 多因素加权平均法

多因素加权平均法20项指标	每项指标的专家权重/分	专家对评价系统打分情况/分
重要性	1～10	1～10
实用性	1～10	1～10
准确性	1～10	1～10
及时性	1～10	1～10
友好性	1～10	1～10
经济性	1～10	1～10
安全可靠性	1～10	1～10
信息量	1～10	1～10
效益性	1～10	1～10
服务程度	1～10	1～10
投资情况	1～10	1～10
开发效率	1～10	1～10

(续表)

多因素加权平均法 20 项指标	每项指标的专家权重/分	专家对评价系统打分情况/分
资源利用率	1~10	1~10
人员情况	1~10	1~10
共享性	1~10	1~10
先进性	1~10	1~10
管理科学性	1~10	1~10
可维护性	1~10	1~10
领导支持	1~10	1~10
引导性	1~10	1~10

专家权重是指专家的权威性，权值大小由评价者根据专家知识面和经验丰富程度决定。根据几位专家的打分表及专家本人的权重，求得每项指标的权重值。

(二) 层次分析法

层次分析法(Analytic Hierarchy Process，AHP)是一种定性分析和定量分析相结合的多目标决策分析方法。

采用层次分析法可建立系统价值评估模型，其系统价值评价指标包括：定量指标，即投入和产出指标；定性指标，即宏观和微观指标。

1. 定量指标

分析定量指标可以按传统的模式，广义的系统投资回报率可以理解为：投资回报率＝产出指标/投入指标＝(成本降低＋收入增加)/总成本。

(1) 产出指标主要包括成本降低和收入增加。

(2) 投入指标即总成本，包含系统分析设计费用和实施费用、人力资源成本、流程成本、系统运行成本、信息系统的维护和持续改进费用、机会成本等。

2. 定性指标

定性指标，包括宏观指标和微观指标。

(1) 宏观指标主要是：第一，企业的经济效益和竞争力是否提高。如果将其转变为具体的经济指标，可以分为利润率、成本费用利润率、流动资金周转率、存货周转率、全员劳动生产率、计划执行准确率、设备利用率、市场信息准确率、顾客满意度、交货准时率、产品优质率等。第二，管理模式、组织机构和业务流程是否有所创新。

(2) 微观指标包括：系统的应用广度和深度，如系统的用户数量、用户的职位、系统信息数量、业务信息数量等；系统对资源的开发率和利用率；企业的业务流程、工作流程是否发生了实质性的变化;员工素质的提高和员工参与信息化的程度;是否改善员工工作满意度;企业不同部分之间是否拥有统一的基础数据环境,以及能否实现协同工作流;系统数据是否能够确保完整,以及能否确保质量;企业各级人员对信息系统所体现的管理思想和管理方法的接受程度,如企业文化是否发生变化,销售、市场、服务人员的工作方式是否发生变化,绩效考核方法是否发生变化等;是否减少人工信息处理的工作量,从而节约人工费用和办公开支;是否加快信息收集、传递、处理速度,提高企业的反应速度;是否改善服务水平、提高企业的市场竞争力;对信息安全的评价;系统实施后是否拥有后续的持续改进及升级服务。

层次分析法的基本步骤可用于解决较为简单的问题。当面临的问题比较复杂时,可以采用扩展的层次分析法,如动态排序法、边际排序法等。层次分析法是一种实用的多准则决策方法,用于解决难以用其他定量方法进行决策的复杂系统问题,将定量与定性相结合,充分重视决策者和专家的经验和判断,将决策者的主观判断用数量形式来表达和处理,能大大提高决策的有效性、可靠性和可行性。因此,层次分析法非常适合用于管理信息系统评价,尤其适合多个系统的比较。但层次分析法需要比较复杂的技术支持,目前已有现成的 AHP 软件。

(三)经济效果评价方法

建立管理信息系统的目的在于提供完整、准确的信息,提高管理工作效率和经营决策水平,减少管理中的失误,使生产经营活动达到最佳经济效益。评价其经济效果可以从直接经济效益和间接经济效益两方面进行分析。

1. 直接经济效益

直接经济效益是指企业运行管理信息系统后,使用计算机管理所节约的开支与企业在管理信息系统实施过程中一次性投资(包括软件、硬件投资)的折旧和运行费用相比较的结果。管理信息系统的应用,增加了投资和一些费用,但可以减少管理人员数量,这就降低了人力资源成本;通过管理信息化,能够节约物资消耗,降低成本,减少库存占用资金,节约管理费用等。

2. 间接经济效益

间接经济效益是指企业在运行管理信息系统之后,在提高管理效率方面和数据集中管理方面,在建立网络系统之后数据的共享和数据传递的及时性、准确性方面,在实现实时、定量的管理等方面,为提高企业竞争力而带来的效益的评价。

探 究 发 现

1. 管理信息系统维护的步骤有哪些?
2. 管理信息系统的评价方法有什么?
3. 建立管理信息系统的经济效益应该从哪些方面去评价?间接经济效益的主要表现是什么?

本 章 小 结

本章主要介绍了以下内容：

1. 管理信息系统运行管理制度。了解管理信息系统运行的管理制度主要包括系统运行管理的组织结构、机房管理制度、系统维护制度、系统运行操作规程、系统运行记录制度等。

2. 管理信息系统维护的类型。了解不同类型的系统维护方法和使用条件，主要包括改正性维护、适应性维护、完善性维护和预防性维护。

3. 管理信息系统评价的重要指标和评价方法。了解系统评价的主要指标，主要包括系统性能指标、经济效益指标和应用指标。

本 章 习 题

一、选择题

1. 为了识别和纠正系统运行中的程序错误而进行的维护称为　　　　　　　　　　（　　）
   A. 适应性维护　　　　B. 完善性维护　　　　C. 改正性维护　　　　D. 预防性维护
2. 完善性维护占总维护量的百分比可能是　　　　　　　　　　　　　　　　　　（　　）
   A. 18%　　　　　　　B. 25%　　　　　　　C. 52%　　　　　　　D. 75%
3. 系统评价指标不包括　　　　　　　　　　　　　　　　　　　　　　　　　　（　　）
   A. 经济效益指标　　　　　　　　　　　B. 技术完善指标
   C. 应用指标　　　　　　　　　　　　　D. 系统性能指标

二、简答题

1. 管理信息系统的运行管理制度主要包括哪些内容？
2. 简述系统运行日常管理的主要内容。
3. 简述系统维护的内容与步骤。
4. 管理信息系统评价的主要指标有哪些？
5. 常用的系统评价方法有哪些？

拓 展 学 习

1. 选择一个管理信息系统进行全面的浏览。根据本章涉及的评价指标，对该系统进行评估。制作演示文稿并展示你的结果。
2. M科技是一家以咨询与大数据开发服务为主营业务的中小型科技民营企业，目前正开发以"大数据+智慧植保"为主导的高新产业技术项目,将人工智能图像识别技术应用于农业种植环节的植保领域,为农业生产者提供基于人工智能技术的田间病虫害识别、即时诊断和专家咨询等服务,以此促进未来智慧农业、田园生活智能化服务的发展。M科技开发的"大数据+智慧植保"项目描绘了在人工智能、大数据背景下我国智慧农业的发展现状,调研并分析农户对智慧化、智能化植保的技术需求,最后结合新疆某乳制品公司牛草场病虫害防治计划项目进行方案选择分析与评价,从而进行科学决策与管理。

拓展学习案例

请扫描左方二维码阅读"M科技:大数据、人工智能时代的智慧植保田园生活"案例,并思考以下几个问题:

(1) M科技智慧植保项目经历了怎样的发展历程?

(2) M科技是如何借助5G技术搭建综合服务云平台的?

(3) 为更好地发展智慧植保项目,M科技携专家团队及技术顾问提出了两种解决方案,如何对这两种可行性方案进行经济评估和决策?

YINGYONGPIAN

应用篇

第七章

管理信息系统的基础应用

 本章教学目标

本章主要从信息系统的发展历史出发,了解企业中常见的管理信息系统的相关基础知识和应用。了解 ERP、SCM、CRM 系统的基本概念、发展历程和功能结构,理解并掌握企业资源计划的各个发展阶段、供应链管理方法及客户关系管理的内涵和内容。

 本章核心概念

企业资源计划、供应链管理系统、客户关系管理系统。

 导入

A 公司的 ERP 系统应用

你的移动手机使用的绚丽缤纷的前卫耳机可能就来自 A 公司,它是生产用于音频和游戏的耳机、耳塞、扬声器与其他配件等的制造商。A 公司成立于 2003 年,主营运送滑雪者上下的升降机,当时其创始人提出了生产一种可以控制手机和 MP3 音乐播放器的设备,并将这种设备内置于一套耳机中的想法。A 公司大胆的颜色选用和设计,以及可以直接集成到头盔和背包中的产品,使这一品牌成为滑雪者、冲浪者、滑冰者和其他运动爱好者的最爱。A 公司产品在全球范围内广受欢迎,年收入每年增长 200%,如今的年收入已达 2.5 亿美元。

随着这种爆炸式的增长,该公司的分销模式不再适用,原来的分销模式是公司创始人亲自从地下室向犹他州帕克城(公司总部所在地)的滑雪和滑冰商店提供产品。A 公司的业务流程主要是手工操作,电子数据表格作为其业务交易的记录系统。为了成为每年可以生产 100 万件产品的公司,A 公司需要开展流程自动化建设,并使用一套新的信息系统支持业务发展。

2008 年,公司开始使用基于云的 SAP Business ByDesign 系统代替电子数据表格和手动流程,该系统是支持财务、计划、采购、库存管理和订单管理的简单企业资源计划(ERP)系统。Business ByDesign 是一款为中小企业设计的企业资源规划和业务管理软件产品。该产品旨在跟踪端到端的财务管理、项目管理、供应链管理、供应商关系管理、人力资源管理、客户关系管理、执行管理支持和合规管理的业务流程。产品中的应用程序都是集成的,并且该系统已成为 A 公司追踪所有交易的主力。随着 A 公司业务的持续增长,它应用了其他的 Business ByDesign 功能,用于管理第三方物流(3PL)供应商、全渠道销售(无论客户是通过桌面或移动设备,还是从实体店购物,全渠道销售旨在为客户提供无缝购物体验)和其他财务流程。A 公司使用在 SAP 云计算中心运行的 Business ByDesign 软件,它不需要自己的计算机中心运行这些软件,也不需要 IT 部门和人员。

新的 ERP 应用程序是如何工作的?它是与 A 公司的管理流程匹配运行的。新的系统功能能够帮助企业进行战略收购和国际业务拓展,并大幅增加客户群。2011 年,A 公司收购了位于圣弗朗西斯科的一家高级游戏耳机公司。A 公司在此次收购中将 SAP Business ByDesign 系统作为新的、独立的法律实体进行交易。

上市后不久,A 公司在瑞士苏黎世成立了欧洲总部。该公司还在加拿大、墨西哥、日本和中国设有办事处。SAP Business ByDesign 已经收录全球大多数国家的经营法律法规。因此,A 公司可以轻松地在其他国家/地区使用当地的法律、法规、语言和货币进行操作。

A 公司的分销渠道不断扩大,如今公司近 80% 的交易已完全自动化。一切都是相互关联和自动化的,自客户点击"购买"之后,交易通过 A 公司的系统进行信用检查、欺诈检查,与 SAP Business ByDesign 进行连接,检查商品的可用性,并在仓库完成订单,整个过程不到一个半小时。此外,随着 A 公司的发展,该系统可以更好地管理库存、会员账户和商业信息。

问题:
(1) A 公司通过实施 SAP Business ByDesign 这一新的 ERP 系统解决了哪些问题?
(2) 新的 ERP 系统是如何改变 A 公司的经营方式的?

基于电子数据表格的系统和手动流程使企业不同部门难以合作以应对新的市场机会。这些系统使企业的运作效率低下,无法满足企业的发展需求。企业资源计划(ERP)系统、供应链管理系统和客户关系管理系统可以使企业形成更有效的业务流程,并协调其新的业务模式,包括预测、规划、盈利能力分析和新产品的开发,整合不同的业务功能,并为企业提供一致的信息,这大大提高了经营效率和决策速度。

第一节 企业资源计划

20 世纪 90 年代以来,经济全球化和市场国际化进程不断加快,企业面临的竞争愈加激烈。及时生产(Just in Time,JIT)、全面质量管理(Total Quality Management,TQM)、优化生产技术(Optimized Production Technology,OPT)、分销资源计划(Distribution

Resource Planning，DRP)、供应链管理(Supply Chain Management，SCM)等先进管理思想的产生对企业提出了更高的要求。顾客需求瞬息万变、技术创新不断加速、产品生命周期不断缩短、市场竞争日趋激烈，这些构成了影响现代企业生存与发展的三股力量：顾客(Customer)、竞争(Competition)和变化(Change)，简称3C。以客户为中心、基于时间、面向整个供应链成为企业在新形势下发展的基本动向。主要侧重于对企业内部的人、财、物等内部资源管理系统已经不能满足全球经济发展的需求，企业急需扩大系统的功能，纳入更多企业资源与生产方式，面向全球市场，以应对经济全球化的挑战。在这一背景下，由关注物料的物料需求计划(Material Requirements Planning，MRP)发展而来的MRP Ⅱ通过逐步吸取和融合其他先进思想来完善和发展自身理论之后，进一步发展为面向有效管理和利用整个供应链整体资源的新一代信息化管理系统，即企业资源计划(ERP)。

一、企业资源计划的概念

ERP是企业资源计划(Enterprise Resource Planning)的英文缩写，是指建立在信息技术基础上，集信息技术与先进管理思想于一体，以系统化的管理思想，为企业员工及决策层提供决策支持的管理平台。ERP是从MRP发展而来的新一代集成化管理信息系统，它扩展了MRP的功能，其核心思想是供应链管理。ERP跳出了传统企业边界，从供应链范畴去优化企业的资源，改善了现代企业的运行模式，反映了市场对企业合理调配资源的要求。ERP对改善企业业务流程、提高企业核心竞争力具有显著作用。作为新一代的管理信息系统，其概念由美国Gartner Group(加特纳集团公司)于20世纪90年代初首先提出。

(一) Gartner Group 对 ERP 的定义

Gartner Group 将 ERP 定义为：一个由 Gartner Group 开发的概念，是描述下一代生产业务系统和生产资源计划(MRP Ⅱ)的软件。它包含客户机/服务器架构，使用图形用户接口，采用开放式系统制作。它除了已有(MRP Ⅱ)的标准功能外，还包括其他特性，如质量、过程运作管理及监管报告等。Gartner Group 通过一系列功能标准来定义 ERP 系统。

1. 超越 MRP Ⅱ 范围的集成功能

相对于传统的 MRP Ⅱ 系统来说，ERP 的扩展功能包括质量管理、试验管理、流程作业管理、配方管理、产品数据管理、维护管理、监管报告和仓库管理。这些功能仅是 ERP 超越 MRP Ⅱ 范围的首要扩展对象，并非 ERP 的全部标准功能。

2. 支持混合方式的制造环境

首先是生产方式的混合，包括离散型制造和连续型制造的混合，还有按单设计(Engineer to Order，ETO)、按单生产(Make to Order，MTO)、按单装配(Assemble to Order，ATO)和按库存生产(Make to Stock，MTS)，以及大批量生产等方式的混合；其次是经营方式的混合，包括国内经营与跨国经营的混合；最后是生产、分销和服务等业务的混合。

3. 支持能动的监控能力,提高业务绩效

这一标准是关于 ERP 能动式功能的加强,包括在整个企业内采用控制和工程方法、模拟功能、决策支持和用于生产及分析的图形能力。

4. 支持开放的客户机/服务器计算环境

这项标准是关于 ERP 的软件支持技术的,包括客户机/服务器体系结构、图形用户界面(Graphical User Interface,GUI)、计算机辅助设计工程(Computer Aided Design Engineering,CADE)、面向对象设计技术(Object Oriented Design,OOD)、使用结构化查询语言(Structure Query Language,SQL)对关系数据库查询,内部集成有工程系统、商业系统、数据采集系统和面向外部集成的电子数据交换(Electronic Data Interchange,EDI)。

上述四个方面分别是从软件功能范围、软件应用环境、软件功能增强和软件支持技术方面对 ERP 作了定义。这四个方面反映了 20 世纪 90 年代以来,企业对管理系统在功能和技术上的客观需求。但仅从功能上衡量并不足以把握 ERP 的实质,还需把握其功能特点。

(二) 其他对 ERP 的定义

ERP 可以从管理思想、软件产品、管理系统三个层次来理解:

ERP 是一整套企业管理系统体系标准,其实质是在 MRP Ⅱ 基础上进一步发展而成的面向供应链的管理思想。

ERP 是综合应用了客户机/服务器体系、关系数据库结构、面向对象技术、图形用户界面、第四代语言(4GL)、网络通信等信息产业成果,以 ERP 管理思想为灵魂的软件产品。

ERP 是整合企业管理理念、业务流程、基础数据、人力物力、计算机硬件和软件的企业资源管理系统。

二、企业资源计划的分类

ERP 系统是企业用户最熟悉的管理软件之一,也是软件市场最常见的热门管理软件。很多时候,企业用户会片面地认为 ERP 系统就是通用管理软件。然而,ERP 系统也有很多分类。

(一) 依照适用规模的 ERP 系统分类

1. C/S 架构下的 ERP 软件

C/S 架构,即客户机与服务器结构,是将系统的操作功能合理地分配到客户端和服务器端,此类架构下的 ERP 适用于企业内部使用局域网的情况,有局限性,但保密性相对较强。

2. B/S 架构下的 ERP 软件

B/S 架构,即浏览器和服务器结构,用户的工作界面可以通过浏览器来实现,从适用范围来讲，B/S架构的ERP软件不但适用于企业内部局域网，也适用于外部的广域网。即在保证企业指定电脑保密需求的同时，实现互联网下的无区域限制办公，适应企业全球化管理的要求。

(二) 根据企业发展情况的ERP系统分类

1. 成品套装的ERP软件

这类系统是定型的ERP软件，通过软件的参数设置，对软件做少量的功能调整。无法解决的管理需求则需通过二次开发实现，系统主体架构不可变化，只能解决一部分的新增需求，同时，二次开发可能会引发系统不稳定。此类系统灵活性差，系统更新速度缓慢，但成本较低，应用速度较快。

2. 在开发型平台上研发的ERP软件

此类ERP软件在开发平台上按用户功能需求来设计开发，包括财务管理、成本管理、项目管理、人力资源管理等。开发手段为编程，建设速度慢，质量受制于开发人员的业务理解能力和业务经验。企业亦可组建开发团队开发适合自己的ERP软件，但成本略高。

3. 在应用设计平台下的ERP软件

此类系统按照用户需求进行个性化设计，包括财务、预算、资产、项目、合同、采购、招投标、库存、计划、销售、生产制造、设备、工程、电子商务、人力资源、行政办公、分析决策、管理功能、业务流程、数据查询、用户界面风格等。开发手段为重新设计，可应对管理需求的变化，动态调整业务应用和管理流程，解决因二次开发周期过长而带来的ERP系统不能与业务变更同步完成的问题。

三、企业资源计划的功能结构

ERP系统可将企业所有资源进行整合管理，也就是将企业的三大流——物流、资金流、信息流，进行全面一体化管理的管理信息系统。它的功能模块与MRP或MRPⅡ的不同，不仅可以用于生产制造型企业的管理，而且在许多其他类型的组织如一些非生产型企业、公益事业单位也可以引入ERP系统进行资源计划和业务管理。

在企业中，一般的管理系统主要包括三方面的内容：财务管理、生产管理和物流管理。这三大管理模块本身就是集成体，它们之间有相应的接口，能够很好地连接起来对企业进行全面管理。初期的ERP系统基本是以生产制造及销售过程为中心的。随着企业人力资源的发展，人力资源成为独立的模块被加入ERP系统中，与财务、生产控制、物流系统组成了高效、高度集成的企业资源管理系统。ERP系统从最基本的层面上看可分为：财务管理、物流管理、生产管理、供应链管理、客户关系管理、产品生命周期管理和人力资源管理。从更高层次来看又有四个全景：供应全景、消费全景、生产全景和知识全景。全景管理是在企业足够的信息化的基础上进行的。ERP系统全景和管理的对应关系如图7-1所示。

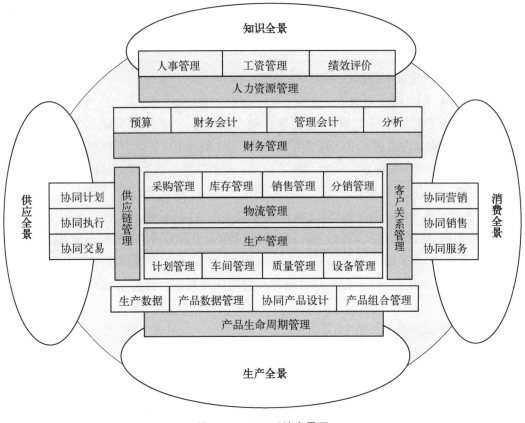

图 7-1 ERP 系统全景图

(一) 财务管理模块

财务管理是 ERP 系统中不可或缺的部分。一般的财务软件强调的是事后核算,实际发生原则是财务管理的首要原则,这就造成了对企业经营现状反映的滞后性,也是财务信息流与资金流和物流脱节的原因。ERP 中的财务管理模块与一般的财务管理软件不同,它和系统其他模块之间有相应的接口,能够相互集成。ERP 思想强调的是事前计划和及时调整,能够实现企业三流合一,即物流、资金流和信息流的同步,使企业能够根据市场情况及时作出反应。ERP 系统中的财务管理模块主要包括财务会计和管理会计两大业务功能。

1. 财务会计

财务会计也称外部会计,主要是记录、核算、反映和分析资金在企业经济活动中的变动过程及其结果。它由总分类账、应收账款、应付账款和现金管理、固定资产核算、多币制、工资核算及成本等功能模块组成。

(1) 总分类账模块。它的功能是处理记账凭证输入、登记,输出日记账、一般明细账及总分类账,编制主要会计报表。它是整个会计核算的核心,应收账、应付账、固定资产核算、现金管理、工资核算、多币制等各模块都以其为中心来互相传递信息。

(2) 应收账款模块。应收账款是指企业应收的由于商品赊欠而产生的正常客户欠款账,包括发票管理、客户管理、付款管理、账龄分析等功能。它和客户订单、发票处理业务相联系,同时将各项事件自动生成记账凭证,导入总账。

(3) 应付账款模块。会计里的应付账款包括发票管理、供应商管理、支票管理、账龄分析等。它能够和采购模块、库存模块完全集成以替代过去烦琐的手工操作。

(4) 现金管理模块。它主要是对现金流入/流出的控制,以及零用现金及银行存款的核算,包括对硬币、纸币、支票、汇票和银行存款的管理。ERP 中提供了票据维护、票据打印、付款维护、银行清单打印、付款查询、银行查询、支票查询等和现金有关的功能。此外,它还和应收账款、应付账款、总分类账等模块集成,自动产生凭证,导入总账。

(5) 固定资产核算模块。即完成对固定资产的增减变动及折旧、有关基金计提和分配的核算工作。它能够帮助管理者对固定资产的现状有所了解,并能通过该模块提供的各种方法来管理资产,以及进行相应的会计处理。它的具体功能有:登录固定资产卡片和明细账、计算折旧、编制报表,以及自动编制转账凭证并导入总账。它可与应付账款、成本、总分类账等模块集成。

(6) 多币制模块。这是为了适应当今企业的国际化经营,针对外币结算业务而产生的。多币制将企业整个财务系统的各项功能以各种币制来表示和结算,且客户订单、库存管理及采购管理也能使用多币制进行交易管理。多币制与应收账款、应付账款、总分类账、客户订单、采购等各模块都有接口,可自动生成所需数据。

(7) 工资核算模块。自动进行企业员工的工资结算、分配、核算及各项相关经费的计提。它能够登录工资、打印工资清单及各类汇总报表,计提各项与工资有关的费用,自动作出凭证并导入总账。这一模块是与总分类账、成本模块集成的。

(8) 成本模块。它将依据产品结构、工作中心、工序、采购等信息进行产品的各种成本的计算,以便进行成本分析和规划。此外,还可用标准成本法或平均成本法按地点维护成本。

2. 管理会计

管理会计模块可帮助用户密切地监控所有成本、收入、资源及期限,对计划成本与实际成本进行全面的比较。

(1) 成本中心会计。帮助用户确定在企业的何处将生成何种成本,并将成本分配给产生该成本的部门。

(2) 基于业务活动的成本核算。这是一种测定业务过程及对象成本和完成量的方法,主要按照业务处理过程中使用资源的情况来分配成本。

(3) 订单和项目会计管理。在管理过程中,对于那些需要监控的大量投资进行支出测算,并通过内部订单或项目的方式来表示。

(4) 产品成本核算。生产成本管理会计主要支持一般附加费、统计标准成本核算、基于边际成本核算等三类成本会计核算程序。此外,系统也为无形产品和服务中的生产成本管理会计提供成本评估程序。

(5) 利润中心会计。利润中心会计支持面向销售的销售成本会计方法和基于期间会计方法的分析,其主要目的是确定利润中心的经营利润。

除了财务会计与管理会计功能外,ERP 系统的财务管理还可以基于会计核算的数据进行相应的分析、预测、计划、控制等活动。例如,根据前期财务分析作出下期的财务计划、预算等;提供查询功能和通过用户定义的差异数据的图形显示来进行财务绩效评估、账户分析等;作出有关资金的决策建议,包括资金筹集、投放及资金管理。

(二) 生产管理模块

生产管理是 ERP 管理系统的核心,它将企业的整个生产过程结合起来,使企业能够有效地降低库存,提高运营效率。此外,它将原本分散的生产流程连接起来,使生产流程能够连贯地进行,避免出现生产脱节、延迟交货等现象。

1. 计划管理

企业 ERP 系统的生产管理模块是以计划为导向的,企业先确定总生产计划,经过系统层层细分之后,下达到各部门去执行,即生产部门以此生产、采购部门按此采购等。

(1) 主生产计划。它根据生产计划、预测和客户订单的输入来安排将来各周期中提供的产品种类和数量,将生产计划转为产品计划,在平衡了物料和能力的需要后,生成精确到时间、数量的详细的进度计划。它是企业在一段时期内的总活动的安排,是一个稳定的计划,是基于生产计划、实际订单和对历史销售分析进行预测的。

(2) 物料需求计划。在主生产计划决定生产多少最终产品后,再根据物料清单,把整个企业要生产的产品数量转变为所需生产的零部件数量,并对照现有的库存量,便可得到还需加工、采购的最终数量。它是各部门真正执行的计划。

(3) 能力需求计划。它是在得出初步的物料需求计划之后,将所有工作中心的总工作负荷与工作中心的能力平衡后产生的详细工作计划,用以确定生成的物料需求计划是否匹配企业生产能力。能力需求计划是一种短期的、基于当前实际的计划。

2. 车间管理

这是随时间变化的动态作业计划,将作业分配到具体的各个车间,再进行作业排序、作业管理、作业监控。

3. 质量管理

ERP 系统的质量管理模块可以实现对产品生命周期的全程质量控制,包括对采购收货、生产收货、销售退货的检验,还可以实现生产过程中的检验及周期性物料的检验,以此避免由于原料和库存物料导致的质量问题和因车间生产等原因造成的质量事故,从而提高企业的生产合格率、提升产品的质量。它能够及时、灵活地分析、记录及监控产品的质量,降低损耗与成本,提高质量管理的效率。

(三) 物流管理模块

ERP 下的物流管理除包括供应链的物流外,还有物料流通体系的运输管理、仓库管理,在线物料信息流等。它主要可分为原材料及设备采购供应阶段、生产阶段、销售配送阶段,这三个阶段便产生了企业横向上的三段物流。

1. 管理内容

(1) 供应物流。将采购的原材料、零部件由供应商处运入厂内,包括由销售点回收(采购)容器,以及可重复使用的回收物料。

(2) 生产物流。将所采购的原材料和零部件入库、保管、出库。将其生产的产品运到物流中心、厂内或其他工厂的仓库。物流中心、仓库的这种将产品进行入库、保管、出库等一系列产品流动活动称为厂内物流,厂内物流还包括在物流中心和仓库进行的运输包装、流通加工等。

(3) 销售物流。将产品从工厂、物流中心或仓库送到批发商、零售商或消费者手中的运输、配送活动称为销售物流。销售物流还包括将产品送到外单位仓库的运输和配送。

(4) 退货物流。与已售出产品的退货有关的运输、验收和保管。

(5) 废弃物回收物流。有关废弃的包装容器、包装材料等废弃物的运输、验收、保管和出库。

2. 管理功能

ERP 系统的生产管理模块主要具备以下四个方面的功能:

(1) 采购管理。ERP 系统的采购管理功能能够从供应商、采购询报价、采购业务、库存、各类采购报表这五方面进行管理。首先,ERP 系统对供应商进行维护评估,然后进行询价,列出企业的采购计划,下达订单进行采购,再对采购物料进行跟踪管理,检查其是否合格,对不合格的做退货处理,对合格的进行入库管理,最后对各项采购报表进行汇总统计,实现整个采购流程的管理。在 ERP 系统采购功能的管理下,企业可以明晰各项采购进度并能对其进行实时监控,有效地减少采购人员的工作量,也能降低企业的库存成本,最终提高企业的整体管理水平。

(2) 库存管理。库存管理功能可用来控制存储物料的数量,以保证稳定的物流支持正常的生产,但又最小限度地占用资本。它是一种相关的、动态的、真实的库存控制系统。它能够精确地反映库存现状,满足相关部门的需求,随时间变化动态地调整库存。其功能涉及以下三方面:

① 为所有的物料建立库存,作为采购部门编制采购计划、生产部门编制生产计划的依据。

② 收到订购物料,经过质量检验入库;生产的产品也同样需要经过检验入库。

③ 收发物料等日常业务处理工作。

(3) 销售管理。销售管理功能可对销售费用、成本进行分析,开展市场销售预测。企业通过实施 ERP 销售核算与管理,规范了销售部门基础管理,优化了部分业务流程,保证了业务处埋的通畅和数据的准确性,为基层应用人员及中层领导提供了方便的数据查询和统计分析结果,为高层管理者提供了深层的决策依据。销售管理主要包括以下几个方面：

① 销售订单管理。系统自动生成客户订购清单，销售人员通过订单维护系统可对销售订单的状态进行跟踪和维护，实时查询订单的状态。

② 销售价格管理。销售价格管理提供了丰富的价格管理功能，包括价格定义、价格维护和价格查询。

③ 销售库存管理。销售库存管理可以进行可用量的管理，包括可用量控制、可用量检查与现存量查询。

④ 信用管理。根据某客户的信用状况决定是否与其进行业务往来，同时可以查出有关应收账款相对应的客户信息资料。通过客户订购量、客户还款时间、客户退（换）货等相关信息，综合评定客户的信誉程度。针对不同的客户，企业可以及时采取不同的收账策略与报价策略。

(4) 分销管理。分销管理是基于产品的销售计划的，可对销售产品、销售地区、销售客户等各种信息进行管理和统计，并可对销售数量、金额、利润、绩效、客户服务做全面的分析。分销管理功能大致分为三个方面：

第一个方面，对客户信息的管理和服务。它能建立一个客户信息档案，对其进行分类管理，进而对其进行针对性的客户服务，以期最高效率地保留老客户、争取新客户。在这里，要特别提到的就是 CRM（Customer Relationship Management）软件，即客户关系管理，ERP 与它的结合必将大大增加企业的效益。

第二个方面，对销售订单的管理。销售订单是 ERP 的入口，所有的生产计划都是根据它下达并进行排产的。销售订单的管理贯穿产品生产的整个流程。

第三个方面，对销售的统计与分析。这是系统根据销售订单的完成情况，依据各种指标作出的统计，如客户分类统计、销售代理分类统计等。管理者可依据这些统计结果对企业的实际销售效果进行评价。

(四) 人力资源管理模块

随着企业人力资源的发展，人力资源管理已经成为一个独立的模块。ERP 系统的人力资源管理模块有：人力资源规划辅助决策、招聘管理、工资核算、工时管理、差旅核算等。

1. 人力资源规划辅助决策

人力资源规划辅助决策系统可针对企业的人员结构，编制各种程序，进行模拟比较和运行分析，并辅以图形直观的评估，以协助作出最终决策。系统可制定职务模型，包括职位要求、升迁路径和培训计划，根据担任该职位员工的资格和条件，自动提出针对该员工的一系列培训建议，一旦机构改组或职位变动，系统会提出一系列的职位变动或升迁建议。系统还可进行人员成本分析，对过去、现在、将来的人员成本作出分析及预测，并通过 ERP 集成环境为企业成本分析提供支持。

2. 招聘管理

人才是企业最重要的资源，只有优秀的人才才能保证企业持久的竞争力。招聘系统可高效管理招聘过程,优化招聘过程,减少企业工作量,科学管理招聘成本,为员工的选拔提供辅助信息,有效地帮助企业挖掘人力资源。

3. 工资核算

工资核算系统能根据公司跨地区、跨部门、跨工种的不同薪资结构及处理流程制定与之相适应的薪资核算方法。该系统能与时间管理直接集成,及时更新,开展薪资动态化核算;具有回算功能,能通过与其他模块的集成,自动根据要求调整薪资结构及数据。

4. 工时管理

根据本国或当地的日历,安排企业的运作时间及劳动力的作息时间。运用远端考勤系统,可以将员工的实际出勤状况记录到主系统中,并将与员工薪资、奖金有关的时间数据导入薪资系统和成本核算中。

5. 差旅核算

差旅核算可以自动控制从旅行申请、旅行审批到旅行报销的全过程,并通过集成环境将数据导入财务成本核算模块中。

在本章开头"导入"中,A 公司通过实施 Business ByDesign 这一新的 ERP 系统所解决的问题,可以用本节 ERP 的功能结构的相关内容加以解释。

四、企业资源计划的发展趋势

ERP 集信息技术与先进管理思想于一体,成为现代企业的主流运行模式,反映了时代对企业合理调配资源、最大化地创造社会财富的要求。随着管理过程的精细化,企业对生产、成本、运输等方面的需求日益凸显,ERP 按照需求趋势改进系统,从单一的财务软件到单一的 ERP 软件,最后发展为如今的 ERP 系统。完整的 ERP 系统已超出了企业范畴,涉及企业、供应商、客户和合作伙伴等领域,制造执行系统(Manufacturing Execution System,MES)、客户关系管理(CRM)、供应链管理(SCM)、办公自动化(Office Automation,OA)、产品生命周期管理(Product Lifecycle Management,PLM)、商务智能(Business Intelligence,BI)等管理软件产品逐渐与 ERP 形成子集或交集关系,促进了 ERP 系统的发展。

越来越多的中小型企业也开始采用 ERP 系统,ERP 系统已经类似邮件系统一样,成为企业必备的管理信息系统。企业在进行 IT 投资决策的时候,ERP 已经成为不容忽视的要素之一,大家对 ERP 的认知也在逐步提升。随着科技进步,新的技术和概念涌现,ERP 将在不断融合中完善自身的适配性,拓展产业链。各种先进的信息技术和管理思想将被充分应用到 ERP 系统中,ERP 系统的产品、技术也将会出现新的方向。

(一) 云 ERP

从发展前景来看,基于新技术的云 ERP 将受到企业的青睐。云 ERP 采用互联网技术,融合了交易、服务、管理,可帮助企业免除软件、硬件投入并快速搭建企业管理架构。因此,基于新技术的云 ERP 将受到市场追捧,成为 ERP 产品未来主要的发展方向之一。

(二) SaaS ERP 运营

金融危机会迫使中小型企业乃至大型企业不断地寻求压缩成本的方式,企业对 IT 系统的投资将更加谨慎。虽然目前 SaaS(即软件运营服务 Software as a Service)模式在安全性和功能便利性等方面还面临很多挑战,但是越来越多的 ERP 厂商开始将中小型企业市场列为 SaaS 模式的突破重点,一些 ERP 厂商分别针对中小型企业市场推出了合作伙伴及渠道深入计划,继续在该领域实施其"低成本+规模化经营"的策略。

(三) 企业 ERP 应用

ERP 系统大多应用在比较成熟的特大型制造企业,这类企业对 ERP 系统的深化应用将促进 ERP 系统功能的进一步提升,ERP 厂商将能够提供更多的增值服务。

(四) 电商 ERP

随着全球化进程的加深和电子商务市场的蓬勃发展,未来将会涌现出更多的电商企业,包括跨境电商、B2B 等都将促进电商 ERP 的快速发展,从而使电商的信息能够与世界互联,打通电子商务的整条产业链。

(五) 智能 ERP

由于实时数据采集的便利性,一些先进的 ERP 解决方案开始尝试结合大数据与人工智能,提出独特的智能功能,从而实现 ERP 更智能、更自动化,并基于机器学习的强大计算能力与预测能力,在企业的生产计划、销售预测中日益发挥作用。ERP 数据价值结合人工智能的应用,会让 ERP 的重新焕发生命力,并有可能直接影响公司的绩效。

未来 ERP 市场将会有更多新的发展趋势,这甚至有可能会推翻现有 ERP 系统中的整个业务和技术方案。企业决策者必须注意即将出现的行业趋势和技术趋势,并了解它们如何影响组织的结构、产出和业务成果。如果可能的话,对现有 ERP 做出适当的调整或适配,更好地让系统发挥自身价值。在消费互联网转向产业互联网的背景下,传统企业对 ERP 的需求将继续释放。未来 ERP 将帮助企业实现柔性的组织形态及实时的供应链价值协同,将人员沟通互联与企业间的业务行为无缝连接,以实现企业管理流程自动化与智能化的目的。

在本章开头"导入"中,A 公司的 Business ByDesign 这一新的 ERP 系统如何改变 A 公司的经营方式这一问题,可以由本节 ERP 的发展趋势的相关内容回答。

拓 展 学 习

拓展学习案例

M 机电公司 ERP 项目实施中,系统选型决策遇到了问题,公司信息部主任带领项目团队克服各种困难,最终为公司作出了正确的选择。从目标设定到评价标准的建立,再到方案的选择,M 机电公司的做法,为企业信息系统项目的产品和供应商选择树立了可资借鉴的"样板"。在解决如何减少人为主观因素干预、化解客观实际困难,如何控制关键要点、保障选择过程客观公正,以及如何有效利用"外脑"、保证符合企业自身需要等关键环节上,M机电公司的ERP选型案例提供了系统工作的思路和分析、解决问题的方法,同时也为企业信息系统项目招投标过程优化提供了有益启发。

请扫描二维码阅读"M机电公司ERP实施:选型的困惑"案例,思考以下几个问题:
(1) ERP选型决策的复杂性体现在哪些方面?为什么张主任在项目启动前要做艰苦论证和说服工作?
(2) 本案例中所选取的选型评价指标体系和评价方案的过程是否合理,你认为有没有值得改进的地方?
(3) 通过阅读案例,总结ERP系统选型决策的主要步骤,提炼选型决策过程的关键控制要点。

第二节 供应链管理

供应链管理(SCM)是指使供应链运作最优化,以最少的成本,令供应链从采购开始到满足最终客户的所有管理过程。供应链管理通过协调企业内外资源来共同满足市场需求,当我们把供应链上各环节的企业看作为一个虚拟企业同盟,而把任一个企业看作为这个虚拟企业同盟中的一个部门时,同盟的内部管理就是供应链管理。只不过同盟的组成是动态的,会根据市场需求随时发生变化。有效的供应链管理可以帮助企业缩短现金周转时间,降低企业面临的风险,实现盈利增长。

供应链管理系统是基于协同供应链管理的思想,配合供应链中各实体的业务需求,使操作流程和信息系统紧密配合,做到各环节无缝链接,形成物流、信息流、单证流、商流和资金流五流合一的领先模式,实现整体供应链可视化、管理信息化、整体利益最大化、管理成本最小化,从而提高总体水平。

一、供应链管理的内容

供应链是由供应商、制造商、仓库、配送中心和渠道商等构成的物流网络。同一家企业可能构成这个网络的不同组成节点,但在分工越细、专业要求越高的供应链中,不同节点基本上由不同的企业组成的。在供应链各节点单位间流动的原材料、在制品库存和产品等构成了供应链上的物流。从图7-2可以看出,供应链事实上是由所有加盟的节点企业构成的,其中一般有一个核心企业,节点企业在需求信息的驱动下,通过供应链的职能分工与合作实现整个供应链的不断增值。

供应链管理是在满足一定的客户服务水平的条件下,为了使整个供应链系统成本达到最小,而把供应商、制造商、仓库、配送中心和渠道商等有效地组织在一起来进行的产品

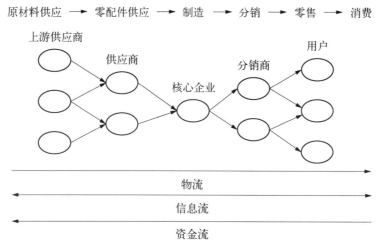

图7-2 供应链的网链结构图

制造、转运、分销及销售的管理。我国国家标准GB/T 18354—2021《物流术语》中对供应链管理的定义是：从供应链整体目标出发，对供应链中采购、生产、销售各环节的商流、物流、信息流及资金流进行统一计划、组织、协调、控制的活动和过程。从上述定义中可以看到，供应链管理包含着丰富的内涵。

首先，供应链管理把在产品满足客户需求的过程中对成本有影响的各个成员单位都考虑在内了，包括原材料供应商、制造商、仓库、配送中心、渠道商。不过，实际上在供应链分析中，有必要考虑供应商的供应商及客户的客户，因为它们对供应链的业绩也是有影响的。其次，供应链管理的目的在于追求整个供应链的整体效率和整个系统费用的有效性，总是力图使系统总成本降至最低。因此，供应链管理的重点不在于简单地使某个供应链成员的运输成本降到最低或实现最小库存量，而在于通过采用系统方法来协调供应链成员以使整个供应链总成本最低，使整个供应链系统处于最流畅的运作中。最后，供应链管理是围绕把供应商、制造商、仓库、配送中心和渠道商有机结合成一体这个问题来展开的，因此它包括企业许多层次上的活动，如战略层次、战术层次和作业层次等。

但是，在实际的物流管理中，供应链的整合是非常困难的。这是因为：首先，供应链中的不同成员存在着不同的、相互冲突的目标。其次，供应链是一个动态的系统，随时间不断地变化。比如，供应商一般希望制造商进行数量稳定的大量采购，而交货期可以灵活变动；与供应商愿望相反，尽管大多数制造商愿意实施长期生产运转，但他们必须顾及客户的需求及其变化并作出积极响应，这就要求制造商灵活地选择采购策略。因此，供应商的目标与制造商追求灵活性的目标之间就不可避免地存在矛盾。

二、供应链的类型

供应链可以分为内部供应链和外部供应链两类。内部供应链是指企业内部产品生产和流通过程中由采购部门、生产部门、仓储部门、销售部门等组成的供需网络。而外部供应链则是指企业外部的,与企业相关的产品生产和流通过程中涉及的原材料供应商、生产厂商、储运商、零售商及最终消费者组成的供需网络。内部供应链和外部供应链共同组成了企业产品从原材料到成品,再到消费者的供应链。可以说,内部供应链是外部供应链的缩小化。

供应链产生和发展的历史虽然短暂,但由于其在企业中的重要地位和作用,以及它对提升企业竞争力的明显作用,其发展速度很快,已经形成了具有明显特点的供应链模式和结构。从不同的角度出发,按照不同的标准,可以将供应链划分为不同的类型。

(一) 按照管理对象来分

这里所说的供应链管理对象是指所涉及的企业及产品、企业的活动、参与的人员和部门。根据供应链管理的研究对象及其范围,供应链可以分为三种类型。

1. 企业供应链

企业供应链是指以某个企业为核心,以该企业的产品为主导,形成包括该企业的供应商、供应商的供应商及一切向前的关系,以及客户、客户的客户和一切向后的关系。这个核心企业在整个供应链中具有明显的主导地位和作用,对整个供应链的建立和组织起关键作用。

2. 产品供应链

产品供应链是指以某一特定产品或项目为中心、由特定产品或项目需求所拉动的、包括与此相关的所有经济活动的供应链。产品供应链上的企业紧密关联、互相依存。供应链的效率取决于相关企业的密切合作,因此,基于信息技术的系统化管理是提高供应链运作效率的关键。

3. 基于供应链合作伙伴关系的供应链

供应链合作伙伴关系主要是针对这些职能成员间的合作来开展相应的管理的。基于供应链合作伙伴关系的供应链一般通过契约协调双方或多方间的利益,实现物流、信息流、资金流的流动与交换。

上述三种供应链管理对象的区分意义是彼此相关的,在一些方面是相互重叠的,这对于考察供应链和研究不同的供应链管理方法是有帮助的。

(二) 按照供应链网络结构划分

1. V型供应链

这是一种发散性网链结构(如图7-3所示),是供应链网状结构中最基础的结构。这种供应链以大批量物料存在方式为基础,客户和产品的数量比供应商和原材料的数量要多。物料经过企业加工转换为中间产品,提供给其他企业作为他们的原材料。生产中间产品的企业往往客户多于供应商。V型供应链适用于原材料单一、产品多样化的企业。例如,化工、造纸和纺织企业,这些企业生产产品种类繁多,满足众多下游客户的

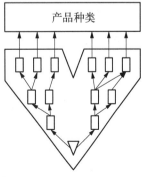

图7-3 V型供应链

需求,从而形成了V型供应链。这些企业的共同特点是业务复杂、库存量大、本土化经营,供应链管理的要点是注重物流计划和调度,需要对关键性的内部能力进行合理安排,制订统一的供应链计划。

2. A型供应链

A型供应链是一种会聚型网链结构(如图7-4所示)。当核心企业为供应网络上的最终用户服务时,它的业务本质上是由订单和客户驱动的。在制造、组装和总装时,会遇到一个和V型供应链相反的问题,即为了满足相对少数的客户需求和客户订单,企业必须从大量供应商手中采购大量的物料。这是一种典型的会聚型的供应链,即A型供应链。这种供应链上企业的客户和产品比供应商和原材料少,企业为满足少数客户的需求,从众多供应商处选择大量的物料。A型供应链适用于航空工业、重工业等行业的企业,重点是关注时间,保证物流同步,生产企业根据自己的企业资源计划来安排原材料采购,生产出产品,交付到客户手中。这种供应链要加强供应商和制造商之间的密切合作。

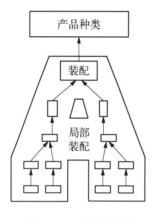

图7-4　A型供应链

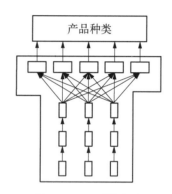

图7-5　T型供应链

3. T型供应链

介于A型供应链和V型供应链之间,许多企业通常结成的是T型供应链(如图7-5所示)。这些企业通常根据订单确定通用件,从与自己相似的供应商那里采购大量的物料,通过制造标准化来降低订单的复杂程度,为大量终端客户和合作伙伴提供构件和套件,如医药保健品、电子产品、食品等制造企业。T型供应链适用于客户、产品、供应商、原材料种类适中的企业,一般存在于最接近最终用户的行业中,如汽车配件业、电子产品制造业等。

(三) 按照供应链驱动力来源划分

按照供应链驱动力的来源,供应链可以分为三种类型。

1. 推动式供应链

推动式供应链的运作是以产品为中心,以生产制造商为推动原点的。这种传统的推动式供应链管理力图尽量提高生产率、降低单件产品成本以获得利润。通常企业根据自己的企业资源计划来安排从供应商处购买原材料,生产出产品,并将产品经过各种渠道,如分销商、批发商、零售商,一直推至客户端。在这种供应链上制造商对整个供应链起主导作用,是供应链上的核心或关键成员,而其他环节,如流通环节的企业,则处于被动的地位,这种供应链的运作和实施相对较为容易。

推动式供应链的缺点在于制造商在供应链上远离客户,对客户的需求远不如流通领域的零售商和分销商了解得清楚,这种供应链上的企业之间的集成度较低,反应速度慢,在缺乏对客户需求了解的情况下生产出的产品和驱动供应链运作的方向往往是无法匹配和满足客户需求的。同时,由于无法掌握供应链下游,特别是最末端的客户需求,一旦下游有微小的需求变化,反映到上游时这种变化将被逐级放大,这种效应被称为牛鞭效应。为了应对牛鞭效应,响应下游特别是最终端客户的变化,在供应链的每个节点上,都必须采取提高安全库存量的办法,需要储备较多的库存来应付需求变动。因此,整个供应链上的库存较高,响应客户需求变化较慢。传统的供应链管理几乎都属于推动式的供应链管理。如图7-6所示。

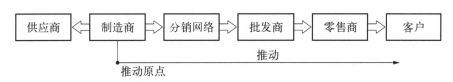

图7-6 推动式供应链

2. 拉动式供应链

拉动式供应链的运作以客户为中心,通过对市场和客户的实际需求以及对其需求的预测来拉动产品的生产和服务。其特点是能快速适应市场的变化,预测订单数量而缩短提前期;可定制个性化产品,降低库存。其局限性是对供应链技术要求高,不能产生规模优势。

拉动式供应链的运作和管理需要整个供应链能够更快甚至超前于客户和市场跟踪需求,以此提高整个供应链上的产品和资金流通的效率,减少流通过程中不必要的浪费,降低成本,提高市场的适应力,特别是对下游的流通和零售行业,更是要求供应链上的成员间有更强的信息共享、协同、响应和适应能力。例如,采用协作计划、预测和补货方法(Collaborative Planning, Forecasting and Replenishment, CPFR),来实现对供应链下游成员需求拉动的快速响应,使信息获取更及时、信息集成和共享度更高、数据交换更迅速、缓冲库存量,使整个供应链上的库存总量更低,获利能力更强等。拉动式供应链虽然整体绩效表现出色,但对供应链上企业的管理和信息化程度要求较高,对整个供应链的集成和协同运作的技术和基础设施要求也较高。

以计算机公司为例,其对计算机市场的预测和计算机的订单是企业一切业务活动的拉动点,生产装配、采购等的计划安排和运作都是以它们为依据和基础制订的,这种典型的面向订单的生产运作可以明显地减少库存积压,满足个性化和特殊配置需求,加快资金周转。其结构原理如图7-7所示。然而,这种供应链的运作和实施相对较难。

图 7-7 拉动式供应链

3. 推拉结合式供应链

推拉结合式供应链是在推动式供应链中产生的,为弥补推动式生产方式的缺点,很多研究者或制造商都在探讨新的供应链模式,即推拉结合式供应链。在现实中,许多企业都采用推拉结合的供应链运作方式。推拉结合式供应链综合了推动式和拉动式供应链的优点,既可以为客户提供定制化的产品和服务,又可以实现规模经济。其优势在于有效地降低了库存与物流成本,满足了客户的差异化需求,实现了规模生产和运输,缩短了订货提前期和交货周期。

在推拉结合式供应链中,采购阶段采用推式生产,制造商根据客户订单,制订销售计划,将周订单送达供应商;在销售阶段采用拉式运作,在客户下订单后,制造商直接制订装配计划,并据此列出物料计划,从库存中取出相应的物料组装,之后将产品送往客户处。

在实行推拉结合式供应链的过程中最关键的就是如何确定推动和拉动的分界点,分界点的位置可在制造商处进行自动调整,可偏向于客户一方,也可偏向于供应商一方,视企业实际情况而定。

(四)其他分类

供应链还可以根据不同的标准,划分为以下几种类型。

1. 稳定的供应链和动态的供应链

根据供应链存在的稳定性可以分为稳定的供应链和动态的供应链。基于相对稳定、单一的市场需求组成的供应链稳定性较强。而基于相对频繁变化、复杂的市场需求组成的供应链动态性较高,在变化的供应中,企业制造流程和技术均处于早期开发阶段,市场环境迅速变化,而供应商在制造规模和应对需求变化的经验上都存在不足。

在实际管理运作中,需要根据不断变化的需求,相应地改变供应链的组成。

2. 平衡的供应链和倾斜的供应链

根据供应链容量与客户需求的关系可以分为平衡的供应链和倾斜的供应链。供应链具有一定的、相对稳定的设备容量和所有节点企业的综合生产能力,包括供应商、制造商、运输商、分销商、零售商等。但客户需求处于不断变化的过程中,当供应链的容量能满足客户需求时,供应链处于平衡状态,而当市场变化加剧,造成供应链成本增加、库存增加、浪费增加等现象时,企业不在最优状态下运作,供应链则处于倾斜状态。平衡的供应链可以实现各主要职能之间的均衡。

3. 有效性供应链和反应性供应链

根据供应链的物理功能和市场中介功能可以划分为有效性供应链和反应性供应链。

有效性供应链也称为物质效率型供应链,是以最低的成本将原材料转化成零部件、半成品、产品,并以尽可能低的价格有效地实现以供应为基本目标的供应链管理系统。此类产品需求一般是可以预测的,在整个供应链各环节中总是力争库存量最小化,并通过高效率物流过程形成物资、产品的高周转率,从而在不增加成本的前提下尽可能地缩短导入期。此类供应链在选择供应商时着重考虑其服务、成本质量和时间因素。

反应性供应链主要体现供应链的市场中介的功能,即把产品分配到满足客户需求的市场,对未预知的需求作出快速反应的供应链管理系统。此类产品需求一般是不可预见的,需要做到因产品脱销、降价销售和存货过时所造成的损失最小化,因而生产系统需要准备足够的缓冲生产能力,库存需准备有效的零部件和产品,同时,需要以多种方式投资以缩短市场导入期。此类供应链在选择供应商时主要考虑其响应速度、灵活性和质量。

4. 盟主型供应链和非盟主型供应链

按照供应链的主导主体控制能力可以分为盟主型供应链和非盟主型供应链。

盟主型供应链是指供应链中某一成员在供应链中占有主导地位,对其他成员具有很强的辐射能力和吸引能力,通常称该企业为核心企业或主导企业。相对于非盟主型供应链,盟主型供应链是比较典型的一种供应链类型。从供应链的主导主体分析,可以将供应链进一步划分为制造企业主导供应链、商业企业主导供应链和第三方物流企业主导供应链等形式。而非盟主型供应链中各企业的地位差距不大,对供应链的重要程度也大致相同。

三、供应链管理

(一) 供应链管理方法

供应链管理理论的产生远远落后于具体的技术与方法。供应链管理最早多是以一些具体的方法出现的。供应链管理方法主要有快速反应、有效客户反应、电子订货系统、卖方管理库存等。

1. 快速反应

快速反应(Quick Response,QR)最早产生于 20 世纪 70 年代美国服装纺织行业,指的是物流企业面对多品种、小批量的买方市场,不关注储备的"产品",而关注准备的各种"要素",在客户提出要求时,能以最快的速度抽取"要素",及时"组装",提供客户所需服务和产品。

QR 成功的前提是零售商和制造商具有良好的关系,建立起贸易伙伴关系,提高向客户供货的能力,同时降低整个供应链的库存和总成本。

2. 有效客户反应

有效客户反应(Efficient Consumer Response,ECR)最早产生于 20 世纪 90 年代初

期,它是从美国的食品杂货分销系统中发展起来的一种供应链管理策略,也是一个由制造商、批发商和零售商等供应链成员组成的,各方相互协调和合作,以更好、更快及更低的成本满足客户需求为目的的供应链管理解决方案。有效客户反应是以满足客户需求和最大限度降低物流过程费用为原则,能及时作出准确反应,使提供的物品供应或服务流程最佳化的一种供应链管理战略。

ECR要求供需双方关系必须从输赢性关系向双赢性关系转变,通过推进各方真诚合作来实现客户满意和各方利益的整体效益最大化。

3. 电子订货系统

电子订货系统(Electronic Ordering System,EOS)是指企业间利用通信网络和终端设备,以在线联结方式,进行订货作业和订货信息交换的系统。将批发、零售等场所发生的订货数据输入计算机,即刻通过计算机通信网络连接的方式将资料传送至总公司、批发商、商品供货商或制造商处。

实施EOS系统,必须进行一系列标准化工作,如统一代码、标准报文格式等。企业应用EOS的必要条件包括四个方面:

(1) 订货业务作业的标准化。订货业务作业的标准化是有效利用EOS系统的前提。

(2) 商品条形码。在零售行业的单品管理方式中,每一个产品品种对应一个独立的商品代码。

(3) 订货商品目录账册。订货商品目录账册的设计和运用是EOS系统成功的重要保证。

(4) 终端设备和EOS系统。计算机及订货信息输入、输出终端设备的添置和EOS系统的设计是应用EOS系统的基础条件。

4. 卖方管理库存

卖方管理库存(Vendor Managed Inventory,VMI)是一种以客户和供应商双方都获得最低成本为目的的,在一个共同的协议下由供应商管理库存,并不断监督协议执行情况和修正协议内容,使库存管理得到持续改进的合作性策略。

VMI打破了传统的各自为政的库存管理模式,体现了供应链的一体化管理思想,适应市场变化的要求,是一种新的有代表性的库存管理方法。

(二) 供应链管理的基本原理

1. 资源横向集成原理

资源横向集成原理是新经济形势下的一种思维。不同的思维方式对应着不同的管理模式及企业发展战略。纵向思维对应的是"纵向一体化"的管理模式,企业的发展战略是横向联盟。而资源横向集成原理强调的是优势资源的横向集成,即供应链各节点企业均以其能够产生竞争优势的资源来参与供应链的资源集成,在供应链中以其优势业务的完成来参与供应链的整体运作。

企业必须放弃传统的基于纵向思维的管理模式,朝着新型的基于横向思维的管理模式转变。企业必须横向集成外部相关企业的资源,形成"强强联合,优势互补"的战略联盟,结成利益共同体以参与市场竞争,在实现提高服务质量的同时降低成本,在快速响应客户需求的同时给予客户更多的选择。

2. 系统原理

系统原理主张运用系统的观点、理论和方法对管理活动进行系统分析,以达到管理的优化目标。供应链是围绕核心企业,通过对信息流、物流、资金流的控制,把供应商、制造商、分销商、零售商直到最终客户连成一个整体的功能网链结构模式。

第一,供应链的系统特征体现在其整体性上。整体功能是组成供应链的任一成员企业都不具有的特定功能,是供应链合作伙伴间的功能集成,而不是简单叠加。供应链系统的整体功能集中表现在供应链的综合竞争能力上,这种综合竞争能力是任何一个单独的供应链成员企业都不具有的。

第二,供应链的系统特征体现在其目的性上。供应链系统有着明确的目的,即在复杂多变的竞争环境下,以最低的成本、最快的速度、最好的质量为客户提供最满意的产品和服务,通过不断提高客户的满意度来赢得市场。这一目的也是供应链各成员企业的共同目的。

第三,供应链的系统特征体现在供应链合作伙伴间的密切关系上。这种关系是基于共同利益的合作伙伴关系,供应链系统目的的实现,受益的不只是一家企业,而是一个企业群体。因此,各成员企业均具有局部利益服从整体利益的系统观念。

第四,供应链的系统特征体现在供应链系统的环境适应性上。在经济全球化迅速发展的今天,企业面对的是一个迅速变化的买方市场,要求企业能对不断变化的市场作出快速反应,不断地开发出符合客户需求的、定制的"个体化产品"去占领市场以赢得竞争。新型供应链及供应链管理就是为了适应这一新的竞争环境而产生的。

第五,供应链的系统特征体现在供应链系统的层次性上。供应链各成员企业分别都是一个系统,同时也是供应链系统的组成部分;供应链是一个系统,同时也是它所从属的更大系统的组成部分。从系统层次性的角度来理解,相对于传统的基于单个企业的管理模式而言,供应链管理是一种针对更大系统的管理模式。

3. 多赢互惠原理

多赢互惠原理认为,供应链是相关企业为了适应新的竞争环境而组成的一个利益共同体,其密切合作是建立在共同利益的基础之上的,供应链各成员企业之间通过一种协商机制来谋求一种多赢互惠的目标。

供应链管理改变了企业的竞争方式,将企业之间的竞争转变为供应链之间的竞争,强调核心企业通过与供应链中的上下游企业之间建立战略伙伴关系,以强强联合的方式,使每个企业都发挥各自的优势,在价值增值链上达到多赢互惠的效果。

供应链中的"需求放大效应"使上游企业所获得的需求信息与实际消费市场中的客户需求信息存在很大的偏差,上游企业不得不维持比下游企业更高的库存水平。需求放大效应是需求信息扭曲的结果,供应链企业之间的高库存现象会给供应链的系统运作带来许多问题,不符合供应链系统整体最优的原则。为了解决这一问题,近年来在国外出现了一种新的供应链库存管理方法——卖方管理库存(VMI),这种库存管理策略打破了传统的各自为政的库存管理模式,体现了供应链的集成化管理思想,其结果是降低了供应链整体的库存成本,提高了供应链的整体效益,实现了供应链合作企业间的多赢互惠。比如,在供应链相邻节点企业之间,传统的供需关系是以价格为驱动的竞争关系,而在供应链管理环境下,则是一种合作性的双赢关系。

4. 合作共享原理

合作共享原理具有两层含义,一是合作,二是共享。

合作原理认为:由于任何企业所拥有的资源都是有限的,它不可能在所有的业务领域都获得竞争优势,因而企业要想在竞争中获胜,就必须将有限的资源集中在核心业务上。与此同时,企业必须与全球范围内在某一方面具有竞争优势的相关企业建立紧密的战略合作关系,将本企业中的非核心业务交由合作企业来完成,充分发挥各自独特的竞争优势,从而提高供应链系统整体的竞争能力。

共享原理认为:实施供应链合作关系意味着管理思想与方法的共享、资源的共享、市场机会的共享、信息的共享、先进技术的共享及风险的共担。信息共享是实现供应链管理的基础,准确可靠的信息可以帮助企业作出正确的决策。供应链的协调运行建立在各个节点企业高质量的信息传递与共享的基础之上,信息技术的应用有效地推动了供应链管理的发展,它可以节省时间并提高企业信息交换的准确性,减少复杂、重复工作中的人为错误,因而减少了由于失误而导致的时间浪费和经济损失,提高了供应链管理的运行效率。共享信息的增加对供应链管理是非常重要的。由于可以做到共享信息,供应链上任何节点的企业都能及时地掌握市场的需求信息和整个供应链的运行情况,每个环节的物流信息都能透明地与其他环节进行交流与共享,从而避免了需求信息的失真现象,消除了需求信息的扭曲放大效应。

5. 需求驱动原理

需求驱动原理认为:供应链的形成、存在、重构,都是基于一定的市场需求而发生的,并且在供应链的运作过程中,客户的需求是供应链中信息流、产品/服务流、资金流运作的驱动源。在供应链管理模式下,供应链的运作是以订单驱动方式进行的,产品采购订单是在客户需求订单的驱动下产生的,然后产品采购订单驱动产品制造订单,产品制造订单又驱动原材料(零部件)采购订单,原材料(零部件)采购订单再驱动供应商。这种逐级驱动的订单驱动模式,使供应链系统得以准时响应客户的需求,从而降低了库存成本,提高了物流的速度和库存周转率。

基于需求驱动原理的供应链运作模式是一种逆向拉动式运作模式,与传统的推动式运作模式有着本质的区别。推动式运作模式以制造商为中心,驱动力来源于制造商,而拉动式运作模式是以客户为中心,驱动力源于最终客户。两种不同的运作模式分别适用于不同的市场环境,有着不同的运作效果。不同的运作模式反映了不同的经营理念,由推动式运作模式向拉动式运作模式的转变,反映的是企业所处环境的巨变和管理者思想认识上的重大转变,反映的是经营理念从"以生产为中心"向"以客户为中心"的转变。

6. 快速响应原理

快速响应原理认为:在全球经济一体化的大背景下,随着市场竞争的不断加剧,经济活动的节奏也越来越快,客户在时间方面的要求也越来越高。客户不但要求企业要按时交货,而且要求的交货期也越来越短。因此,企业若要对不断变化的市场作出快速反应,就必须要有很强的产品开发能力和快速组织产品生产的能力,源源不断地开发出满足客户多样化需求的、定制的"个性化产品"去占领市场,以赢得竞争。

在当前的市场环境里,一切都要求能够快速响应客户需求,而要达到这一目的,仅靠一个企业的努力是不够的。供应链具有灵活、快速响应市场的能力,通过各节点企业业务流程的快速组合,加快了对客户需求变化的响应速度。供应链管理强调准时,即准时采购、准时生产、准时配送,强调供应商的选择应少而精,强调信息技术应用等,这些均体现了快速响应客户需求的思想。

7. 同步运作原理

同步运作原理认为:供应链是由不同企业组成的功能网络,其成员企业之间的合作关系存在着多种类型,供应链系统运行绩效的好坏取决于供应链合作伙伴关系是否和谐,只有和谐而协调的关系才能发挥最佳的效能。供应链管理的关键就在于供应链上各节点企业之间的联合与合作,以及相互之间在各方面良好的协调。

供应链的同步化运作要求供应链各成员企业之间通过同步化的生产计划来解决生产的同步化问题,只有供应链各成员企业之间及企业内部各部门之间保持步调一致时,供应链的同步化运作才能实现。供应链形成的准时生产系统,要求上游企业准时为下游企业提供必需的原材料(零部件),如果供应链中任何一个企业不能准时交货,都会使供应链系统的不稳定或运作的中断,导致供应链系统对客户的响应能力下降。因此,保持供应链各成员企业之间生产节奏的一致性是非常重要的。

协调是供应链管理的核心内容之一。信息的准确无误、畅通无阻,是实现供应链系统同步化运作的关键。要实现供应链系统的同步化运作,需要建立一种供应链的协调机制,使信息能够畅通地在供应链中传递,从而减少因信息失真而导致的过量生产和过量库存,使整个供应链系统的运作能够与客户的需求步调一致,同步化响应市场需求的变化。

8. 动态重构原理

动态重构原理认为:供应链是动态的、可重构的。供应链是在一定的时期内、针对某一市场机会、为了适应某一市场需求而形成的,具有一定的生命周期。当市场环境和客户需求发生较大的变化时,围绕着核心企业的供应链必须能够快速响应,能够进行快速动态重构。

市场机遇、合作伙伴选择、核心资源集成、业务流程重组、敏捷性等是供应链动态重构的主要因素。从发展趋势来看，组建基于供应链的虚拟企业将是供应链动态快速重构的核心内容。

四、供应链管理的发展与应用

（一）发展历程

1. 企业内部功能集成

本阶段的特点是企业关注内部部分功能、流程的改进与集成。比如，将原材料采购与库存控制集成为物料管理功能，将送货与分拣、拣选等集成为配送功能。为了指导早期的实践，许多企业采用美国供应链委员会开发的供应链运作参考模型（Supply Chain Operations Reference，SCOR），该模型将供应链界定为计划、采购、生产、配送、退货五大流程。在这一阶段，几乎所有的企业都将最初的关注焦点放在了原材料采购和物流两大功能上。

然而，大多数企业在这一阶段并不能实现整个企业的均衡发展，他们只满足于由部分功能集成化带来的少量利润，认识不到功能一体化能够给企业带来的益处。因此，他们反对各职能部门之间的协作，也就不会建设对整个公司有利的信息系统。

2. 企业一体化管理

本阶段的特点是企业内部物流一体化，整个企业供应链系统的优化，把各项分散的物流功能集中起来作为一个系统管理。过去，企业多为分项管理，即把采购、运输、配送、储存、包装、库存控制等物流功能割裂开来，各自为政。各职能部门都力图使自己的运作成本最小化，却忽略了整个企业的总成本，忽视了各功能要素之间的相互作用。事实上，各部分的优化并不能保证整个企业的最优化，因为企业的各功能要素之间存在着冲突。

在这一阶段，企业开始意识到企业实施供应链一体化管理所产生的利润，并且力求在这一进程中领先。原材料采购上升到了具有战略意义的地位，并且承担了决定第二阶段全部交易成败的责任。随着企业把注意力集中在最有战略意义的供应商身上，企业间的关系发展到了更高级的买卖关系。同时，企业的物流部门开始关注资产的利用和配送系统的效率，但关键之处在于寻求最好的物流服务供应商来承担准确、及时的运输配送业务。交易活动的自动化与信息化使各部门之间保持信息畅通，有助于装卸、搬运及仓库管理人员更好地满足客户的需求。此外，需求管理在这一阶段成为一个重要的因素，原因是公司逐渐意识到需求预测的准确与否直接影响着生产和制造的准确性。

3. 合作伙伴业务协同

企业逐渐意识到产品的竞争力并非由一个企业决定，而是由产品的供应链决定，并开始与关系较密切的合作伙伴实施一体化管理。过去，企业尽量将成本转嫁给供应链上、下游的企业，这样或许会降低该企业的成本，但它好比把钱从一个口袋放入另一个口袋，钱的总数并没有发生变化。因此，成本的转移无法减少整个供应链的成本，最终仍要反映在产品售价上。由于产品竞争力并未得以提高，最后受损失的仍将是供应链中的所有企业，所以牺牲供应链伙伴的利益以谋求自身利益的做法是不可取的。于是，有战略眼光的企业开始寻求一种变通方法，与关系密切的合作伙伴协作，共同寻找降低成本、改善服务的途径。

从供应商的角度来看，随着企业与重点供应商结成利益同盟，供应商关系管理（SRM）变得日益重要。企业经常邀请供应商参与其销售与运营计划（Sales & Operation Planning，S&OP）的筹划，以期提出能够更好满足客户需求的解决方案。企业还引进了仓库管理系统和运输管理系统，加强了它们与关键供应商的信息沟通。总之，企业与重点供应商在物流、运输和仓储等方面建立了长期的合同与战略伙伴关系。

从客户的角度来看，企业对客户与市场需求能够作出快速响应，力求更好地理解和满足客户需求，提供更为贴切的服务和产品，客户关系管理（CRM）成为企业经营管理的重要内容。任何供应链都只有唯一一个收入来源——客户。客户是供应链中唯一真正的资金流入点，其他所有的现金流动只不过是发生在供应链中的资金交换，这种资金交换增加了供应链的运作成本。因此，客户是核心，公司只有尽早、充分意识到这一点，改善与客户的关系，通过互联网等途径了解客户想要什么、什么时候想要，然后快速地交货，才能实现整条供应链企业的利润"共赢"。

总之，在这一阶段，企业利用各种工具和技术与重点供应商和客户协作，能够缩短产品上市的周期，更快地占领市场，更有效地利用资产，实现"双赢"。

4. 价值链协作

企业不仅要与重点供应商和客户协作，而且需要整合企业的上下游企业，将上游供应商、下游客户及服务供应商、内容提供商（Content Provider，CP）、中间商等进行垂直一体化的整合，构成一个价值链网络，追求系统的整体最优化。这一阶段的协作被称为"价值链协作"。企业试图通过价值链中其他合作伙伴的帮助来建立其在行业中的支配地位。当每个价值链成员的活动都像乐队成员按同页乐谱演奏时，延误程度将降到最低。供应商知道何时增加生产，运输公司能够掌握何时提供额外的车辆，分销商也可以及时地进行调整。价值链成员之间利用网络共享信息，能够更加敏捷地发现机遇，达到更高的绩效水平。

在这个阶段，电子商务、网上交易和电子通信技术的应用对实现价值链的可视化是至关重要的。这个阶段的两个特征是协同设计与制造（Collaborative Design and Manufacturing，CDM）和协作计划、预测和补货（CPFR）。

5. 网络经营一体化

这是供应链发展的最高阶段。在这一阶段，所有供应链成员能够实现有效沟通，密切合作及技术共享以获得市场的支配地位。但目前，只有少数企业已经达到了这一阶段，原因是它们完全采用网络化、虚拟经营、动态联盟等，实现了信息的共享、交易的可视化，以及准确的供货。

(二) 应用

1. 供应链管理系统在电器制造行业中的应用

随着经济全球化和知识经济时代快速发展,市场竞争模式不再是企业间的单打独斗,而是供应链与供应链之间的决战。供应链管理就是为了适应时代特性,参与世界经济竞争而产生的有力武器。电器制造行业是现代生活不可或缺的重要工业领域,行业内的企业需要合理的供应链管理系统,以此提供一个"整体"的供应链架构,使其能看清企业运行的全貌,知道自己的定位何在,掌握问题出现在何处,并能够及时采取相应的措施,并以完整流程的方式提高整体经营的效率,减少对社会资源的浪费,有效增强竞争能力。

2. 供应链管理系统在出版行业中的应用

在图书产业链中,供应链管理系统围绕企业核心产品和核心业务进行资源整合,形成优势项目。出版社可以根据出版和销售经验,结合国内外市场需求,进行选题出书,直接走渠道销售或批发商大量进货代销;而在对零售书店发货时,零售书店可从批发商或出版社进货,直接销售给读者,再向上游供应商付款。其中物流中心上游与出版社对接,下游与提供配货服务的物流公司对接,物流公司按订单发货、送货。因此,可以帮助产品两头的供应商与客户节省时间,节约企业管理成本,缩短工作周期,提高生产效率,同时也增加了供应链上企业的竞争能力。

3. 供应链管理系统在采购业务中的应用

在过去像半导体设备、大型通信设备、大型医疗设备、大型发电设备、化工设备等基本上是技术为先,每年的采购额不过几十件,多则几百件。因此,采购效率很低,基本上得靠政府支持才能生存。为了生存、发展、壮大,这些行业借鉴国外供应链系统的成熟经验,推动精益生产、优化供应链、整合供应商,加强对供应商的管理,全面提高质量、成本、交期、服务、新产品开发等各方面的绩效,从而使其在市场竞争中的优势愈发明显。

总之,企业应用供应链管理系统,不仅可以提高企业内部管理绩效,还能明晰供应链中各个环节参与者的关系,建立战略合作伙伴关系,减低成本,使企业提速发展。

五、供应链管理的发展趋势

供应链管理是迄今为止企业物流发展的最高级形式。虽然供应链管理非常复杂且动态多变,但众多企业已经在供应链管理的实践中获得了丰富的经验,并取得显著成效。当前供应链管理的发展正呈现出以下一些明显的趋势。

(一) 全球化

随着国际分工不断深化和跨国公司在全球范围内配置资源,经济全球化竞争、合作与交流越来越广泛和深入,尤其是跨境电商、跨境物流等新型业态的兴起和蓬勃发展,"买全球、卖全球"已经是国家和企业无法逃避的发展趋势。而建立一个能够对接全球的供应链体系成为企业参与全球竞争的重要保障,也成为提高资源配置效率,创新各种商业模式,实现互利共赢和可持续发展的基础力量。

同时,互联网、物联网、智能制造等技术的飞速发展,为全球供应链提供了重要技术支撑。美国、日本、德国等发达国家已将全球供应链竞争从企业微观层面提升到国家宏观战略层面。供应链体系全球化发展不仅是一种趋势,更是一种必然。

(二) 生态化

当今世界正处在价值链和商业模式大颠覆的互联网时代,原有行业、市场、模式、利润、竞争对手、合作伙伴、客户的边界正在重构,拥有核心竞争力的企业已经不能保证在竞争中立于不败之地,企业之间的竞争也转为供应链与供应链之间的竞争。

因此,主动构建、优化与生态伙伴的关系,营造共生、互生、再生的供应链生态圈,成为未来供应链管理发展的主流方向。在供应链生态圈里,设计、研发、生产、贸易、物流、金融等不同主体共同构建从生产到流通再到消费的产品供应链体系,各企业集中精力在核心业务环节,体现自身的最大价值,通过上下游企业的协同,高效、精准地对接需求,形成一个以客户价值为核心,各参与主体高效协同、互利共赢的生态体系。

(三) 智能化

随着云计算、大数据、物联网等信息技术的快速进步和深入应用,实体经济降本增效、消费升级等宏观因素对产品流通成本下降和供应链效率提升提出的客观要求,加之供应链体系自身的日益复杂化,供应链管理呈现出智能化发展的必然趋势。而以无线通信、射频识别技术(Radio Frequency Identification,RFID)、电子数据交换(Eelectronic Data Interchange,EDI)等为代表的信息技术手段,为供应链管理智能化发展奠定了基础,允许供应链管理在更小粒度层面上对产品流动进行数量和空间多个维度上的监控、操作和控制;对供应链海量信息进行采集、跟踪,形成供应链管理的"数据流"。

在此基础上,企业通过智能算法和软件系统,采用数据挖掘等技术对供应链管理产生的大量数据进行分析、预测,实现自动化采购、库存控制优化、生产计划反馈等供应链智能化运营管理。

(四) 金融化

对一些供应链中资金不够雄厚的中小型企业而言,"成本洼地"成了制约供应链发展的瓶颈,影响了供应链的稳定性和财务成本。在这一背景下,供应链金融应运而生。通过对商流、物流、资金流、信息流的整合,优秀的供应链企业在金融服务方面大有可为。

近几年,多家银行都在供应链金融上下功夫。同时,一些电商也加入角逐,通过成立信贷公司等帮助其供应商融资,引起供应链金融领域"战鼓雷动"。供应链金融不仅成为供应链核心企业增加营收的方法,更是提高自身及整个供应链体系竞争力的有效手段。

(五) 绿色化

随着全球经济的快速发展和技术的快速变迁,环境对发展的承载能力已成为需要重点关注的制约因素,人们的环保意识日益强化,环保概念不仅在生产和消费环节受到重视,还不断深入到产品流通的各环节。供应链管理作为一种集成式流通方式,绿色化发展便成为一种潮流和趋势。绿色供应链管理以绿色制造理论和供应链管理技术为基础,从产品生命周期出发,对整个供应链进行绿色设计,通过供应链中各企业内部各部门和各企业之间的紧密合作,使产品在从原材料采购、产品制造、分销、运输、仓储、消费到回收处理的整个供应链管理过程中,对环境影响的副作用尽可能小,资源效率尽可能高,最终实现经济效益和社会效益的协调优化。

目前我国大部分企业已意识到实施绿色供应链管理的重要性和广阔的发展前景,呈现出良好的发展势头。

拓 展 学 习

M医药集团公司在发展过程中经历了一系列的供应链管理改革。最初公司仅仅将供应链管理的发展着力于企业管理信息系统的升级和强化。然而,实际中发现,仅仅靠信息系统本身的提高来发展供应链管理并不能切实地从根本上解决问题,其改进的效果也并不显著,之后公司通过逐步增强企业软实力,在供应链管理信息系统的支撑体系下,M医药集团公司配套了相应的供应链专业人才,培养了管理人员的供应链意识。与此同时,公司将供应链管理在全公司范围内纳入制度化的管理,全面规范和提高了公司在供应链方面的管理。总的来说,在M医药集团公司内部,企业实施了人才引进、管理优化和信息化三管齐下的方式来进行供应链管理的升级。

结合以上文字介绍的"M医药集团公司案例",思考以下几个问题。
(1) 在这个案例中,你可否提炼出我国特有的一些现象和问题,如果是你在处理这些问题,你会采取什么方法?
(2) 请你谈谈M医药集团公司实施人才引进的方式来进行供应链管理的升级,其作用是什么?
(3) M医药集团公司实施三管齐下的方式进行供应链管理的升级,对其他企业有什么借鉴意义?

第三节 客户关系管理

客户关系管理(CRM)萌芽于20世纪80年代初,到20世纪90年代中期该理论进入发展期。客户关系管理可以作为一种技术手段,也可以作为一种商业策略,通过有效的客户关系管理去提高客户满意度和忠诚度,从而留住客户,特别是有价值的客户,以达到企业的长期发展。经历了20多年的发展,客户关系管理不断演变发展并趋向成熟,最终形成了一套较为完整的管理理论体系。

一、客户关系管理的概念

客户关系管理的产生是市场与科技发展的结果,客户关系管理一直存在于社会的发展进程中,只是在不同的阶段其重要性和具体的表现形式不同。市场发展经历了从以生产为核心到以产品质量为核心,再到以客户为中心的不同发展阶段。不同阶段变化的主要原因是社会生产力的不断提升。在当今社会中,生产力远远超过需求,产品日益丰富,任何制造商都没有垄断的优势。在竞争中取得胜利的关键就在于如何留住客户。因此,客户关系管理在企业中得到的关注越来越多。

(一)客户关系管理的定义

关于客户关系管理的定义,因研究目的与研究角度的不同,不同学者或商业机构对其有着不同的理解,这些不同的观点和研究结果为我们全方位地理解和考察客户关系管理系统带来了重要启示。

Gartner Group 提出客户关系管理是一种商业策略,认为所谓的客户关系管理就是为企业提供全方位的管理视角,赋予企业更完善的客户交流能力,最大化客户的收益率。它按照客户的分类情况有效地组织企业资源,培养以客户为中心的经营行为及实施以客户为中心的业务流程,并以此为手段来提高企业盈利能力、利润及客户满意度。它明确指出了客户关系管理是企业的一种商业策略与管理模式,注重企业盈利能力和客户满意度,而并非单纯的 IT 技术应用。

Hurwitz Group 提出客户关系管理既是一套原则制度,也是一套软件和技术方案。Hurwitz Group 认为:客户关系管理的焦点是自动化并改善与客户关系管理相关的销售、市场营销、客户服务和支持等领域的商业流程。它的目标是缩短销售周期和销售成本,增加收入,寻找扩展市场所需的新的市场和渠道,并且提高客户的价值、满意度、盈利性和忠实度。客户关系管理应用软件将最佳的实践具体化并使用了先进的技术来协助各企业实现目标。客户关系管理在整个客户生命周期中都以客户为中心,这意味着客户关系管理应用软件也将客户当作企业运作的核心。

IBM 公司认为:客户关系管理可通过提高产品性能,增强客户服务,提高客户让渡价值和客户满意度,与客户建立起长期、稳定、相互信任的稳定关系,从而为企业吸收新客户、维系老客户,提高企业效益和竞争优势。客户关系管理包括企业识别、挑选、获取、发展和保持客户的整个商业过程。它兼顾了客户、企业、具体业务操作等各种因数的影响。

从管理科学的角度来看,客户关系管理源于市场营销理论;从解决方案的角度来看,客户关系管理是将市场营销的科学管理理念通过信息技术的手段集成在软件上面。由此,我们认为客户关系管理是企业利用 IT 技术和互联网技术来实现对客户的整合营销,是以客户为核心的企业营销的技术实现和管理实现。客户关系管理可分为理念、技术、实施三个层面。

1. 客户关系管理理念

作为应用软件的客户关系管理,凝聚了市场营销的管理理念,建立了"以客户核心,以市场为导向"的经营模式。

2. 客户关系管理技术

作为技术方案的客户关系管理,集合了当今最新的信息技术,包括互联网和电子商务、多媒体技术、数据仓库与数据挖掘、专家系统和人工智能、呼叫中心等。

3. 客户关系管理实施

客户关系管理软件不是一种交付即用的工具,需要根据组织的实际情况进行客户关系管理实施。

客户关系管理理念是客户关系管理成功的关键,它是客户关系管理实施应用的基础和土壤;客户关系管理技术是客户关系管理成功实施的手段和方法;客户关系管理实施是决定客户关系管理成功与否的直接因素。

(二)客户关系管理的软件系统

以客户为中心的管理理念是随着经济发展变化日渐形成的,但原始朴素的客户思想由来已久,在客户关系管理真正系统化之前,已经出现过很多倾向于方便客户、服务客户的软件系统,它们虽然不是真正的客户关系管理系统,但是正是由于对这些系统的不断探索,才逐渐演变出了今天的客户关系管理系统。

1. 客户信息系统

客户信息系统(Customer Information System,CIS)早期由一些大型服务业机构自行研发使用,如零售连锁企业、银行等。由于这些企业客户众多,需要对客户信息进行记录和管理,实际上这种系统执行的是类似于电子档案的功能。发展到现在,客户信息系统已经成为客户关系管理系统的重要组成部分,它为客户关系管理提供了最基础的信息数据库,为企业经营决策提供原始数据。

客户信息主要包括客户的基本资料、客户购买行为特征、客户服务记录、客户维修记录、客户订单记录、客户对企业及竞争对手的产品服务评价、客户建议与意见等。客户信息系统是一个基于互联网技术的 Browser/Web 系统。Web 服务器提供下列几种基本应用服务:

(1) 接收系统的实时数据,并保存在本地的实时数据库中。

(2) 接收系统的历史数据,并存放在本地的商用数据库系统中。

(3) 根据客户端浏览及历史信息的请求,从本地数据库中检索实时数据或历史数据,并提交给客户端。

(4) 根据客户端的查询要求,生成各种生产报表,并提交给客户端。

建立一个客户信息系统关键在于以下几点:

(1) 信息采集。这些信息的来源主要有:市场调研分析人员、市场销售人员、售后维护人员、广告宣传人员、大客户的直接反馈、投诉记录的信息、销售渠道中来的信息等。

企业要规范信息采集点的采集行为、信息采集人员的责权、采集内容与输入信息的格式等。

(2) 信息集成。企业要借助相应的软件系统来协助处理各种采集到的信息，并将这些软件集成为系统，该系统应是企业庞大的数据库。

(3) 信息整理、分析、总结。企业要有专门的机构来整理、分析、总结客户信息，并提出可行的决策建议，以指导企业的销售和客户服务，提高客户满意度。

(4) 信息传递渠道。企业对客户信息加工之后，就要通过信息传递渠道，保证在第一时间将最重要的信息传递到相关的决策者手中。业务流程重组的第一个方面就是要根据企业的信息来重组，所以要保证信息流的快速和有效，企业要根据实际情况来健全自己的信息传递渠道。

2. 接触管理

接触管理(Contact Management)又称接触点管理，是指企业决定在什么时间、什么地点、如何与客户或潜在客户进行接触，并达成预期沟通目标，以及围绕与客户的接触过程、接触结果处理所开展的管理工作。

接触管理的核心是企业如何在正确的接触点以正确的方式向正确的客户提供正确的产品和服务。企业与客户有效接触的核心目的是获得客户满意度最大化，最终实现最大化营销，并获得品牌忠诚。但是，接触过程必须在科学、系统的管理之下才会有好的效果。尤其要注意以下几点：

(1) 统一体验主体。接触管理的目的是引导客户的评价，客户与产品的每一次接触都是传播的过程，统一体验主体，有利于给客户留下深刻而持久的印象。

(2) 整合各种接触途径。常见的接触途径有广告、公关、促销、人际传播等。不同的接触途径都有其自身的优劣之处，企业应该根据具体的市场情况对这些接触途径进行整合，以获取一种协同优势，以便最有效地触及目标客户。

(3) 瞄准适当的目标客户群。传播无效的一个关键原因就是没有瞄准适当的目标客户群。客户和媒体之间的关系可分为：不相交、部分相交、全部相交及广告目标对象大于客户。媒体与客户之间相交部分越大，媒体的适用性就越大。因此，企业要对客户的生活习惯和媒体接触习惯进行分析，进行针对性地选择传播媒体。

(4) 推进组织机构改革。整合营销传播在影响客户关系的关键程序时会涉及很多部门。这就需要企业对组织机构进行改革、调整，排除传播障碍，统一、协调各部门。

接触管理在20世纪80年代初出现于美国，它是专门收集客户与公司联系的所有信息的专门系统，到90年代演变成电话服务中心支持资料分析的"客户关怀"(Customer Care)，这种系统的应用很广泛，现在仍被一些中小型企业大量采用，但因其数据不能有效共享，加之一般只有客户地址、电话、邮件等简单的信息，因而无法满足企业的更高要求。

3. 销售力自动化

销售力自动化(Sales Force Automation, SFA)，也可称为销售队伍自动化，其主要功能在于协助业务人员进行销售管理,以提升业务人员的销售力。通过销售力自动化系统,销售人员可以及时向上级汇报销售情况,销售主管可以随时掌握销售活动的状况,有效降低管理成本并节省时间。

在销售力自动化系统中,企业使用统一的营销管理服务平台开展业务。第一,销售力自动化系统可根据员工工作性质自动分配功能权限、数据权限、任务权限,实现统一管控。第二,销售力自动化能够帮助销售人员进行客户会员管理,不受时间、空间的限制随时随地查看客户信息并及时回复,有利于客户满意度的提升。第三,销售力自动化能够打通净销售和门店直接的消息流通,实现实时的订单闭环管理。企业通过系统发送订单建议,门店在线确认订单内容和数量,经销商获取最终订单后确认发货。第四,销售力自动化系统能够帮助企业开展高效的资产闭环管理。系统能够实时反馈管理审核状态及资产检查记录,并及时核对资产、及时校验与配送。

虽然,早期的客户关系管理更多地集中在销售点上,但是销售力自动化系统毕竟只是一个销售部门的解决方案,无法与市场系统、服务系统整合起来,因而其无法成为完整意义上的客户关系管理系统。

4. 客户服务与支持

以前具备客户服务和支持(Customer Service and Support,CSS)这种功能的部门也被称作投诉处理部,一旦客户购买了产品或服务,该部门就负责保持和发展客户关系。它和销售力自动化系统一样,也是一种面对点的解决方案,无法实现与市场系统、销售系统的有效衔接。

客户服务与支持部门是与客户联系最频繁的部门,且对保持客户满意度至关重要。由于与客户的互动关系变得日益复杂,所以客户服务与支持部门需要一个柔性好的、可扩展的、伸缩性好的且集成度高的高技术基础设施来及时准确地满足客户需求。

呼叫管理(Call Management)是客户服务与支持应用功能的核心。这部分的作用是登录所有的来电和交易并且从始至终地管理交易。以互联网为基础的客户服务全套方案也称作电子服务(e-Service)。这些应用和工具能提高客户、合作伙伴和潜在客户自我服务的能力,并且能增强他们通过 Web 网络、局域网或广域网与企业互动的能力。互动式的客户服务网页应该与前台的服务应用(客户服务、销售、营销和电子交易)、后台的系统和数据库及联络中心集成,从而达到促进企业与客户互动的目的。电子服务全套方案的五个主要功能部分是:

(1) 软件跟踪和软件升级,与前台的基于 Web 的客户服务与支持应用集成在一起。

(2) 问题解决型的知识管理软件,它可以提供类似自然语言的接口而且客户可以自助查询。

(3) 一个电子资源管理系统(Electronic Resource Management System,ERMS),用来管理接收和发出的 E-mail。

(4) 一个综合排队管理系统,它的功能类似一个漏斗,集合各种不同的渠道如电话、交互式语音应答(Interactive Voice Respose，IVR)、语音识别、网络，来标准化处理所有的客户请求。

(5) 合作式讨论，它可通过 WEB 和基于 IP 的语音来达到促进企业与客户间集成的目的。

现场服务与分派系统(Field Service and Dispatch，FS/D)具有一直在生产企业和产品服务提供商之间提供密切联系的后台功能。它对于服务经济来说是非常重要的，已经成为全套客户服务与支持的关键组成部分，同时也是客户关系管理的一个重要部分。现场服务与分派系统正从单一的后台功能转型为一个紧密整合后台和前台服务系统的企业系统。现场服务与分派系统的应用必须与联络中心和呼叫管理系统整合起来，在将来还将与销售组织整合起来。现场服务与分派系统也称作"服务传递链管理"软件，即用来增加销售收入、降低人工和部件成本、提高劳动生产率，降低劳动消耗，增加客户满意度和忠诚度。现场服务与分派系统包括呼叫管理、劳动用工预测和安排、合同管理(包括购买和租赁)、报修、授权、定点维修/大修、技术人员的指派、零件的计划和管理、基础设施的维护、库存、缺陷跟踪(即质量保险)和报告。现场服务与分派系统需要支持移动计算(连接的和分离的)、网络计算和数据同步。

联络中心(Contact Center)：传统的客服中心仅仅通过语音联系客户，而联络中心包括与客户联系的所有渠道，即语音(如电话、IVR、语速识别和声音识别)、网络(如 E-mail)、Web、传真和信函。这是一个输入/输出双向的基于服务的环境，在这个环境中代理员处理所有有关销售、客户服务、营销、电话营销、搜集及其他功能等方面的信息。联络中心在逻辑上是单体的，但在物理上是分散的。

5. 市场营销

客户关系管理系统提供以下方式支持市场竞争：捕捉市场前景和客户数据、提供产品和服务信息、提高目标市场的线索质量、调度和跟踪直接促销邮件或电子邮件等。其市场营销模块也包括分析市场和客户数据的工具——识别获利和非获利客户、设计满足特殊客户需求和兴趣的产品和服务，以及识别交叉销售机会等。

交叉销售是指推销辅助产品给客户。例如，在财务服务方面，若一个客户有支票账户，便可能推销给他一个金融市场账户或一个家庭改善贷款。客户关系管理工具也能帮助公司管理市场竞争的各阶段，确定计划并预估、统计各阶段的成功率。

二、客户关系管理的分类

客户关系管理系统主要应用于企业销售、市场、服务等与客户密切接触的前端部门，通过接口与 ERP 等系统协同运作，共同为企业开源节流和提高企业市场竞争力服务。

客户关系管理的功能可以归纳为三个方面：

一是对销售、营销和客户服务三部分业务流程的信息化。

二是与客户进行沟通所需手段的集成和自动化处理。

三是对上面两部分功能所积累下的信息进行的加工处理,为企业的战略与战术决策提供支持。

客户关系管理系统一般分为运营型、协作型、分析型。

(一) 运营型客户关系管理系统

运营型客户关系管理系统设计的目的是让企业营销、销售和服务人员在日常工作中能够共享客户资源,减少信息流动断点,提供高效的客户服务。运营型客户关系管理系统可实现销售自动化、市场营销自动化和服务自动化。

1. 销售自动化

销售自动化是客户关系管理系统中的一个核心模块。它在销售过程中,针对每一位客户、每一个业务对象进行有效的管理,提高销售过程的自动化,全面提高了企业销售部门的工作效率,缩短了销售周期,帮助企业提高销售业绩。它可以有效地支持总经理、销售总监、销售主管、普通销售人员等不同角色对客户的管理、对商业机会的跟踪、对订单合同的执行等,有效导入销售规范,实现团队协同工作。

销售自动化的主要功能包括日程和活动安排、销售线索管理、客户管理、联系人管理、商机管理、合同管理、订单管理、销售预测、竞争对手管理、产品管理、报价管理、费用管理、销售计划管理等。

2. 市场营销自动化

市场营销自动化可帮助企业建立和管理市场活动,并获取潜在客户;帮助市场研究人员了解市场、竞争对手、消费趋势,并制订灵活、准确的市场发展计划。其目标是为营销及相关活动的设计、执行和评估提供详细的框架。

市场营销自动化的典型功能包括市场活动和营销管理、线索销售分析、渠道和竞争对手管理、活动/日历管理、附件/邮件管理等。

3. 服务自动化

服务自动化可将客户服务与支持功能同销售、营销功能很好地结合,为企业提供更好的商业机会,向已有的客户销售更多的产品。服务自动化主要完成对服务流程的自动化和优化,加强服务过程的控制和管理,以实现标准化、准确化的服务,从而提高服务效果,增加客户满意度和忠诚度,实现企业利润最大化。

服务自动化的典型功能包括实施服务管理、服务请求管理、客户管理、活动管理、计划/日历管理、产品管理、服务合同和服务质量的管理、图/表分析等。

(二) 协作型客户关系管理系统

协作型客户关系管理系统的设计目的是能够让企业客户服务人员同客户一起完成某项活动,实现和客户的高效互动。

1. 呼叫中心管理

呼叫中心可通过电话技术实现与客户之间的互动,对来自多个渠道的工作任务和座席代表的任务进行全面的管理。

呼叫中心已经在很多方面得到应用,如电话银行,用户可以通过电话进行汇率查询、账户结余查询、转账、代缴公用事业费等。现在的呼叫中心是客户关系管理行业的一个重要分支,它是由若干成员组成的工作组,这些成员既包括一些人工座席代表,也包括一些自动语音设备。它们通过网络进行通信,共享网络资源,为客户提供交互式服务。

呼叫中心一般由六部分组成:用户级交换机、自动呼叫分配器、交互式语音应答、计算机语音集成服务器、人工座席代表和系统主机。

2. 呼入管理

作为呼叫中心系统的补充和扩展,呼入管理提供了一些高级和细化的功能,可对客户的电话呼入作出更及时、准确的回应,以提高客户的满意度。

呼入管理可使管理者迅速地查找客户,并将客户分成不同的类别,排出他们的优先次序,并采用路由安排将互动信息传递给最合适的座席,从而提高座席代表的沟通成效和生产率。比如,VIP客户享有一定的优先权,应由技术最强的座席代表负责接待。呼入管理还实现了与交互式语音应答的整合。采用交互式语音应答技术,可使客户以自助方式完成互动,而且可将语音应答软件中搜集的信息传递给座席代表,用来改善客户服务品质。呼入管理可从交互式语音应答中收集数据,为座席代表提供更为完整的客户资料。在交互式语音应答和路由选择过程中,座席代表已经获得或查询了客户信息,因此,当其为客户服务时,客户无须再次重复自己的基本信息。

3. 呼出管理

作为呼叫中心系统的补充和扩展,呼出管理提供了一些高级和细化的功能,如呼出名单管理、弹出屏幕、软件拨号等。通过这些功能,可以更好地执行企业营销战略。比如,通过呼出管理功能,销售人员能找出合适的目标市场,并创建呼出名单,主动地与目标客户进行联系和沟通。通过与在线营销管理的集成,呼出管理软件可自动查阅呼出名单,管理联系客户的过程,并协助联络营销名单中列出的潜在客户。

(三)分析型客户关系管理

在客户关系管理系统的应用中,之所以与其相匹配的商务智能/决策支持(Business Intelligence/ Decision-making Support System,BI/DSS)的需求呼声日益高涨,主要原因是:在商务智能/决策支持解决方案的帮助下,企业可以通过充分挖掘现有的客户数据资源,捕获信息、分析信息、沟通信息,发现许多过去缺乏认识或未被关注的数据关系,从而对客户的需求能有更及时、更充分的理解,企业管理者可以此作出更好的商业决策,并借此提升企业的核心竞争力。企业不再满足于原有信息管理系统简单的信息统计汇总,而是更多地关注能否全面获得客户和市场的资料,能否借助现代化的技术对繁多复杂的现实数据的客观本质规律进行深入认知,并作出专业化的正确判断。

分析型客户关系管理系统能够分析出企业存在的问题,并且能够找出问题的原因,也能够对将来的发展趋势和行为进行预测,从而很好地支持企业的决策。例如,通过对企业整个数据库系统的分析,它可以回答诸如"哪个客户对我们企业的邮件推销活动最有可能作出反应,为什么?"等问题。

企业在客户生命周期的各个阶段的管理中都会用到数据挖掘技术。分析型客户关系管理系统能够帮助企业确定客户的特点,从而为客户提供有针对性的服务。通过数据挖掘,可以发现购买某一类产品的客户的特征,从而向那些也同样具有这些特征却没有购买的客户推销这类产品;若找到流失的客户的特征,就可以在那些具有相似特征的客户还未流失之前,采取针对性的措施。

1. 分析型客户关系管理系统的主要用途

(1) 分析客户特征。为了制定个性化的营销手段,分析客户特征是首要工作。企业不仅会想方设法了解客户的年龄、性别、收入、职业、教育程度等基本信息,对其婚姻、配偶、家庭状况等信息的收集也是不遗余力的。

(2) 分析VIP客户。通过客户行为分析,挖掘出消费额最高、最为稳定的客户群,确定为VIP客户。针对不同的客户档次,确定相应的营销投入。对于VIP客户,往往还需要制定个性化营销策略,以求留住高利润客户。

(3) 分析客户关注点。通过与客户接触,收集大量的客户消费行为信息;通过挖掘,找出客户最关切的问题,从而有针对性地进行营销活动,把钱花在"点"上。同样的广告内容,根据客户不同的行为习惯,有的安排电话服务,有的人就可能采用电子邮件回访;同一个企业,会给其客户发送不同的信息,而这些信息往往正是客户感兴趣的。

(4) 获得客户。对大多数行业来说,企业为了业务的增长就需要不断地获得新的客户。新的客户包括以前没有听说过企业产品的客户、以前不需要产品的客户和竞争对手的客户。数据挖掘能够辨别潜在客户群,并提高市场活动的响应率。

(5) 交叉销售。企业和客户之间的关系是动态变化的,一旦一个人或一个公司成为企业的客户,企业就要尽力保持这种客户关系。客户关系的最佳境界体现在三个方面:最长时间地保持这种关系;最多次数地和客户交易;保证每次交易的利润最大化。因此,企业需要对已有的客户进行交叉销售。交叉销售是指企业向原有客户销售新的产品或服务的过程。交叉销售是建立在双赢的基础之上的,客户因得到更多更好符合其需求的产品或服务而获益,企业也因销售增长而获益。在企业所掌握的客户信息,尤其是以前购买行为的信息中,可能包含着这个客户决定下一次购买行为的关键因素。

2. 分析型客户关系管理系统的主要功能

分析型客户关系管理系统通常具有较强的企业个性化色彩,企业的行业特征越强,该色彩就越浓烈。但也存在相当一部分的共性需求,如客户、产品销售、市场、服务的众多分析就是最普遍应用的领域。各行业的企业都要了解和监视对不同类别客户、不同地区、不同产品种类、不同销售部门和员工在不同时间下的销售进程、财务状态;了解和掌控企业的客户综合状态、产品综合状态、竞争对手的综合状态及其市场、销售与服务环节等行为的具体内涵。

(1) 市场分析。对各类市场的活动、费用、市场反馈、市场线索进行分析,帮助市场分析人员全程把握市场动态。对市场的广告宣传、市场情报进行统计分析，以支持各类市场宣传决策。分析合作伙伴、潜在合作伙伴的各种背景、潜力、实际营运状态，协助合作伙伴的维系和发展。

（2）销售分析。在销售环节，实现客户销售量、销售排名、销售区域、销售同期比、应收款、客户新增、重复购买、交叉销售、客户关怀等的全面分析；实现对产品销售量、排名、区域、同期比、销售价格、利润、久未交易产品、新产品销售构成等的全面分析；实现部门或员工销售量、排名、同期比、收款-欠款、指标完成情况、满意及投诉等的全面分析；实现合同类型、合同执行情况、产品利润、客户利润、部门利润、商机费用、客户费用、部门费用、线索来源、线索商机转换、商机成功率、合作伙伴销售等的全面分析。

（3）产品分析。根据市场、销售、服务各环节的反馈，实现产品的销售增长率、产品缺陷、质量费用、生命周期、产品属性、产品销售能力、获利能力、市场占有率、竞争能力、市场容量等的分析。

（4）客户分析。在客户统一管理的层面上，实现客户属性、消费行为、与企业的关系、客户价值、客户服务、信誉度、满意度、忠诚度、客户利润、客户流失、恶意行为、客户产品、客户促销、客户未来等的全面分析。

（5）竞争分析。通过对竞争对手同类产品信息的收集和统计，实现与竞争对手价格、地区、产品性能、广告投入、市场占有率、项目成功率、促销手段、渠道能力等方面的竞争分析。实现不同地区、不同产品、不同竞争对手的竞争策略分析。

（6）预测。对未来销售量、销售价格、市场潜力、产品定价等企业经营决策特别关心的内容，通过适当的预测模型，进行多维度的剖析，为决策提供数据支持。

三、客户关系管理系统与企业资源计划系统的整合

（一）客户关系管理系统与企业资源计划系统整合的内容

客户关系管理系统与企业资源计划系统在功能方面有重叠部分，在各自的发展趋势中均应相互渗透和共同提高。客户关系管理系统与企业资源计划系统的整合主要包括如下内容。

1. 客户管理

客户关系管理系统与企业资源计划系统中都要用到客户的一些基本信息，比较而言，客户关系管理系统中的信息更全面一些。

2. 产品管理

客户关系管理系统与企业资源计划系统中都要用到产品的基本信息、产品的物料清单、产品的客户化配置和报价等。

3. 工作流管理

客户关系管理系统与企业资源计划系统中都有工作流管理，实际上两者的工作方式是一样的。

4. 工作人员管理

客户关系管理系统与企业资源计划系统都要涉及企业员工的基本情况和工作安排情况，但企业资源计划系统更强调对人力资源的全面管理。

5. 营销管理

企业资源计划系统的营销主要是简单地提供一些市场资料和营销资料，相对来讲比较简单，而客户关系管理系统则提供了相当完善的营销管理功能，特别是强调一对一的营销思想。

6. 销售管理

客户关系管理系统在销售管理方面强调的是过程，讲究机会管理、时间管理和联系人管理等，而企业资源计划系统中更多地强调结果，讲究销售计划和销售成绩等。

7. 客户服务和支持

企业资源计划系统只提供了简单的客户投诉记录、解决情况，未就客户服务和支持做全面的管理，而客户关系管理系统则实现了这种全面管理且尤其强调客户关怀。

8. 订单管理

客户关系管理系统和企业资源计划系统都有订单管理，两者可以说是完全重叠的，不过这种重叠是建立在企业的企业资源计划系统之上的。

9. 决策支持

客户关系管理系统和企业资源计划系统都使用了数据仓库和联机分析处理功能，从而实现了商务智能/决策支持。两者所使用的技术相差不大，只是数据对象有所不同。

(二) 客户关系管理系统与企业资源计划系统整合的方法

客户关系管理系统与企业资源计划系统整合时，可以使用以下五种方法。

1. 提供中间件

运用"新的模块化软件"概念，提供客户关系管理系统或企业资源计划系统同第三方软件的集成标准件，即业务应用程序接口（Business Application Programming Interface，BAPI）。

2. 数据同步复制

在客户关系管理系统和企业资源计划系统的服务器之间建立起数据复制的功能，使两者的数据保持同步。

3. 二次开发

对自己使用的客户关系管理系统或企业资源计划系统进行客户化修改。

4. 统一标准

客户关系管理系统与企业资源计划系统之间，有些功能是相同或相似的，如工作流、决策支持，可以采用相同的技术手段，推出相应的行业标准，从而实现互换性使用。

5. 统一使用

客户关系管理系统中销售、市场营销和服务实现了业务自动化，而企业资源计划系统中的这部分功能就不如客户关系管理系统那么强。所以，当企业在实施企业资源计划系统之后，若再想使用客户关系管理系统，则可用客户关系管理系统覆盖企业资源计划系统中的销售、市场营销和服务等模块。

一般而言，较好的整合情况有两种：一是，客户关系管理系统和企业资源计划系统出自同一个软件厂商，两者已经高度集成；二是，市场能提供标准的中间件，方便系统升级维护，保护企业的有效投资。

四、客户关系管理系统与供应链管理系统的整合

在传统供应链中，供应商将货物沿着供应链向最终用户的方向"推动"，这就需要在仓库里贮存货物，尽管这种做法并不划算。而供应链管理系统改变了传统供应链的运行方向，供应链管理系统主张的是及时生产客户所需的产品，而无须在仓库上耗费巨资。在电子商务及新的在线购物系统中，客户可从供应链的每个成员中"拉出"他们所需的东西，可获得更加快速而可靠的服务，而供应商也减少了成本。为了有效地实施拉动战略，企业必须与供应链中的所有成员建立有效的信息互动。

在这种新的商业环境下，所有的企业都将面临更为严峻的挑战，它们必须在提高客户服务水平的同时努力降低运营成本，必须在提高市场反应速度的同时给客户以更多的选择。同时，互联网和电子商务也将使供应商与客户的关系发生重大的改变，两者之间关系将不再局限于产品的销售，更多的将是以服务的方式满足客户的需求。越来越多的客户购买的不仅是产品本身，更是产品相应的服务，这将极大地改变供应商与客户的关系。因此，客户关系管理系统与供应链管理系统的整合也势在必行，整合内容如下。

1. 信息共享是基础

整合的第一个层次就是实现需求信息在供应链中的共享。有人将供应链管理称为"需求链管理"，强调供应链中的所有活动都是基于客户的实际需求，是有一定道理的。实际上，客户订单就是供应链中所有行为最终驱动的源头。

信息共享是解决供应链中的需求扭曲问题即"牛鞭效应"最有效方法。在理想情况下，下游点可以和上游点共享它的客户或客户信息，信息共享的程度越深，存在"牛鞭效应"的可能性就越小。同样，上游点也可以和它的下游点共享库存水平、生产能力和交货计划等方面的信息，这就让下游的合作伙伴能够清晰地了解供应商的供应情况，减少他们判断不准确的情况。所以，供应商不仅可以共享其有关库存和生产能力方面的信息，同时还可以共享其供应商的数据，供应链中的所有信息都应该是透明的。

2. 决策协作

在信息和知识共享的基础上，供应链伙伴之间逐步寻求更深层次的整合。他们开始交换某些决策权、工作职责和资源，以更好地加强协作，共同努力开拓市场。供应链上某个伙伴可能处于更适合的位置来执行通常由另一个伙伴拥有的决策权，如果把这个决策

权从这个合作伙伴转给另一个更适合的合作伙伴,那么整个供应链的效率将得到明显提高。

协作的下一个层次是工作的重新部署。本着实现供应链优化的原则,所有的工作都将在供应链中重新分配,这样的重新分配只有在信息和知识共享的基础上才可能实现。比如,在传统计算机行业,最终产品结构由制造商完成,以产品形式存放在制造商的仓库中。分销商和零售商(我们称之为销售渠道)从制造商那里订货、提货存仓,客户从分销商和零售商处获取产品。但是,现在的情况跟传统的供应链中的情况不同了。

在直接销售模式情况下,制造商负责产品的客户化和交货,同时也负责销售和客户关系的处理。销售代理模式情况下,销售渠道负责销售和客户关系处理等活动,而制造商负责产品的实际客户化工作。这种模式下的产品由制造商直接交付给客户。比如,有些公司在他们的 PC 客户服务中就使用这种模式来响应他们竞争对手使用直接销售模式取得的成功。在这种情况下,由于产品很复杂,因此需要销售渠道协作负责销售和客户关系处理方面的事务。高价值产品更适宜让制造商直接交付给客户,而不是将库存存放在销售渠道那里。

在销售渠道组装程序方面,有些公司的销售渠道不仅负责销售和客户关系处理,还负责构造产品来满足客户要求。销售渠道最接近客户,和客户交流更多,更了解客户,他们被允许参与满足客户需求的产品构造类型选择这样的活动,由制造商和销售渠道共同供产品售后服务。因为客户登记了保修单,任何维修服务要求都可以和制造商直接联系。制造商实际上也需要这样的联系,因为通过维修服务可获得有价值的反馈信息,帮助改善产品设计。但大多数的制造商都缺乏广泛的维修服务网来对客户提出的维修计算机的请求作出快速反应,这时销售渠道在这方面处于更有优势的地位,因为它们本身是按地域分散分布的。

在外协模式下,制造商负责销售和客户关系处理,而销售渠道则负责处理产品客户化和交货。网上交易的实现使这种工作职责重新分配的趋势加快;制造商们正在逐步承担着原先由分销商和零售商所承担的完成订单的工作,分销商和零售商的地位将在新的供应链中被重新定义。

拓 展 学 习

证券公司依托大数据对公司业务进行管理革新是十分必要的。H 证券公司利用大数据对客户关系管理系统进行深度优化,通过对客户关系管理系统中客户群体特征数据的分析,从而利用大数据为客户提供即时性、预测性和个性化信息推送服务。同时通过建立投资者理财交互系统加强与客户的互动,并利用大数据进行客户理财行为分析。

通过以上文字介绍的"大数据提升企业核心竞争力——H 证券公司客户关系管理系统优

化",思考以下几个问题:
(1) H证券公司在客户关系管理系统中优化应用大数据并取得成功的关键因素是什么?
(2) H证券公司的大数据应用实施过程体现了大数据应用的哪些方面?
(3) 结合不同行业特点,分析一下大数据是如何在企业经营管理的相关环节帮助企业提升竞争力的?

探 究 发 现

1. 企业资源计划系统是如何帮助企业达到最优化运营的?
2. 供应链管理系统如何协调计划、生产和供应商物流?
3. 企业应用客户关系管理系统带来的挑战是什么?

本章探究发现

参考答案

本 章 小 结

随着现代管理思想的快速发展,企业信息系统集成的要求越来越强烈,以发展面向有效管理和利用整个供应链整体资源的新一代信息化管理系统——企业资源计划(ERP)应运而生。ERP建立在信息技术基础上,利用现代企业的先进管理思想,全面集成了企业所有资源信息,为企业提供决策、计划、控制与经营业绩评估的全方位和系统化的管理平台。它不仅是一个管理信息系统,更是一种管理理论、管理思想的运用。它利用企业所有资源,包括内部资源与外部资源,为企业制造产品或提供服务创造最优的解决方案,最终达成企业的经营目标。

从功能结构来看,ERP至少具备四大功能模块,包括生产控制、财务管理、物流管理和人力资源管理。ERP在企业中主要起生产的计划与控制作用,它需要与其他技术集成到一起才能全面增强企业的竞争力。目前ERP产品的市场竞争集中在中小型企业。我国的一些新兴ERP厂商也正在蓬勃发展之中。

供应链管理(SCM)是指在满足一定的客户服务水平的条件下,为了使整个供应链系统成本达到最低而把供应商、制造商、仓库、配送中心和渠道商等有效地组织在一起来进行产品制造、转运、分销及销售的管理方法。随着全球经济的一体化,不难发现,在全球大市场竞争环境下,任何一家企业都不可能在所有业务上都成为最杰出者,必须联合行业中其他上下游企业,建立一条经济利益相连、业务关系紧密的行业供应链,实现优势互补,充分利用一切可利用的资源来适应社会化大生产的竞争环境,共同增强市场竞争实力。总体上讲,供应链管理系统的发展历程与信息化四个层次密切相关。

客户关系管理(CRM)是企业利用IT技术和互联网技术实现对客户的整合营销,是以客户为核心的企业营销的技术实现和管理实现,分为理念、技术、实施三个层面。CRM的功能可以归纳为三个方面:对销售、营销和客户服务三部分业务流程的信息化;与客户进行沟通所需要的手段的集成和自动化处理;对上面两部分功能所积累下的信息进行的加工处理,为企业的战略决策提供支持。CRM 系统一般分为运营型、协作型、分析型。

本章习题

一、选择题

1. MRP Ⅱ 与 MRP 的主要区别就是它运用了以下哪种概念　　　　　　　　　(　　)
   A. 会计　　　　　　　　　　　　B. 成本会计
   C. 管理会计　　　　　　　　　　D. 财务管理

2. 闭环 MRP 在开放的 MRP 基础上添加了　　　　　　　　　　　　　　　　(　　)
   A. 库存需求计划　　　　　　　　B. 生产计划
   C. 采购需求计划　　　　　　　　D. 能力需求计划

3. 下列选项中不属于 ERP 系统基本组成部分的是　　　　　　　　　　　　　(　　)
   A. 工作流　　　　　　　　　　　B. 财务管理
   C. 生产计划　　　　　　　　　　D. 物流管理

4. ERP 系统的四个全景分别对应的四种管理是　　　　　　　　　　　　　　(　　)
   A. 供应链管理、库存管理、生产管理、财务管理
   B. 库存管理、销售管理、采购管理、生产管理
   C. 供应链管理、客户关系管理、产品生命周期管理和知识管理
   D. 客户关系管理、供应商关系管理、内部人员管理、财务管理

5. 供应链是一个网链结构,其供应商、供应商的供应商、客户、客户的客户的组成均围绕
   　　　　　　　　　　　　　　　　　　　　　　　　　　　　　　　　　　(　　)
   A. 主要企业　　　B. 最终用户　　　C. 一级企业　　　D. 核心企业

6. (多选)根据供应链的功能模式可以将供应链分为　　　　　　　　　　　　(　　)
   A. 推动式供应链　　B. 拉动式供应链　　C. 有效性供应链
   D. 反应性供应链　　E. 功能性供应链

二、简答题

1. MRP 的编制依据和基本原理是什么?
2. MRP Ⅱ 的基本思想是什么?
3. 电子商务 ERP 有哪些特点?
4. 供应链管理有哪些基本原理?
5. 简述客户关系管理的内涵。
6. 客户关系管理中的客户分析包含哪些内容?

拓 展 学 习

研究和评估两个企业应用软件供应商的产品。利用这些供应商网站的信息,比较所选择的软件产品在支持的业务功能、技术平台、成本和易用性等方面的区别。你会选择哪个厂商,为什么?你会为一家小型企业(50~300名员工)和一家大型企业(1 000名员工以上)选择同一个供应商吗?制作演示文稿并展示你的结果。

第八章

管理信息系统的高级应用

 本章教学目标

通过学习本章,了解电子商务系统、决策支持系统、知识管理系统的基本概念、功能组成和发展历程,掌握电子商务系统的基本结构、不同类别决策支持系统的应用及知识管理系统的内涵。

 本章核心概念

电子商务系统、决策支持系统、知识管理系统。

 导入

A 集团的知识管理

A 集团技术中心隶属于 A 集团的研发部门,负责 M 和 N 两款品牌汽车的研发,全球研发人员在 3 000 名左右。如今,A 集团的知识管理已与业务深入融合。

早在 2012 年,该集团技术中心就构建了企业知识银行(EKB)平台,存储研发所需的技术标准、制度和流程等内容,但这些知识远不足以支撑产品研发。解决产品质量问题和技术教训总结才是该技术中心的核心知识体系。

当一款汽车成功上市之后,往往会对汽车的零件、内饰、体验等各方面的技术更新迭代,不停地推出新产品以满足日益变化的市场需求。一台汽车由几百个零部件构成,也就意味着其面临着几百甚至更多的零部件质量检测,这些检验对技术的要求非常高。为了不停地改善产品质量和满足市场需求,技术中心每天会接收来自网络、客服中心等多渠道的客户问题反馈。通过技术手段解决零部件检验和客户反馈问题是技术中心的日常工作。

因此,技术中心在 2012 年同时上线了一套产品质量问题控制系统(PQCP 系统),可以在系统中提出关于汽车质量方面的问题,问题经过严格审查后,会分派给相关技术人员,当问题解决后,技术人员把解决方案反馈到系统中,将问题的提出及解决形成一个闭环。

但这些问题的解决方案的可复制性不高,而真正看不见的技术经验是无法呈现出来的。因此,技术中心 2014 年上线了一套经验教训总结平台(LLR),与 PQCP 系统深入集成。当某个技术问题解决之后,会在 LLR 中创建一个新任务,如"XXX 经验教训总结",技术人员可以对此任务作深入的分析和总结,包括如何做技术预防、如何进行探测检验等,还要求举一反三,最终这条经验教训会沉淀到企业知识银行(EKB)中。在此过程中,如果发现这条经验的分析结果会影响到 EKB 中的某个知识文档,那么可以和该知识文档关联,自动形成技术知识文档组,以便技术人员获得系统化的新知识。目前,LLR 中有几万条经验教训总结,能够快速帮助员工解决问题。

在知识吸收方面,技术中心主要开展收集技术情报、与供应商深入交流、专家技术论坛等工作。在知识分享方面,技术中心会开展知识讲堂、传统的师徒制等。在新知识创造方面,技术中心会组织技术人员开发和研究项目知识,以及对问题知识进行提炼和总结。在知识应用方面,技术中心主要是应用各类标准指导工作、开展各种创新活动。

该技术中心未来会在已有的知识成果上,不断研究知识挖掘工作,把这些已有的经验和教训做成知识产品,结合业务场景,推送给真正需要的人员。

问题:

A 集团通过产品质量问题控制系统和经验教训总结平台解决了哪些问题?

第一节 电子商务系统

当前,集信息技术、商务技术和管理技术于一体的电子商务正以惊人的速度进入人们的生产和生活中,推动着经济全球化、贸易自由化和信息现代化的发展。电子商务正以强劲之势改变着企业的经营方式、商务的交流方式、人们的消费方式及政府的工作方式,影响着整个社会的经济发展和人们的工作、生活。

一、电子商务系统的定义

电子商务系统是以电子商务为基础的网上交易实现的体系。市场交易是由参与交易双方在平等、自由、互利的基础上进行的基于价值的交换。网上交易同样遵循上述原则。交易由两个部分组成,一是交易双方信息沟通;二是双方进行等价交换。在网上交易,其信息沟通是通过数字化的信息沟通渠道而实现的,交易双方必须拥有相应的信息技术工具才有可能利用基于信息技术的沟通渠道进行沟通。同时,要保证能通过互联网进行交易,必须要求企业、组织和消费者连接到互联网。在网上进行交易,交易双方在空间上是分离的,为保证交易双方进行等价交换,必须提供相应货物配送手段和支付结算手段。货物配送仍然依赖传统物流渠道,支付结算既可以利用传统手段,也可以利用先进的网上支付手段。此外,为保证企业、组织和消费者能够利用数字化沟通渠道,并保证交易的配送和支付,需要由专门提供这方面服务的中间商参与,即电子商务服务商。

广义上电子商务系统是指支持电子商务活动的电子技术手段的集合。狭义的电子商务系统是指在互联网和其他网络的基础上,以实现企业电子商务活动为目标,满足企业生产、销售、服务等生产和管理的需要,支持企业的对外业务协作,从运作、管理和决策等层次全面提高企业的信息化水平,为企业提供智能商务的计算机系统。

电子商务系统是以计算机网络为基础,以电子化方式为手段,以商务活动为主体,在法律许可范围内进行的商务活动过程。电子商务是运用数字信息技术,对企业的各项活动进行持续优化的过程。电子商务涵盖的范围很广,一般可分为企业对企业(Business to Business)和企业对消费者(Business to Consumer)两种。此外,消费者对消费者(Consumer to Consumer)模式正随着电子商务的发展大步增长。随着国内互联网使用人数的增加,利用互联网进行网络购物并以银行卡付款的消费方式已逐渐流行,市场份额也在迅速增长,电子商务网站也层出不穷。

二、电子商务系统的结构

(一) 从参与者的角度来看电子商务系统的结构

基础电子商务系统是在互联网信息系统的基础上,由信息化企业、信息化组织等交易主体,使用互联网的消费者主体,提供实物配送服务和支付服务的机构,以及提供网上商务服务的电子商务服务商组成的。由上述几部分组成的基础电子商务系统,会受到一些市场环境的影响,这些市场环境包括经济环境、政策环境、法律环境和技术环境等几个方面。从参与者的角度来看,电子商务系统的结构如图8-1所示。

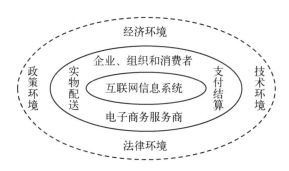

图8-1 电子商务系统的参与者构成

1. 互联网信息系统

电子商务系统的基础是互联网信息系统,它是进行交易的平台,交易中所涉及的信息流、物流和货币流都与该信息系统紧密相关。互联网信息系统是指企业、组织和电子商务服务商在互联网的基础上开发设计的信息系统,它可以成为企业、组织和消费者之间跨越时空进行信息交换的平台,在信息系统的安全和控制措施保证下,通过基于互联网的支付系统进行网上支付,通过基于互联网物流信息系统控制物流,保证企业、组织和消费者之间的网上交易。因此,互联网信息系统的主要作用是提供一个开放的、安全的和可控制的信息交换平台,它是电子商务系统的核心和基石。

2. 电子商务服务商

互联网作为一个蕴藏巨大商机的平台,需要有一大批专业化分工者进行相互协作,为企业、组织和消费者提供互联网交易的支持。电子商务服务商便起着这种作用。根据服务层次和内容的不同,可以将电子商务服务商分为两大类:一类是为电子商务系统提供系统支持服务的,它主要为企业、组织和消费者提供网络交易的技术和物质基础;另一类是直接提供电子商务服务的,它为企业、组织与消费者之间的交易提供沟通渠道和商务活动服务。

根据技术与应用层次的不同,提供系统支持服务的电子商务服务商可以分为三类:

第一类是接入服务商(Internet Access Provider,IAP),它主要提供互联网通信和线路租借服务,如我国电信企业提供的线路租借服务。

第二类是提供 B2B 交易服务的电子商务服务商,典型的是 B2B 交易市场,它通过收集和整理企业的供求信息,为供求双方提供一个开放的、自由的交易平台,如我国一些 B2B 电子商务服务公司,它们通过建立网上供求信息网为全球商户提供供求信息发布和管理工作。

第三类是提供网上拍卖服务的电子商务服务公司,有为消费者之间提供拍卖中介服务的,有为消费者和商家提供中介服务的,也有为商家之间提供拍卖服务的,如我国一些著名的电子商务拍卖服务公司,它们不仅提供消费者之间的个人竞价服务,还提供商户之间的集体竞价服务。

电子商务服务商起着中间商的作用,但它不直接参与网上的交易。一方面,它为网上交易的实现提供信息系统支持和配套的资源管理等服务,是企业、组织和消费者之间交易的技术保障和物质基础。另一方面,它为网上交易提供商务平台,是企业、组织与消费者之间交易的商务活动载体。

3. 企业、组织和消费者

企业、组织与消费者是互联网交易的主体,他们是进行网络交易的基础。由于互联网本身的特点及网民倍速增长的趋势,使得其成为非常具有吸引力的新兴市场。一般说来,组织与消费者上网比较简单,因为他们主要是使用电子商务服务商提供的互联网服务来参与交易的。而企业上网则相对更重要也更复杂,这是因为一方面企业作为市场交易一方,只有上网才可能参与网络交易;另一方面,企业作为交易主体,必须为其他参与交易者提供服务和支持,如提供产品信息查询服务、商品配送服务、支付结算服务。因此,企业开展网络交易前必须进行系统规划并建设好自己的电子商务系统。

4. 实物配送

进行网络交易时,如果商户与消费者通过互联网订货、付款后却无法及时送货上门,便不能实现满足消费者的需求。因此,一个完整的电子商务系统,如果没有高效的物流配送系统支撑,是难以维系的。

5. 支付结算

支付结算是网上交易完整实现的重要一环,关系到购买者是否讲信用,能否按时支付;企业(卖者)能否按时回收资金,促进企业经营良性循环的问题。一个完整的网上交易,它的支付应是在网上进行的。但由于目前电子虚拟市场尚处在演变过程中,网上交易还处于初级阶段,诸多问题尚未解决,如信用问题及网上安全问题,导致许多电子虚拟市场交易并不是完全在网上完成的,许多交易只是在网上通过了解信息进行撮合,然后利用传统手段进行支付结算。在传统的交易中,个人购物时的支付手段主要是现金,即一手交钱一手交货的交易方式,双方在交易过程中可以面对面地进行沟通并完成交易。网络交易是在网上完成的,交易时交货和付款在空间和时间上是分割的,消费者购买时一般必须先付款,采用网上支付方式。

上述五个方面构成了电子虚拟市场交易系统的基础,它们是有机结合在一起的,缺少任何一个部分都会影响网络交易的开展。互联网信息系统保证了电子虚拟市场交易系统中信息流的畅通,它是电子虚拟市场交易的核心。企业、组织和消费者是网络交易的主体,实现其信息化是网络交易的前提,缺乏这些主体,电子商务便失去了存在意义,更谈不上网络交易。电子商务服务商是网络交易的手段,它可以推动企业、组织和消费者利用互联网进行网络交易。实物配送和网上支付是网络交易的保障,缺乏完善的实物配送及网上支付系统,将阻碍网络交易的完成。

(二) 从网络构成角度来看电子商务系统的结构

电子商务系统是由基于企业内部网络系统(Intranet)的企业管理信息系统、电子商务站点和企业经营管理人员组成的,如图8-2所示。

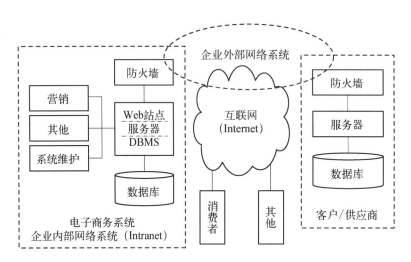

图 8-2 电子商务系统的网络组成

1. 企业内部网络系统

当今时代是信息时代,而跨越时空的信息交流传播是需要通过一定的媒介来实现的,计算机网络恰好充当了信息时代的"公路"。计算机网络是通过如电线、光缆等媒介将单个计算机按照一定的拓扑结构连接起来的,在网络管理软件的统一协调管理下,实现资源共享的网络系统。

根据网络覆盖范围,企业内部网络系统一般可分为局域网(Local Area Network,LAN)和广域网(Wide Area Network,WAN)。由于不同计算机的硬件不一样,为方便联网和信息共享,需要将互联网的联网技术应用到 LAN 中组建企业内部网,它的组网方式与互联网一样,但使用范围局限在企业内部。为方便企业同业务紧密的合作伙伴进行信息资源共享,保证交易安全,在互联网上通过防火墙(Fire Wall)来控制不相关的人员和非法人员进入企业网络系统,只有那些经过授权的成员才可以进入网络,一般将这种网络称为企业外部网。如果企业的信息可以对外界公开,那么企业可以直接连接到互联网上,实现信息资源最大限度的开放与共享。

企业在组建电子商务系统时,应该考虑企业的客户是谁,如何采用不同的策略通过网络与这些客户进行联系。一般说来,可将客户分为三个层次并采取相应的对策,对于特别重要的战略合作伙伴关系,企业允许他们进入企业的内部网络系统直接访问有关信息;对于与企业业务相关的合作企业,企业同他们共同建设企业外部网络实现企业之间的信息共享;对普通的大众市场客户,则可以直接连接到互联网访问企业的公开信息。由于互联网技术的开放、自由特性,在互联网上进行交易很容易受到外来的攻击,因此,企业在建设电子商务时必须考虑到经营目标的需要,采取必要的手段保障企业电子商务安全。否则,可能会由于非法入侵而妨碍企业电子商务系统的正常运转,甚至会出现危及企业生存和发展的严重后果。

2. 企业管理信息系统

企业管理信息系统是功能完整的电子商务系统的重要组成部分,它的基础是企业内部信息化,即企业建设有内部管理信息系统。企业管理信息系统是一些相关部分的有机整体,在组织中发挥收集、处理、存储和传送信息,以及支持组织进行决策和控制的功能。企业管理信息系统最基本的系统软件是数据库管理系统 DBMS(Database Management System),它负责收集、整理和存储与企业经营相关的一切数据资料。

从不同角度,可以对管理信息系统进行不同的分类。根据具有不同功能的组织,可以将管理信息系统划分为营销、制造、财务、会计和人力资源信息系统等。要使各职能部门的管理信息系统能够有效地运转,必须实现各职能部门的信息化。比如,要使网络营销信息系统有效运转,营销部门的信息化是最基础的要求。一般为营销部门服务的营销管理信息系统的主要功能包括:客户管理、订货管理、库存管理、往来账款管理、产品信息管理、销售人员管理,以及市场有关信息收集与处理。

根据组织内部不同组织层次,可将企业管理信息系统划分为四种:

(1) 操作层管理系统。操作层管理系统是支持日常管理人员对基本经营活动和交易进行跟踪和记录,如销售、接收、现金、工资、原材料进出、工时等数据。系统的主要原则是记录日常交易活动,解决日常业务问题,如销售系统中今天销售多少、库存多少等基本信息。

(2) 知识层管理系统。知识层管理系统是用来支持知识和数据工作人员进行工作，帮助公司整理和提炼有用信息和知识的。该信息系统可以减少对纸张的依赖，提高信息处理的效率和效用，如分析和统计销售情况供上级进行管理和决策。知识层管理系统解决的主要是结构化问题。

(3) 管理层系统设计。管理层系统设计是用来为中层经理的监督、控制、决策及管理活动服务的，管理层系统设计提供的是中期报告而不是即时报告，主要用来管理业务进展、业务问题等，可充分发挥组织内部效用，主要解决半结构化问题。

(4) 战略管理层系统。战略管理层系统，主要关注外部环境和企业内部情况协助制定和规划长期发展方向，关心现有组织能力能否适应外部环境变化，以及企业的长期发展和行业发展趋势问题。战略管理层系统主要解决非结构化问题。

3. 电子商务站点

电子商务站点是指在企业内部网络上建设的具有销售功能的，能连接到互联网上的站点。电子商务站点起着承上启下的作用，一方面它可以直接连接到互联网，企业的客户或供应商可以直接通过网站了解企业信息，并直接通过网站与企业进行交易。另一方面，它将市场信息同企业内部管理信息系统连接在一起，将市场需求信息传送到企业管理信息系统，帮助企业根据市场的变化组织经营管理活动。此外，它还可以将企业的一些经营管理信息在网站上进行公布，使企业业务相关者和客户可以直接了解企业的经营管理情况。

企业电子商务系统由上述三个部分组成，企业内部网络系统是信息传输的媒介，企业管理信息系统是信息加工、处理的工具，电子商务站点是企业拓展网络市场的窗口。因此，企业的信息化和网络化是一项复杂的系统工程，它直接影响着整个电子商务的发展。

(三) 从功能组成角度来看电子商务系统的结构

电子商务系统的结构也就是电子商务系统的层次关系。电子商务系统的整体结构分为电子商务应用层结构和支持应用实现的基础结构，基础结构又包括三个层次和两个支柱。三个层次自下而上分别为网络层，多媒体消息/信息发布、传输层，一般业务服务层，两个支柱分别是公共政策、法规和安全、技术标准。三个层次之上是各种特定的电子商务应用，可见三个层次和两个支柱是电子商务应用的条件。为不失一般性，在此仅对电子商务的基础结构作概括说明，电子商务系统的功能构成如图 8-3 所示。

1. 网络层

网络层是电子商务的硬件基础设施，是信息传输系统，包括远程通信网（Telecom）、有线电视网（Cable TV）、无线通信网（Wireless）和互联网。远程通信包括电话、电报，无线通信网包括移动通信和卫星网，互联网是指计算机网络。目前，这些网络基本上是独立的，研究部门正在研究如何将这些网络连接在一起，到那时传输线路的拥挤问题将得到彻底解决。

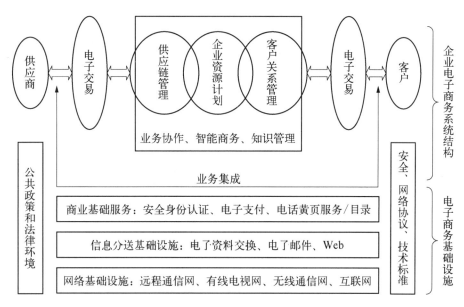

图 8-3 电子商务系统的功能构成

这些不同的网络都提供了电子商务信息传输线路,但是,当前大部分的电子商务应用还是基于互联网的。互联网上包括的主要硬件有:基于计算机的电话设备、集线器(Hub)、数字交换机、路由器(Router)、调制解调器、机顶盒(Set-top box)、电缆调制解调器(Cable Modem)。

经营计算机网络服务的是网络接入服务商(Internet Access Provider,IAP)和网络内容服务供应商(Internet Content Provider,ICP),他们统称为网络服务供应商(Internet Service Provider,ISP)。网络接入服务商只向用户提供拨号入网服务,它的规模一般较小,向用户提供的服务有限,一般没有自己的骨干网络和信息源,用户仅将其作为一个上网的接入点看待。网络内容服务商能为用户提供全方位的服务,可以提供网络接入、各类信息服务和培训等,拥有自己的特色信息源,它是网络服务供应商今后发展的主要方向,也是发展电子商务的重要力量。

2. 多媒体消息/信息发布、传输层

网络层提供了信息传输的线路,线路上传输的最复杂的信息就是多媒体信息,它是文本、声音、图像的综合。最常用的信息发布应用就是万维网(Web),用 HTML 或 Java 将多媒体内容发布在 Web 服务器上,然后通过一些传输协议将发布的信息传送给接收者。

3. 一般业务服务层

这一层实现标准的网上商务活动服务,以方便交易,如标准的商品目录/价目表的建立、电子支付工具的开发、保证商业信息安全传送的方法、认证买卖双方的合法性方法。

4. 公共政策、法规和安全、技术标准

(1) 公共政策。公共政策主要是指电子商务的税收制度、信息的定价、信息访问的收费、信息传输成本、隐私问题等需要政府制定的政策。其中,税收制度如何制定是一个至关重要的问题。例如,对于咨询信息、电子书箱、软件等无形商品是否征税,如何征税;对于汽车、服装等有形商品如何通关报税;税收制度是否应与国际惯例接轨,如何接轨;关税及贸易总协定是否应把电子商务部分纳入其中,等等。这些问题不妥善解决,势必阻碍着电子商务的发展。

(2) 法规。法规维系着商务活动的正常运作,违规活动必须受到法律的制裁。网上商务活动有其独特性,买卖双方很可能存在地域的差别,他们之间的纠纷如何解决? 如果没有一个成熟的、统一的法律系统进行仲裁,纠纷就不可能解决。那么,这个法律系统究竟应该如何制定? 应遵循什么样的原则? 其效力如何保证? 如何保证授权商品交易的顺利进行? 如何有效遏止侵权商品或仿冒产品的销售? 如何有力打击侵权行为? 这些都是制定电子商务法规时应该考虑的问题。法规制定的成功与否直接关系到电子商务活动能否顺利开展。

(3) 安全标准。安全问题可以说是电子商务的中心问题。如何保障电子商务活动的安全,一直是电子商务能否正常开展的关键。作为一个安全的电子商务系统,首先,必须具有一个安全、可靠的通信网络,以保证交易信息的安全;然后,必须保证数据库服务器的绝对安全,防止网络黑客盗取信息。目前,电子签名和认证是网上比较成熟的安全手段。同时,人们还制定了一些安全标准,如安全套接层(Secure Sockets Layer)、安全 HTTP 协议(Secure-HTTP)、安全电子交易(Secure Electronic Transaction)等。

(4) 技术标准。技术标准是信息发布、传递的基础,是网络上信息一致性的保证。如果没有统一的技术标准,就像不同的国家使用不同的电压传输电流,用不同的制式传输视频信号,会限制许多产品在世界范围的使用。EDI(Electronic Data Interchange)标准的建立就是电子商务技术标准的一个例子。

三、电子商务系统的分类

(一) B2C

B2C (Business to Customer)中文简称为"商对客"。B2C 中的 B 是 Business,意思是企业,2 则是 to 的谐音,C 是 Customer,意思是消费者。B2C 是企业对消费者的电子商务模式,这种模式的电子商务一般以网络零售业为主,主要借助互联网开展在线销售活动。B2C 即企业通过互联网为消费者提供一个新型的购物环境——网上商店,消费者通过网络在网上购物、支付。由于这种模式突破了时间和空间的限制,因而大大提高了交易效率,特别是对于工作忙碌的上班族,这种模式可以为其节省宝贵的时间。

适合开展 B2C 电子商务的销售型企业和个体,通过互联网为消费者提供一个新型的购物环境,有效地控制了企业的运营成本,开辟了一个新的销售渠道。传统企业,特别是具有优势产品的生产企业,通过搭建购物网站,建立运营系统,进行网络营销和推广,提供在线客服和咨询,一方面可以降低生产成本,另一方面还可以将产品以一定的利润销售出去,而消费者则可以购买到低于实体店铺价格且质量有保证的产品。

（二）B2B

B2B（Business to Business）电子商务是指采购商与供应商在互联网上进行谈判、订货、签约、接收发票、付款、索赔处理、商品发送、运输跟踪等所有活动。

企业间的电子商务包括非特定企业间的电子商务和特定企业间的电子商务。非特定企业间的电子商务是在开放的网络中为每笔交易寻找最佳伙伴，并与伙伴进行从订购到结算的全面交易行为。特定企业间的电子商务是过去一直有交易关系而且今后要继续进行交易的企业围绕交易进行的各种商务活动，特定的企业之间买卖双方既可以利用大众公用网络进行从订购到结算的全面交易行为，也可以利用企业间专门建立的网络完成买卖双方的交易。

B2B 是以企业为主体，在企业之间通过互联网或专用网进行电子交易活动的电子商务模式。在可以预见的将来，企业与企业之间的电子商务将是电子商务交易的主流，就目前来看，电子商务最热心的推动者也是商家，因为相对来说，企业和企业之间的交易才是大宗的，是通过引入电子商务能够产生最佳效益的，也是企业在面临激烈竞争的情况下改善竞争条件、建立竞争优势的主要方法。

传统的企业间的交易往往要耗费大量资源和时间，无论是销售、分销还是采购都要占用大量成本。通过 B2B 网站的交易方式使买卖双方能够在网上完成整个业务流程，从建立最初印象到货比三家，再到讨价还价、签单和交货及客户服务。B2B 使企业之间的交易减少许多事务性的工作流程和管理费用，降低了企业经营成本。网络的便利及延伸性使企业扩大了活动范围，企业跨地区、跨国界发展更为方便，成本更加低廉。

（三）C2C

C2C（Customer to Customer）电子商务是指消费者与消费者之间的交易。它通过互联网在消费者之间提供进行交易的环境，如网上拍卖、在线竞价交易等。

C2C 电子商务网站的主要功能有：缓存更新处理、积木式查询显示、前台 HTML 模板管理、鼠标拖曳排版功能。C2C 电子商务网站管理系统首页商品和店铺的自助推荐功能还支持拍卖及一口价模式、在线充值、第三方支付，商品支持多图片、多级分类设置，同时拥有虚拟币、用户收费店铺、商品登录收费、求购信息平台、新闻发布、广告管理、友情链接、交易提醒邮件、交易信用评价、站内短信、信息脏话过滤、后台分权限管理等功能，旨在为广大消费者提供一个公平交易的网络商务平台。

（四）O2O

O2O 电子商务系统实际上与 B2C、B2B 有共同之处，O2O 的核心概念是线上成交线下交易，目前最为主流的 O2O 是团购型网站。另一种 O2O 是线上宣传，线下付款与成交，此项目主要针对大型或必须详细知道产品质量的行业，如大型机械销售。

四、电子商务系统的功能

电子商务系统能提供网络交易和管理等全过程的服务，电子商务系统具有网上订购、货物传递、咨询洽谈、网上支付、电子金融、广告宣传、意见征询、业务管理等各项功能。

1. 网上订购

电子商务可借助 Web 中的邮件或表单交互传送信息,实现网上订购。网上订购通常都在产品介绍的页面上提供十分友好的订购提示信息和订购交互格式框。当客户填完订购单后,系统通常会回复确认信息来保证订购信息的收悉。订购信息也可采用加密的方式使客户和商家的商业信息不会被泄漏。购物车就和现实中的超市推车一样,方便一次性结算付款。

2. 货物传递

对于已付了款的客户应将其订购的货物尽快地传递到他们的手中。若有些货物在本地,有些货物在异地,可利用电子商务系统在网络中进行物流的调配。最适合在网上直接传递的货物是信息产品,如软件、电子读物、信息服务等,它能直接通过电子商务系统从电子仓库中将货物发送到客户端。

3. 咨询洽谈

电子商务借助非实时的电子邮件、新闻组和实时的讨论组来了解市场和商品信息,洽谈交易事务,如有进一步的需求,还可用网上的白板会议来交流即时的图形信息。网上的咨询和洽谈能超越人们面对面洽谈的限制,提供多种方便的异地洽谈形式。

4. 网上支付

网上支付是电子商务的重要环节。客户和商家之间可采用多种支付方式,省去交易中的很多开销。网上支付需要更为可靠的信息安全性控制,以防止欺骗、窃听、冒用等非法行为。

5. 电子金融

网上支付必须要有电子金融的支持,即银行、信贷公司等金融单位要提供与电子商务集成的金融服务。

6. 广告宣传

电子商务可凭借企业的 Web 服务器和客户的浏览,在互联网上发布各类商业信息。客户可借助网上的检索工具迅速地找到所需信息,而商家可利用网页和电子邮件在全球范围内开展广告宣传。与以往的各类广告相比,网上的广告成本最为低廉,而给客户的信息量却最为丰富。

7. 意见征询

电子商务能十分方便地采用网页上的"选择""填空"等格式文件来收集客户对销售服务的反馈意见,使企业的市场运营能形成闭环。客户的反馈意见不仅能提高售后服务的水平,更能使企业获得改进产品、开拓市场的机会。

8. 业务管理

企业的整个业务管理将涉及人、财、物多个方面,以及企业和企业、企业和消费者及企业内部等各方面的协调和管理。因此,业务管理几乎涉及电子商务活动全过程的管理。

通过本节内容的学习，我们可以对本章开头"导入"中，A 集团通过产品质量问题控制系统和经验教训总结平台所解决的问题进行回答。

拓 展 学 习

我国国有乳品企业经历了电子商务的巨大发展变革。某城市 A 乳品企业主要依靠当地奶站及本地乳业巨大市场存量下的忠实用户维持着销量，而现有的 800 个奶站均为总代理商开发的奶站，作为其主渠道奶站。之后 A 乳品企业经历了引入、开发与实施 O2O（线上下单，线下消费）家庭订购系统的全过程，揭示了国有乳品企业 O2O 电子商务信息架构设计的基本方法与模式变革问题，特别是传统国企由经验化经营模式向新型电子商务管理模式转型的阵痛，贯穿于 O2O 模式发展变异、企业流程再造、营销管理等环节中典型的信息治理价值与 O2O 架构中的长尾效应，为 A 乳品企业 O2O 线上与线下并行协作、长尾理论应用与转型期危机处理提供了方案细节。

通过以上文字介绍的"A 乳品企业的 O2O 变革"，思考以下几个问题：
(1) 根据信息管理的目标与原则，你认为 A 乳品企业 O2O 电子商务项目中有哪些最新的电子商务应用技术？
(2) 从典型的电子商务长尾理论分析出发，你怎么看 A 乳品企业的主渠道奶站建设与公司 O2O 家订系统项目的冲突？
(3) 本案例中有哪些地方是体现企业信息架构设计的？请结合你的实际工作分析电子商务系统的发展及应用。

第二节　决策支持系统

一、决策支持系统的概述

决策支持系统（DSS）是以管理科学、运筹学、控制论和行为科学为基础，以计算机技术、仿真技术和信息技术为手段，针对半结构化的决策问题，支持决策活动的智能化人机系统。该系统能够为决策者提供所需的数据、信息和背景资料，帮助明确决策目标并进行问题的识别，建立或修改决策模型，提供各种备选方案，对各种方案进行评价和优选，通过人机交互功能进行分析、比较和判断，为正确的决策提供必要的支持。它通过与决策者的一系列人机对话过程，为决策者提供各种可靠方案，检验决策者的要求和设想，从而达到支持决策的目的。

决策支持系统一般由交互语言系统、问题系统及数据库、方法库、模型库、知识库管理系统组成。在某些传统的决策支持系统中，也可以没有单独的知识库及其管理系统，但模

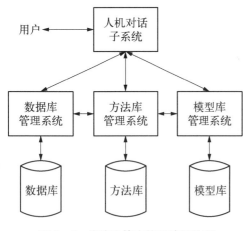

图 8-4 传统决策支持系统架构图

型库和方法库通常则是必须有的。由于应用领域和研究方法不同,导致决策支持系统的结构有多种形式。传统决策支持系统的架构如图 8-4 所示。

数据库是进行信息收集、加工、存储和输出的软件系统,因此,模型库和方法库的研制和应用应以数据库为基础。只有具备了完善的数据库系统,在信息有了根本保证的前提下,方法库和模型库才能发挥作用。反过来,模型库和方法库的发展又给数据库的研究和应用提出了新课题,促进其研究如何提供更为适合建模和方法归纳的数据。

方法库系统由方法库和方法库管理系统组成。它的基本功能是为各种模型的求解分析提供必要的算法支持及为用户的决策活动提供所需的方法。方法库中的方法通常可以包括各种优化方法、预测方法、统计方法、对策方法、风险方法、矩阵方程求解等。方法库管理系统负责方法的描述、录入、增加、修改、删除等处理,还应具有与数据库、模型库进行交互的能力及为用户选择算法提供灵活方便的交互功能。

模型库及它的管理系统构成模型库系统。模型是辅助决策的重要手段,模型库是模型的集合,它按照一定的组织方式,将模型有机地汇聚起来,由模型库管理系统统一管理。

决策支持系统强调的是对管理决策的支持,而不是决策的自动化,它所支持的决策可以是任何管理层次上的,如战略级、战术级或执行级的决策。

二、决策支持系统的发展历程

自从 20 世纪 70 年代决策支持系统的概念被提出后,决策支持系统已经取得了长远的发展。

美国麻省理工学院的米切尔·S. 斯科特(Michael S. Scott)和彼得·G. W. 基恩(Peter G. W. Keen)首次提出了"决策支持系统"一词,标志着利用计算机与信息技术支持决策的研究与应用进入了一个新的阶段,并形成了决策支持系统这一新学科。

到 20 世纪 70 年代末,决策支持系统大都由数据库、模型库及人机交互系统等部件组成,被称为初阶决策支持系统。

1980 年,斯普瑞格(R. H. Sprague)提出了基于数据库和模型库的决策支持系统,其三部件结构为对话部件、数据部件、模型部件,明确了决策支持系统的基本组成,极大地推动了决策支持系统的发展。

20 世纪 80 年代初,决策支持系统增加了方法库与知识库,构成了三库系统或四库系统。方法库系统是以程序方式管理和维护各种决策常用的方法和算法的系统。知识库系统是有关规则、因果关系及经验等知识的获取、解释、表示、推理及管理与维护的系统。知识库系统中知识的获取是一大难题，但几乎与决策支持系统同时发展起来的专家系统(Expert System，ES)在此方面有所进展。

20世纪80年代后期，人工神经元网络及机器学习等技术的研究与应用为知识的学习与获取开辟了新的途径。专家系统与决策支持系统相结合，充分利用专家系统定性分析与决策支持系统定量分析的优点，形成了智能决策支持系统(Intelligent Decision Support System，IDSS)，提高了决策支持系统支持非结构化决策问题的能力。智能决策支持系统充分发挥了专家系统以知识推理形式解决定性分析问题的特点，又发挥了决策支持系统以模型计算为核心的解决定量分析问题的特点，充分做到了定性分析和定量分析的有机结合，使解决问题的能力和范围得到了一个大的发展。智能决策支持系统是决策支持系统发展的一个新阶段。

20世纪90年代中期出现了数据仓库(Data Warehouse，DW)、联机分析处理(On-Line Analysis Processing，OLAP)和数据挖掘(Data Mining，DM)等新技术，数据仓库＋联机分析处理＋数据挖掘逐渐形成新决策支持系统的概念。新决策支持系统的特点是从数据中获取辅助决策信息和知识，完全不同于传统决策支持系统用模型和知识辅助决策。传统决策支持系统和新决策支持系统采用两种不同的辅助决策方式，两者不能相互代替，而应该互相结合。

把数据仓库、联机分析处理、数据挖掘、模型库、数据库、知识库结合起来形成的决策支持系统，即将传统决策支持系统和新决策支持系统结合起来的决策支持系统是更高级形式的决策支持系统，称为综合决策支持系统(Synthetic Decision Support System，SDSS)。综合决策支持系统发挥了传统决策支持系统和新决策支持系统的辅助决策优势，实现更有效的辅助决策。综合决策支持系统是决策支持系统今后的发展重点。

由于互联网的普及，网络环境的决策支持系统将以新的结构形式出现。决策支持系统的决策资源，如数据资源、模型资源、知识资源，将作为共享资源，以服务器的形式在网络上提供并发共享，为决策支持系统的发展开辟了一条新路。网络环境的决策支持系统是决策支持系统的发展方向。

知识经济时代的管理——知识管理(Knowledge Management，KM)与新一代互联网技术——网格计算，都与决策支持系统有一定的关系。知识管理系统强调知识共享，网格计算强调资源共享。决策支持系统是利用共享的决策资源(数据、模型、知识)辅助解决各类决策问题，基于数据仓库的新决策支持系统是知识管理的应用技术基础。在网络环境下的综合决策支持系统将建立在网格计算的基础上，充分利用网格上的共享决策资源，达到随机应变的决策支持。

三、决策支持系统的分类

决策支持系统的应用领域广泛，系统架构、实现技术也多种多样，新型的决策支持系统相继问世。根据不同的分类标准,决策支持系统的类型也是不同的,以下介绍几种典型的分类。

(一)根据决策资源分类

根据决策支持系统中的决策资源及工作方式,可以将决策支持系统分成面向数据的决策支持系统和面向模型的决策支持系统两种基本类型。面向数据的决策支持系统适用于有大量数据的决策环境,如金融、证券、通信、流通等行业。这类系统模型处理功能较弱,但具有强大的数据管理功能。其主要进行大量数据的存储和快速处理,复杂条件的数据检索和多功能、多角度的数据分析,如股票信息分析软件就是一款面向数据的决策支持系统。

面向模型的决策支持系统具有强大的模型库管理系统,主要用于模型分析。例如,财务计划系统就是典型的面向模型的决策支持系统,它具有许多常用的财务数学模型,用户可以通过简单的命令进行模型操作,从而找到解决问题的方案。如果用户需要的模型系统里没有,也可以使用建模语言生成所需要的模型,然后再运行此模型。

(二)根据决策的活动类型分类

根据决策的活动类型不同,常常需要采用不同的形式。在动态活动中采用的决策支持系统应可以根据实际发生的情况临时改动。例如,防汛指挥部门所面临的决策是动态的和具有突发性的;在常规活动中使用的决策支持系统更注重稳健性和抗干扰性,银行贷款申请便是一种基于规则的决策。

根据决策支持系统决策的活动类型,可将决策支持系统分为动态型决策支持系统和常规型决策支持系统。动态型决策支持系统的特征是:用户可以根据问题的特征描述快速生成决策支持系统,一个应对特定汛情问题的决策支持系统必须帮助用户在几小时甚至更短时间内建立一个模型,使决策者很快能够用它进行模拟。常规型决策支持系统的特征是:从大量的经验中抽取决策规则,对经常发生的活动进行决策,但它需要更长时间来开发。

(三)按照决策的方式分类

1. 群决策支持系统

群决策支持系统(Group Decision Supporting System,GDSS)是一种在决策支持系统基础上利用计算机网络与通信技术,供多个决策者为了一个共同的目标,通过某种规程相互协作探寻半结构化或非结构化决策问题解决方案的信息系统。

群决策支持系统可提供三个层次的决策支持:

第一层次的群决策支持系统旨在减少群体决策中决策者之间的通信,沟通信息,消除交流的障碍。比如,及时显示各种意见的大屏幕、投票表决和汇总设备、无记名的意见和偏爱的输入、成员间的电子信息交流等。其目的是通过改进成员间的信息交流来改进决策过程,电子会议系统就属于这一层次的应用。

第二层次的群决策支持系统提供善于认识过程和系统动态的结构技术,决策分析建模和分析判断方法的选择技术。这类系统中的决策者往往面对面地工作,共享信息资源,共同制订行动计划。

第三层次的群决策支持系统的主要特征是将上述两个层次的技术结合起来,用计算机来启发、指导群体的通信方式,包括专家咨询和会议中规则的智能安排等。

群决策支持系统根据决策问题所在组织的环境、人员空间分布、决策周期的长短等因素,大致可以有以下四种类型。

(1) 决策室。决策者集于一室在同一时间进行群体决策时,群决策支持系统可设立一个与传统的会议室相似的电子会议室或决策室,决策者通过互连的计算机站点相互合作完成决策事务。这是相对较简单的群决策支持系统。

(2) 局域决策网。多位决策者在近距离内的不同房间(一般是自己的办公室)里定时或不定时开展群体决策时,依靠计算机局域网环境,决策者通过联网的计算机站点进行通信,相互交流,共享网络服务器或中央处理机的公共决策资源,在某种规程的控制下实现群体决策。该类型群决策支持系统的主要优点是可以克服定时决策的限制,决策者可在决策周期内时间分散地参与决策。

(3) 虚拟会议。利用计算机网络通信技术,使分散在各地的决策者在某一时间内能以不见面的方式进行集中决策。在实质上与决策室相同,它的优点是能克服空间距离的限制。

(4) 远程决策网。充分利用广域网等信息技术来支持群体决策,它综合了局域决策网与虚拟会议的优点,可使决策参与者随时随地共同对同一问题作出决策。这种类型的决策支持系统在某些领域的应用是很有前景的。

2. 分布式决策支持系统

分布式决策支持系统(Distributed Decision Support System,DDSS)是由多个物理分离的信息处理节点构成的计算机网络,网络的每个节点至少含有一个决策支持系统或具有若干辅助决策的功能。

与一般的决策支持系统相比,分布式决策支持系统具有以下一些特征:分布式决策支持系统是一类专门设计的系统,能支持处于不同结点的多层次的决策,提供个人支持、群体支持和组织支持。它不仅能从一个结点向其他结点提供决策信息,还能提供对结果的说明和解释,可较好地实现资源共享;能为结点间提供交流机制和手段,支持人机交互、机机交互和人与人交互;具有处理结点间可能发生的冲突的能力,能协调各结点的操作,既有严格的内部协议,又是开放性的,允许系统或结点方便地扩展,同时系统内的结点作为平等成员而不形成递阶结构,每个结点享有自治权。

3. 智能决策支持系统

智能决策支持系统是决策支持系统与人工智能(Artifical Intelligence,AI)相结合的产物,其设计思想着重研究把 AI 的知识推理技术和决策支持系统的基本功能模块有机地结合起来。有的决策支持系统已融合了启发式搜索技术,这就是 AI 在决策支持系统中的初步实现。

与传统决策支持系统的三库架构不同的是,智能决策支持系统增设了专家级知识库与推理机,并借助自然语言处理技术(Natural Language Processing,NLP)形成智能人机交互接口。其架构如图 8-5 所示。

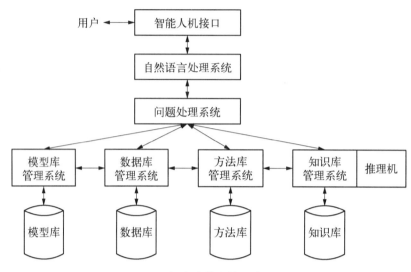

图 8-5 智能决策支持系统架构图

知识库管理系统、知识库、推理机共同为智能决策支持系统构建了知识库子系统。其中,知识库管理系统负责进行增、删、改、查等数据库操作并对决策过程中问题分析与判断所需知识进行回答;知识库(标准专家智库)用来存储无法用模型描绘的专家经验;推理机的功能是通过已知事实推断出新知识,辅佐决断。

智能人机接口接受用自然语言或接近自然语言的方式表达的决策问题及决策目标,这较大程度地改变了人机界面的性能,能够理解自然语言,具有模型运行结果的解释机制,能够以简单明了的方式向决策者解释结果,并能对结果进行分析。

自然语言处理系统通过语法分析、语义结构分析等方法将自然语言转换为系统语言。

问题处理系统处于智能决策支持系统的中心位置,是联系人与计算机及所存储的求解资源的桥梁,主要由问题分析器与问题求解器两部分组成。

将人工智能技术引入决策支持系统主要有两方面原因:一是 AI 可以处理定性的、近似的或不精确的知识;二是,决策支持系统的一个共同特征是交互性强,这就要求集成的技术使用起来更方便,并且接口更为"透明"。AI 在接口,尤其是对话功能上对此有一定的贡献,如对自然语言的研究及使用使决策支持系统能用更接近于用户的语言来实现接口功能。

4. 智能-交互-集成化决策支持系统

随着决策支持系统应用范围的不断扩大,应用层次的逐渐提高,决策支持系统已进入区域性经济社会发展战略研究、大型企业生产经营决策等领域,这些领域的决策活动不仅涉及经济活动的各个方面、经营管理的各个层次,而且各种因素互相关联,决策环境也更加错综复杂。对于省、市、县等发展战略规划方面的应用领域,决策活动还受政治、社会、文化、心理等因素不同程度的影响,而且可供使用的信息又不够完善、精确,这些都给决策支持系统的建设带来了很大的困难。在这种情况下,一种新型的、面向决策者、面向决策过程的综合性决策支持系统产生了,即智能-交互-集成化决策支持系统(Intelligent, Interactive and Integrated DSS,3IDSS)。

智能化:决策支持系统在处理难以定量分析的问题时,需要使用知识工程、AI方法和工具,这就是决策支持系统的智能化。

交互性:决策支持系统的核心内容是人机交互。为了帮助决策者处理半结构化和非结构化的问题,认定目标和环境约束,进一步明确问题,产生决策方案并对决策方案进行综合评价,系统应具备更强的人机交互能力,成为交互式系统。

集成化:采用单一的以信息为基础的系统,或以数学模型为基础的系统,以及以知识、规则为基础的系统,都难以满足当下各领域对决策活动的要求。这就需要在面向问题的前提下,将系统分析、运筹学方法、计算机技术、知识工程、AI等有机地结合起来,发挥各自的优势,实现决策支持过程的集成化。

四、决策支持系统的相关应用

(一) 基础数据及事务处理层

事务处理层是应用软件中最基础的层次,也是最为庞大和烦琐的一层,所采集的信息是大量的业务基础数据,如宏观经济数据、农业信息数据;人口统计数据、政策法规、企业产品数据。另外,还包括对各类数据进行分析、统计、查询等事务处理的应用系统,如月度、季度、年度等宏观经济数据监测系统、预警分析系统;宏观经济数据跟踪、预测、预警系统等。

在决策支持系统中需要对该层的信息系统进行分类、加工和整理,形成决策支持系统中的元数据。

(二) 统计分析管理监控层

根据由业务基础数据经过抽取或加工后所形成的信息,对其业务范围内的业务情况进行信息查询、信息分析、监督管理和检查。

在抽取和整理元数据的基础之上,建立各种统计、分析模型,如计量经济模型、多方程时间序列统计模型、神经网络及投入/产出模型等。通过模型的定义和开发,利用构成的经济模型,对经济系统中的各方面给出全面深入的各种分析结果,包括因素分析、预测和政策模拟。其中,要求系统能自动调用和集成不同类型的分析工具,如回归分析和投入/产出分析的自动结合。

(三) 辅助决策层

根据统计分析管理监控层的各种分析模型,进行多维的、更为复杂的综合分析和计算,从中发现各种趋势(如人口增长趋势、宏观经济走势预测等);发现异常情况;得到重要细节;找出内在规律,为各级领导的决策业务提供切实有效的帮助。

每一个业务系统都将包含针对其相应业务(如人口、宏观经济、农业、外商投资、政策法规、企业产品等)的辅助决策子系统,在各业务辅助决策子系统的支持下,还可拓展面向综合性的辅助决策系统。

拓 展 学 习

工程网络计划技术这一先进管理方法的引入,给煤炭矿井建设工程带来了机遇和挑战。2008年3月的一天,M集团公司的工程网络计划工作会议刚刚结束,王矿长便带着许多疑问来到了矿长办公室,累了一天的他靠在沙发上,望着桌上的会议文件,眼前不由浮现出矿井工程建设中的种种情景,心里不由感叹:"是啊,矿井建设过程中任何计划管理上的失误都会造成工期延误和投资浪费,过去我们一直采用和延续的计划管理方法和手段,自己不就像是一个消防队队长吗?可面对集团公司将要执行的新举措,面对工程网络计划这一新的管理方法,我们真的准备好了吗?"许多矿井领导在会场上的激烈争论,一些带有恐慌性的看法,不免让他惆怅起来……可不是,在当前缺人才、缺管理、缺技术、缺经验的现状下,网络计划方法实施的胜算又有多大?会有多少困难和问题需要解决和应对呢?

本节拓展学习案例

请扫描左方二维码阅读"煤炭矿井重点工程网络计划技术应用建设"案例,思考以下几个问题:
(1) 你认为在M矿的现有技术力量和企业环境下,有必要应用网络计划技术吗?为什么?
(2) M矿在应用网络计划技术时,企业面临的问题和挑战是什么?试从人员、组织、技术三个视角阐明你的观点并解释。
(3) 你认为校方小组提出的信息系统解决方案实现了企业哪方面的目标?还有哪些方面需要进一步改进和提高?

第三节 知识管理系统

一、知识管理系统的概述

(一) 知识管理系统的定义

知识管理系统(Knowledge Management System,KMS)是利用组织应用平台、工具、软件(由网络、知识库、语意解析、搜索引擎等技术组建),对组织中大量的、有价值的方案、策划、成果、经验等知识进行分类存储和管理,是支撑组织知识管理实施的IT系统。

知识管理系统也是企业实现知识管理的平台,它是一个以人的智能为主导,以信息技术为手段的、人机结合的管理系统,其总体目标是通过将企业中的各种知识资源,包括显性知识和隐性知识,整合为动态的知识体系,来促进知识创新,通过知识创新能力的不断提高来带动劳动生产率的提高,最终提高企业的核心竞争力。

(二) 知识管理系统的构成

知识管理系统是一个由网络平台、知识流程、企业信息系统平台、知识主管(CKO)管理体制及人际网络所组成的综合系统。

1. 网络平台

网络平台是知识管理系统运作的技术基础,主要包括局域网、广域网和互联网等类型。企业以企业局域网为核心,并通过它延伸至广域网和互联网。

2. 知识流程

知识流程是指知识通过知识收集、知识组织、知识传播三个环节相互连接、循环往复的流动过程。它是知识融合、序化、创新的过程,是知识管理系统的命脉。

3. 企业信息系统平台

企业信息系统从早期的办公自动化系统等发展而来的集成化的现代信息系统,企业资源计划、供应链管理、客户关系管理共同构成了知识经济时代企业知识管理系统的平台。

4. 知识主管管理体制

知识管理系统由知识主管(CKO)来负责协调和控制知识收集、组织和传播子系统的动作。知识主管是随着信息管理向知识管理过渡,由信息主管(CIO)演变而来的企业内知识管理的最高负责人。

5. 人际网络

知识管理系统是一个人机相结合的系统,完善的人际网络是保障其正常动作的有效机制。人际网络强调充分发挥人的主动性和创造性,加强人与人之间的沟通与交流,挖掘并激活人脑中的隐性知识,从而使企业知识创新永不停息。

二、知识管理系统的功能结构

从宏观上看,企业知识流程的总体过程是相似的,所以可以建立一个所有企业都适用的实施知识管理的共同模式。至于知识管理系统的具体应用软件要视不同企业的特点、需求而具有针对性地选择。

(一) 知识管理系统模型的整体结构及功能

在知识管理系统基本构架的基础上,知识管理系统模型由知识收集子系统、知识组织子系统、知识传播子系统三部分组成。整个系统以服务于人为中心,充分体现了"以人为本"的管理理念。知识管理系统模型中的人际网络作为一张无形的网络贯穿于整个知识管理系统。知识管理系统的功能有以下几点。

1. 整合知识资源

知识管理系统应具备对分散在企业内部业务流程、信息系统、数据库、纸质信息资源，以及企业与合作伙伴、客户之间的业务流程中的知识资源进行优化选择，以合理的结构形式集成、序化的功能，这实质上是一种含有人的创造性思维在内的动态过程。

2. 促进知识转化，扩大知识储备

知识管理系统可作为知识交流的媒介，促进隐性知识与显性知识之间相互转化。在转化过程中使知识得以增值、创新，并且将转化中经过验证的、有价值的知识存储起来，一方面可以避免因为人员调离而造成的知识流失，另一方面也可以在更大范围内实现知识共享。

3. 实现知识与人的连接

实现知识与人的连接即实现人向知识的连接、知识向人的连接及需求知识的人与拥有知识的人的连接。人向知识的连接可以基于智能搜索引擎工具实现。而利用"推"技术则可以实现知识向人的连接。利用"推"技术可以将知识主动推荐给用户，使知识被利用的机会大大提高并减少用户主动寻找、挖掘知识的工作量，提高工作效率。人是最大的知识资源，良好的专家网络图可以有效地连接知识需求者与知识拥有者，以促进知识转移。

（二）各子系统的结构及功能

1. 知识收集子系统

知识收集子系统是企业知识管理系统的输入系统，是知识管理工作的基础。它的工作重点集中在企业的核心知识领域。该系统最初收集到的只是蕴藏着丰富知识的信息资源，有待人们进一步的挖掘。

2. 知识组织子系统

知识组织子系统是知识管理的核心部分，是对企业中杂乱无章的知识（既包括显性知识，也包括隐性知识）进行序化的系统。该子系统连接知识收集子系统与知识传播子系统，其功能的优劣直接影响后面的知识传播子系统的性能，进而关系到整个知识管理系统的成败。

3. 知识传播子系统

知识传播子系统是知识管理系统的输出系统，其用户界面是用户最终可见的部分。该系统将知识收集子系统和知识组织子系统得到的结果综合起来，经过组织、序化后的相关信息、知识被传播给具有不同使用权限的特定用户。

（三）知识管理系统软件架构

KMS是在管理信息系统应用整合的基础上建立和发展起来的。具体架构包括以下部分。

1. 理念实施层

当知识管理系统的研究领域超出了纯技术层面，延伸到组织结构、组织文化、业务流程重组和知识管理等管理科学及交叉学科时，就要求在设计知识管理系统体系结构时充分运用知识管理理念，从理念上理解知识是可以被管理的，从而在具体实施中充分考虑信息技术、管理技术、人和组织的集成模式，建立起相应的知识管理结构和知识运营机制。

2. 知识管理层

知识管理层的目标应该满足：将正确的知识在正确的时间传递给正确的人。具体可通过知识管理技术如知识的表示、推理和呈送机制来保证上述目标的实现。

3. 内容管理层

内容管理层是提供应用程序所能解读的信息或简报数据等，与知识管理层共享门户系统，提供知识地图和个性化按需访问等功能。

4. 应用程序互通层

应用程序互通层是处理应用程序和应用程序间整合的部分。其中，数据格式引擎保证数据能够在不同应用程序间被解读和加工，工作流程管理控制着各个应用程序间的信息传递与处理程序，把各个不同系统间的执行过程有效地互联起来。

5. 基础建设层

这是知识管理系统网络及数据传输的基础。在这层中，网络的硬件及通信协议成为信息传递的底层，数据安全措施成为应用程序整合前的必要条件。

三、知识管理系统的发展与应用

根据知识管理系统产品的发展历程，可以把知识管理系统分为三个发展阶段：

第一个阶段是静态型系统，主要解决组织中存在的各类文档的管理，方便知识的统一存储与共享，这类系统往往是由文档管理系统转型而来，目的是促进显性知识的组织和再利用。

第二个阶段是动态型系统，这个阶段主要是实现知识的动态管理，主要解决组织知识的共享和隐性知识的显性化等，通过动态知识管理加速知识的沉淀、共享与应用。

第三个阶段是整合型系统，相对于前两个阶段，该阶段系统设计时兼顾显性知识和隐性知识，提供全生命周期知识管理的支持。

基于知识管理中心的研究和实践，我国的知识管理系统有以下几个发展趋势：

将来的知识管理系统除了管理知识文档外更加强调管理知识形成的过程。传统的知识管理系统强调对知识文档（知识的表现和结果）进行管理，而从知识本身的生命周期来看，知识形成的过程更有价值，所以，将来的知识管理系统必须考虑管理知识从隐性知识到显性知识的过程，考虑在形成知识文档的过程中，人们阅读了什么、做了什么、有哪些思考，这些对理解知识形成的过程和知识的创新更有价值。

将来的知识管理系统将更加强调知识可视化的表达。"千文不如一图"，如何用可视化的方式表达知识是提高知识的可用性的重要方法，而且在我国的知识管理系统中，知识地图是一个极端"虚弱"的环节，相信随着人们的认识提高和技术的进步，知识和信息的可视化将成为一个潮流：用图形、表格的方式更好地展示知识将成为一种趋势。

拓 展 学 习

A港务公司在快速发展的过程中遇到了人才流失、技术流失等管理问题。公司高层通过实施知识管理策略解决了面临的问题,构建公司的知识管理系统主要有建立知识管理部门,建立学习型组织以及研发部知识管理系统运作的尝试三个关键步骤。当然,知识管理在港口企业实施过程中也遇到了种种困难和定位问题。A港务公司的信息化建设近几年取得了长足的进步,不仅完成了信息系统的集成改造,而且实现了信息资源的大集中和初步开发利用。信息化使A港务公司的工作效率和货物吞吐量大幅提高。公司的快速发展让其总经理感到十分欣慰,一幅更美好的港口发展蓝图正在他的脑海中浮现。

通过以上文字介绍的"A港务公司知识管理",思考以下几个问题:
(1) 该公司为什么考虑引入知识管理系统?
(2) 该公司是如何实施知识管理的?如果你是经理,你将制定怎样的知识管理实施步骤?
(3) 该公司的经理建立学习型组织的初衷是否正确?他是否应该坚持把学习型组织搞下去?如果坚持你将采取哪些有效的办法?
(4) 如果你是该公司经理,你会越过建设学习型组织的阶段而直接运行知识管理系统吗?

探 究 发 现

本章探究发现
参考答案

1. 企业应用、合作和沟通系统以及内联网如何改善企业性能?
2. 电子企务、电子商务和电子政务有何不同?
3. 评价信息系统如何帮助团队中的多位领导者较高效率地作出决策。

本 章 小 结

本章重点介绍了当前管理信息系统的高级应用,包括电子商务、决策支持系统、商务智能和知识管理系统。

电子商务是指人们利用电子手段进行商业、贸易等商务活动,是商务活动的电子化。在学习过程中,要正确理解和把握相应的概念和知识点。重点掌握电子商务的定义和分类,以及电子商务的概念模型和基本组成要素,同时要了解电子商务的发展过程和电子商务发展中存在的问题。

电子商务是通过互联网实现企业、商户及消费者的网上购物、网上交易及在线电子支付的一种不同于传统商务运营的新型商务运营模式。一个完整的基本电子商务系统,是在互联网信息系统的基础上,由作为交易主体的信息化企业、信息化组织和使用互联网的消费者，提供实物配送服务和支付服务的机构，以及提供网上商品服务的电子商务服务商组成。互联网信息系统保证了网络交易系统中信息流的畅通，它是网络交易的核心。企业、组织与消费者是网络交易的主体，实现其信息化是网络交易顺利进行的前提。电子商务服务商是网络交易的手段，实物配送和网上支付是网络交易的保障。

决策支持系统是管理信息系统领域中一个备受关注的理论分支，本章重点介绍了管理信息系统智能决策方面的影响作用及应用。

决策支持系统在商业运作中，通过采集、集成、分析和表达海量业务信息，进一步为商业决策提供支持的方法、技术和应用，体现了未来管理信息系统的发展方向和目标。

本章最后将内容扩展到了信息管理的更高层面——知识管理，比较详细地介绍了知识管理的内涵、作用和实施。

本 章 习 题

一、选择题

1. 下列不属于电子商务基础服务的是　　　　　　　　　　　　　　　　　（　　）
   A. 内部网络系统　　　　　　　　　　B. 身份认证
   C. 支付网关　　　　　　　　　　　　D. 客户服务中心
2. 下列关于电子商务的说法正确的是　　　　　　　　　　　　　　　　　（　　）
   A. 电子商务的本质是商务，而非技术　　B. 电子商务就是建网站
   C. 电子商务是泡沫　　　　　　　　　　D. 电子商务就是网上销售产品
3. 下列哪一项不是决策支持系统的理论基础　　　　　　　　　　　　　　（　　）
   A. 计算机科学、管理科学　　　　　　B. 西方军事科学、信息检索学
   C. 数学、信息管理科学　　　　　　　D. 人工智能、认知科学

二、简答题

1. 简述不同角度下电子商务系统的基本结构。
2. 决策支持系统的定义是什么？它的基本结构是什么？
3. 知识管理系统有什么作用？

拓 展 学 习

选择同行业中相互竞争的两家电子商务网站，根据其功能、用户友好性和支持公司业务战略的能力，分别对两家网站进行评估。哪家网站做得更好？为什么？你能否提出一些改进的建议？制作演示文稿并展示你的结果。

ZHANWANGPIAN

展望篇

第九章

管理信息系统的新技术

 本章教学目标

通过学习本章,理解云计算、大数据、商务智能、物联网、区块链等新技术的基本概念和功能特点,理解各种新技术的原理和结构,了解各种新技术的发展趋势及应用。

 本章核心概念

云计算、大数据、商务智能、物联网、射频识别、区块链。

 导入

某国政府的云计算应用

某国高速公路安全管理局负责执行汽车补贴置换政策(对旧机动车升级换代进行政府补助)并主持该业务系统的建设,拟在传统数据中心的基础上架设IT系统并配备专门设计的商业应用系统。该局预测4个月内可能有25万笔交易申请,但从2009年7月系统上线后仅90天就处理了将近69万笔交易。该系统从第一笔交易受理的三天内就出现超负荷情况,导致大量交易无法处理和多次系统瘫痪。该国政府为建设该系统拨付的10亿美元专项资金在系统上线后1周内几乎用完。为此,两天后该国政府紧急额外拨款20亿美元,用于对该系统按照初期测算交易量的三倍进行扩容,并耗费众多时日才得以完成。

上面的例子是某国政府当时的IT应用环境的写照,由于普遍存在资源利用率低、资源需求分裂、信息系统重复建设、系统环境管理难、采购时间过长等问题,影响了该国政府向公众提供服务的能力。为改变上述局面,该国政府对云计算模式进行研究和规划,发布了《政府云计算战略白皮书》,大幅提高了对云计算模式的关注、研究、管理和应用的力度。

该国政府前首席信息官表示,使用云计算能够提升、恢复首席信息官的本职职能,使其"从过去的关注数据中心、网络运行、系统安全等工作中解脱出来,转变为关注国家面临的问题,例如健康、教育和信息鸿沟等"。另外,云计算将优化该国政府数据设施环境配置,可通过对现有IT基础设施进行虚拟和整合,使政府部门减少在各自数据中心运行维护IT系统的支出。研究显示,云计算有能力解决政府面临的旧有信息系统建设和应用的弊端,提高政府运行效率,满足政府机构提供高可靠性的、革新的服务方式的需求,不必受制于资源的可用性。从效率、弹性和创新三个方面来看,云计算具有传统数据中心无法比拟的优势。在效率方面,云计算可将资产使用率从低于30%提高到60%~70%,将割裂的需求和系统建设转变为整合的系统需求和系统建设计划,降低面向众多系统的管理难度,提高管理效率。在弹性方面,云计算将周期长、投资大的新系统建设转变为按需、按量使用和付费的方式,将系统扩容的时间从数个月降低到几乎实时增减系统容量,增强了对信息系统紧急需求的快速响应能力。在创新方面,将工作重点从管理资产转变到管理服务,减轻了资产管理的负担,将较为保守的政府文化转变为鼓励、融合企业和行业创新的文化。

在2016年,经该国风险和授权管理项目认证授权的云服务产品数量呈现指数式增长,新增加了72项云服务,同比增长80%;新认证了345项操作授权,同比增长56%。所有的财务机构都在使用风险和授权管理项目认证的云服务。截至2017年2月,该国政府采购使用云计算服务的机构已达103家,云计算在该国真正实现了政府层面的应用。

问题:
(1) 该国政府通过云计算解决了哪些问题?
(2) 云计算如何保障该国政府的职能?

信息技术的发展被认为经历了三个阶段,20世纪七八十年代的主机终端阶段、20世纪八九十年代到21世纪初的互联网阶段和近十年来以移动互联网、社交网络、云计算和大数据技术为代表的第三阶段。伴随着信息技术的发展,管理信息系统也从单机系统历经网络系统进入物联网时代。

第一节　云　计　算

计算科学(Computing Science,CS)是使用先进的计算能力来理解和解决复杂问题的科学。用云符号表示基于互联网的计算是云计算名称的由来。相对于传统计算在本地存储和处理数据,云计算所有的应用程序的访问、数据存储和大多数数据处理都是通过互联网来实现的。

一、云计算的概念

云计算(Cloud Computing)被喻为互联网的第三次技术革命,于2006年8月9日,在搜索引擎大会(SES San Jose 2006)上由时任Google首席执行官的埃里克·施密特(Eric Emerson Schmidt)首次提出。

云计算的概念不断发展,业界普遍接受的是美国国家标准与技术研究院(National

Institute of Standards and Technology，NIST)的定义：云计算是一种按使用量付费的模式，这种模式提供可用的、便捷的、按需的网络访问，进入可配置的计算资源共享池（其资源包括网络、服务器、存储、应用软件、服务），只需投入很少的管理工作或与服务供应商进行很少的交互便可快速利用这些资源。

云计算是分布式计算、并行计算和网络计算发展的延续。我们可以通俗地认为云计算是通过网络将庞大的计算处理程序自动分拆成无数个较小的子程序，再交由多部服务器所组成的庞大系统经搜寻、计算分析之后将处理结果回传给用户。

随着云计算技术不断发展，云计算已逐渐演进并跃升为由分布式计算、效用计算、负载均衡、并行计算、网络存储、热备份冗杂和虚拟化等计算机技术混合的云服务。

二、云计算的特点及优点

(一) 云计算的特点

云计算的核心思想是将大量计算资源用网络连接起来进行统一管理和调度，构成一个计算资源池为用户按需服务。与传统的网络应用模式相比，云计算具有的以下几个特点。

1. 云计算的超大规模

"云"意味着规模，一般的企业私有云都拥有数百台服务器，大规模的云则有上百万台服务器，云赋予用户前所未有的计算能力。

2. 云计算的虚拟化

云通过虚拟化突破了时间、空间的界限，用户只需要一个比较简单的设备，如笔记本或手机，就可以通过网络来获取各种功能强大的服务。虚拟化包括应用虚拟和资源虚拟。云通过虚拟平台对相应终端操作完成数据备份、迁移和扩展等，并不需要物理平台与应用部署环境在空间上建立联系。

3. 云计算的动态可扩展

云计算具有跨平台性，即可以构建在不同的软件、硬件平台之上，可以兼容各种不同种类的硬件基础资源，包括计算（服务器）、存储（存储设备）和网络（交换机、路由器等设备）；可以兼容不同种类的软件基础资源，包括操作系统、数据库等。通过应用软件的快速部署，用户可以将自身的已有业务及新业务进行扩展。

4. 云计算的按需部署及按量计费

针对用户不同的应用需要，云计算平台具有较强的计算能力对资源进行部署，并能根据用户的需求快速配备计算能力及资源，提供小到一台计算机，大到千台计算机的计算能力，并实现计算资源量化。在实现按需分配后，按量计费也成为云计算平台提供服务的收费形式。

(二) 云计算的优点

云计算的以上特点使其具有通用、灵活、可靠、可扩展和廉价等优点。

1. 通用性

云计算不针对特定的应用,在云平台的支撑下可以构造出千变万化的应用,同一个云平台可以同时支撑不同的应用。

2. 灵活性

云计算通过虚拟化可兼容目前市场上大多数软件、硬件资源,并统一放在云系统资源池当中进行管理,为企业提供灵活多变的云计算服务,满足不同行业的需要,还能够通过外部设备获得更高性能的计算。

3. 可靠性

云计算平台使用数据多副本容错、计算节点同构可互换等措施来保障服务的高可靠性,使用云计算比使用本地计算机可靠。例如,某台服务器产生故障并不会影响用户的计算与应用的正常运行,因为云计算可以通过虚拟化技术将分布在不同物理服务器上面的应用进行恢复或利用动态扩展功能部署新的服务器进行计算。

4. 廉价性

通过云计算平台,用户并不需要构建非常复杂的硬件设备,就可以享受到高端硬件设备提供的服务。云计算将资源放在虚拟资源池中统一管理,用户可以选择相对廉价的计算机组成云,不再需要昂贵、存储空间大的服务器,减少费用的同时获得相同的计算性能。

三、云计算的分类

云计算可以从不同的角度进行分类。

(一) 按照部署方式不同进行分类

按照部署方式不同,云计算可分为公有云、私有云和混合云。

公有云(Public Cloud)的计算资源均为第三方云提供商所拥有,并通过互联网为用户提供服务,如提供在线服务器和存储空间。

私有云(Private Cloud)是指专供一个企业或组织使用的云计算资源,通常由企业机构自己拥有,特定的云服务器功能不直接对外开放。

混合云(Hybrid Cloud)结合了公有云和私有云各自的优势,可以在私有云上运行关键业务,在公有云上进行开发与测试,操作灵活性较高,安全性介于公有云和私有云之间。

(二) 按服务模式不同进行分类

按服务模式不同,云计算可分为基础设施即服务、平台即服务、软件即服务。

基础设施即服务(Infrastructure as a Service,IaaS)为用户按需提供计算资源、网络资源和存储资源。指通过互联网向用户提供 IT 基础设施服务,并根据用户对资源的实际使用量或占用量进行计费的一种服务模式。

平台即服务(Platform as a Service,PaaS)为用户按需提供开发环境。平台即服务是指将软件研发的平台作为一种服务,供应商提供超过基础设施的服务,一个作为软件开发和运行环境的整套解决方案。

软件即服务(Software as a Service，SaaS)平台供应商将应用软件统一部署在自己的服务器上，客户可以根据工作实际需求，通过互联网向厂商定购所需的应用软件服务，按定购的服务多少和时间长短向厂商支付费用。

平台即服务基于基础设施即服务实现，软件即服务的服务又基于平台即服务，三者分别应对不同层次的需求。

(三) 按应用不同进行分类

按应用不同，云计算可分为存储云、医疗云、金融云、教育云等。

存储云又称云存储，是一个以数据存储和管理为核心的云计算系统。用户可以将本地的资源上传至云端，可以在任何地方连入互联网来获取云上的资源。存储云向用户提供了存储容器服务、备份服务、归档服务和记录管理服务等，方便用户对资源进行管理。

医疗云是指在医护领域采用云计算相关技术和服务理念构建医疗健康云服务平台。医疗云平台将多个医院连接在一起共享基础设施资源池，减少医院的运行成本，实现医疗资源的共享和医疗范围的扩大。

金融云是指在银行、保险和基金等金融领域利用云计算的模型，将信息、金融和服务等功能分散到庞大的互联网"云"中，旨在提供互联网处理和运行服务，同时共享互联网资源，从而达到高效、低成本解决问题的目标。

教育云是指为教育机构和学生老师提供方便快捷的虚拟教育软件、硬件资源的平台。

四、云计算的主要技术

(一) 虚拟化技术

云计算的虚拟化技术将各种不同的软件、硬件资源虚拟化形成一个虚拟的资源池，用户和业务应用通过虚拟化技术可以更有效地使用这个资源池，且能够按照用户需求变化，快速有效地进行资源部署。它是涵盖整个IT架构的，包括资源、网络、应用和桌面在内的全系统虚拟化，其优势在于能够把所有硬件设备、软件应用和数据隔离开来，打破硬件配置、软件部署和数据分布的界限，实现IT架构的动态化，实现资源集中管理，使应用能够动态地使用虚拟资源和物理资源。

(二) 分布式数据存储技术

在多节点的并发执行环境中，各个节点的状态需要同步，并且在单个节点出现故障时，系统需要有效的机制保证其他节点不受影响。云计算通过将数据存储在不同的物理设备中，能实现动态负载均衡、故障节点自动接管，具有高可靠性、高可用性、高可扩展等优点。利用多台存储服务器分担存储负荷，利用位置服务器定位存储信息，不但可以提高系统的可靠性、可用性和存取效率，还易于扩展。

(三) 大规模数据管理技术

高效的数据处理技术也是云计算的核心技术。云计算系统的平台管理技术，具有高效调配大量服务器资源、更好协同工作的能力，可实现对分布的海量数据进行处理、分析。

方便地部署和开通新业务,快速发现并且恢复系统故障,通过自动化、智能化手段实现大规模系统可靠的运营等都是云计算平台管理技术的关键。

(四) 并行编程技术

云计算采用并行编程模式,并支持多用户和多任务处理。在并行编程模式下,通过网络把强大的服务器计算资源方便地分发到终端用户手中,即用户大规模的计算任务被自动并发和分布执行,并行地处理海量数据。

五、云计算的应用领域

云计算的具体应用有公有云、私有云、云存储、桌面云、物联网、AI、大数据、智能制造、智慧城市等。随着云计算的不断发展,政府、教育、科研、电信、电力、金融、交通、能源、医学、互联网、IT等各行各业都在将自己的业务和应用放置云上。云计算的应用领域也不断扩大。例如,在科研领域中的应用:地震监测、海洋信息监控、天文信息计算处理;在医学领域中的应用:DNA信息分析、海量病历存储分析、医疗影像处理;在网络安全领域中的应用:病毒库存储、垃圾邮件屏蔽、动画素材存储分析;在图形和图像处理中的应用:高仿真动画制作、海量图片检索;在互联网领域中的应用:Email服务、在线实时翻译、网络检索服务;在IT领域中的应用:IDC(Internet Data Center)云、企业云、云存储系统、虚拟桌面云、开发测试云、大规模数据处理云、协作云、游戏云、云杀毒等。

本章开头的"导入"中,该政府通过云计算解决的问题及云计算如何保障政府的职能,都可以结合本节相关知识予以回答。

拓 展 学 习

云计算技术正引发新一轮信息技术革命浪潮,在国内外逐渐落地并改变众多行业的形态。基于云计算的第一个层次软件即服务技术和社交网络技术而诞生的企业2.0办公平台也在很多企业内部日益流行。一方面,客户只要联网访问云端,就可以体验服务、获取应用系统和文档。另一方面,在企业中,组织成员的沟通协作方式也在逐步改变。A软件有限公司开展了企业社会化协作平台。该企业从曲折的前期开发到后来的平台建立和网络营销平台的构建,生动地展现了当今企业互联网市场崛起的现状,展现了云计算服务和社交网络技术驱动下的组织内部对开放沟通、知识共享和任务协作的新形式,提出了该行业所面临的机遇与挑战。

通过以上文字介绍的"云端革命:A软件有限公司的企业社会化协作平台",思考以下几个问题:

问题:

(1) 有人说,云计算技术正在引发第三次信息技术革命浪潮,请问什么是云计算、云服务、软件即服务？企业 2.0 又是什么？

（2）云计算可以分为三种：公有云、私有云和混合云，如果你是一个企业的首席技术运营官，你会为自己的企业选择 A 软件有限公司的公有云还是私有云部署平台？为什么？

第二节 大 数 据

互联网上流传着这样一个故事来描述大数据：

某店的电话铃响了，客服人员拿起电话。

客服：您好，请问有什么需要我为您服务？

顾客：你好，我想要一份……

客服：先生，烦请先把您的会员卡号告诉我。

顾客：16846146＊＊＊

客服：陈先生，您好！您是住在××路一号×楼×室，您家电话是2624＊＊＊，您公司电话是4666＊＊＊，您手机号是1391234＊＊＊＊。

顾客：你为什么知道我所有的电话号码？

客服：陈先生，因为我们联机到了客户关系管理系统。

顾客：我想要一个海鲜比萨……

客服：陈先生，海鲜比萨不适合您。

顾客：为什么？

客服：根据您的医疗记录，您的血压和胆固醇都偏高。

客服：您可以试试我们的低脂健康比萨。

顾客：你怎么知道我会喜欢吃这种的？

客服：您上个星期一在社区图书馆借了一本《低脂健康食谱》。

顾客：好。那我要一个家庭特大号比萨，要付多少钱？

客服：99元，这个足够您一家六口吃了。但您母亲应该少吃，她上个月刚做了心脏搭桥手术，还处在恢复期。

顾客：那可以刷卡吗？

客服：陈先生，对不起。请您付现款，因为您的信用卡已经刷爆了，您现在还欠银行4 807元，而且还不包括房贷利息。

顾客：那我先去附近的提款机提款。

客服：陈先生，根据您的记录，您已经超过今日提款限额。

顾客：算了，你们直接把比萨送到我家吧，家里有现金。你们多久送到？

客服：大约30分钟。如果您不想等，可以自己骑车来。

顾客：为什么？

客服：根据我们的客户关系管理全球定位系统的车辆行驶自动跟踪系统记录，您有登记一辆车号为 SB-748 的摩托车，而且目前您正在解放路东段商场右侧骑着这辆摩托车。

顾客当即晕倒。

我们也在使用网络软件时不断地被推送各种服务，而这种服务恰是在这段时间内我们有意或无意关注过的，如某款耳机、某品牌的服饰等。我们切实感受到我们的生活似乎已被动地被大数据所"掌控"，它给我们的生活带来了便利，也给我们带来了对隐私泄露的担忧。那究竟什么是大数据呢？

一、大数据的概念

不同的机构对大数据（Big Data）有不同的定义。

Gartner Group 给出的定义是："大数据"是需要新处理模式才能具有更强的决策力、洞察力和流程优化能力来适应海量、高增长率和多样化的信息资产。

麦肯锡全球研究所给出的定义是：一种规模大到在获取、存储、管理、分析方面大大超出了传统数据库软件工具能力范围的数据集合，具有海量的数据规模、快速的数据流转、多样的数据类型和价值密度低四大特征。

大数据不仅仅是大量的数据，而且是来源不同、类型不同、代表不同含义的海量数据。大数据动态变化，不断增加，并且能够通过研究分析发现其规律和价值。大数据可以帮助我们根据对历史情况的分析，发现事物的发展变化规律，有助于更好地提高生产效率，预防意外发生，促进营业销售，使我们的工作和生活变得更加高效、轻松和便利。

各类研究普遍认为获取和使用大数据需要六步：

第一步，数据提取。公司在进行决策之前，需要一些数据支持，这些数据通常可通过对公司 Web 服务的应用程序接口数据调用来获得。

第二步，数据存储。大数据面临的主要难题之一在于如何存储并管理数据。这完全取决于负责建立数据存储的预算和个人具备的专业知识，对于大多数数据提供商来说都还需要具备编程方面的知识。一个好的数据提供商应该能够提供安全、简便的数据存储和查询服务。

第三步，数据清理。数据集有各种形态和大小，在考虑如何存储数据之前，需要确保它处于无冗余和相对标准化的格式。

第四步，数据挖掘。数据挖掘是对数据进行洞察的过程，这样做的目的是根据目前掌握的数据提供预测并作出决定。

第五步，数据分析。一旦收集完所需数据，就需要对数据进行分析以寻找其发展模式和趋势。

第六步,数据可视化。当工作的具体框架和理念的确定后,可以使用编程语言或软件来实现具体数据的可视化。

二、大数据的特点

大数据具有大量性、高速性、多样性、低价值密度、真实性等特点。

(一) 大量性

大量性主要体现在数据存储量大和数据增量大。随着信息技术的高速发展,数据出现爆发性增长,存储单位从 MB、GB 到 TB,乃至现在的 IB、EB 级别。研究机构早在 2012 年就预计到 2020 年,全球将拥有 35~40 ZB(1 ZB=十万亿亿个字节)的数据量。如此巨量的数据,迫切需要更加强大的算法、数据处理平台和数据处理技术来统计、分析、预测和处理。

(二) 高速性

高速性是指数据的产生和处理的速度快。现代生活中人们每天都通过互联网接收和传输大量信息,这些信息在互联网上汇聚成大数据。大数据的产生非常迅速,主要通过互联网传输。这些数据需要及时处理,存储大量的历史数据会耗费大量资源。所以,对一个平台而言,可能只会保存近一个月或近一个星期甚至前一天的数据。大数据对处理速度有着较高的要求,服务器中大量的资源都用于处理和计算数据,并做实时分析。数据随时都在产生,谁速度快谁就有优势。

(三) 多样性

多样性主要体现在类型和来源两个方面。大数据其广泛的数据来源,决定了其形式即数据类型的多样性,数据不再是单一的文本、订单、日志、音频等形式。任何形式的数据都可以产生效益,比如,互联网平台服务商广泛使用的推荐系统通过对用户的日志数据进行分析,预测并推荐用户可能喜欢的产品和服务。日志数据是结构化数据,还有一些非结构化的数据,如图片、音频、视频等,这些数据关联性差,需要人工对其进行处理。

(四) 低价值密度

价值密度低是指数据量呈指数增长的同时,隐藏在海量数据中的有用信息却没有按相应的比例增长。现实世界所产生的数据,有价值的占比很小。这就需要通过强大的算法来快速完成数据的价值提纯,这是大数据的核心特征。相较于传统数据,大数据最大的价值在于通过从大量不相关的各类数据中挖掘出对未来趋势与模式预测分析有价值的数据,并通过机器学习、AI 或数据挖掘进行深度分析,发现新规律和新知识,并运用于国民经济和社会的各个领域,最终达到提高生产效率、改善社会治理的效果。

(五) 真实性

真实性是指数据的准确性和可信赖度,即数据的质量。大数据中的数据来源于真实世界,研究大数据的目的就是从海量的网络数据中提取出能够解释和预测现实事件的数据的过程。通过大数据的分析处理,最后能够解释结果和预测未来,所以要保证数据的准确性和可信赖度。

三、大数据的结构

大数据包括结构化、半结构化和非结构化数据,非结构化数据已逐渐成为数据的主流。据研究机构的调查报告显示:企业中80%的数据都是非结构化数据,这些数据每年都在原来的基础上增长60%。

四、大数据的应用

现在大家普遍使用的电子商务平台将每个用户在其网站上的所有行为都记录下来,并从每个用户的购买行为中获得信息,对这些数据的有效分析使一些电商平台对用户的购买行为、喜好及即时产品需求有了全方位了解,这些信息对于平台的货品种类、库存、仓储、物流及广告业务都产生了极大的影响。

拓 展 学 习

某数据公司在创业过程中,以体验经济和设计思维理论为支撑,建立以患者为中心的健康医疗模式,从患者的健康体验问题出发,发现创业灵感,进行创业方案构思,提出基于"健康档案"的区域卫生信息平台建设方案,并对实施的可行性进行描述。

通过以上文字介绍的"某数据公司给患者带来健康医疗新体验",思考以下几个问题:
(1) 健康医疗领域,患者究竟需要什么样的医疗体验?大数据如何更好地服务医疗健康行业?
(2) 如何把健康云理念变为现实,需要哪些支撑条件?
(3) 信息技术驱动企业模式创新,应遵循什么样的范式?

第三节 商 务 智 能

企业信息化的高级阶段是商业智能,传统的商业智能主要是基于信息技术架构的一套智能化管理工具,而现在的商务智能增加了企业绩效管理(Enterprise Performance Management,EPM)和企业风险控制(Governance,Risk and Compliance,GRC)等功能或诉求。

一、商务智能的概念

商务智能(Business Intelligence,BI)又称商业智慧,指用运用现代数据仓库技术、线上分析处理技术、数据挖掘和数据展现技术进行数据分析以实现商业价值的过程。简单来讲它是一套完整的解决方案,用其将企业中现有的数据进行有效的整合,快速准确地提供报表并提出决策依据,帮助企业作出明智的经营决策。

商务智能的体系结构主要包括数据仓库、联机分析处理及数据挖掘三部分。

数据仓库是商务智能的基础,是做进一步分析的数据源,由此可以生成许多报表。数据仓库是面向主题的、集成的、稳定的、不同时间的数据集合,用以支持经营管理中的决策制定过程。数据仓库为多维分析和数据挖掘提供所需要的、整齐一致的数据。

联机分析处理技术则帮助分析人员、管理人员从多种角度将原始数据转化为用户所理解的并真实反映数据多维特性的信息,并使用户能对其进行快速、一致、交互的访问,从而获得对数据的更深入的了解。

数据挖掘是一种决策支持技术,它主要基于 AI、机器学习等,高度自动化地分析企业原有的数据,做出归纳性的推理,从中挖掘潜在的模式,预测客户的行为,帮助企业的决策者调整市场策略,减少风险,并进一步作出正确的决策。

二、商务智能的结构

早期的商务智能其实就是报表系统,不过往往指的是企业级报表,也就是说企业管理者和决策者不借助 IT 人士就可以得到企业生产经营数据和报表。如今,商务智能以一种新的面貌呈现数据,表现为仪表盘或决策驾驶舱的形态。当然,目前大部分企业的商务智能主要还停留在报表体系层面,但随着信息技术的发展,特别是硬件技术的发展和价格的降低,商务智能的应用会越来越广泛,近年来商务智能一直占据着 IT 变革的前列。

随着计算机技术的发展,信息已以数据存储的方式高速增长,不断推进着全球信息化的进程,随之而来的是海量信息的存储需求,这里的信息包括结构化和非结构化信息。以充分利用信息为目的,可将智能商务的架构分层。

(一) 数据存储层

存储的信息主要包括结构化信息和非结构化信息,如果不能共享和整合这些信息,企业就不能发挥数据决策的作用。

(二) 数据中间层

企业若出现信息孤岛,这时候就面临数据整合和数据仓库建立的问题。部分企业通过抽取-转换-加载工具对不同数据结构和类型的数据进行处理。

(三) 数据仓库层

企业一般通过可扩展标记语言(Extensible Markup Language,XML)将不同结构数据进行整合,这时候就面临着数据安全性、质量和元数据管理的问题;建立企业级数据仓库,就能实现商务智能的应用增值。

(四) 商务智能层

有了数据仓库,就有了标准和整合的数据,这些数据经过抽取-转换-加载工具的处理，形成了面向不同应用的数据集市。

（五）数据分析层

数据分析阶段主要使用联机分析处理技术在线分析和数据挖掘，当然也包括统计分析、数据模型和商业规则等，将这些嵌入商务智能可进一步实现应用增值。

（六）报表分析层

在数据仓库的基础上，企业会利用商务智能构建各种企业级报表，开展在线分析，构建经营分析系统。当然，目前更多企业倾向于采用地理信息、仪表盘和移动报表等商务智能功能。

（七）架构应用层

当企业信息被整合后，一定面临着检索问题，这里指的是企业级检索。利用商务智能的知识管理和竞争情报分析可为实现企业级检索提供支持。

（八）主题应用层

利用商务智能在查询、报表和分析的基础上，面向各类信息系统。

（九）决策支持层

为企业决策提供预测与支持。

三、商务智能的功能

我们可以从商务智能的概念中提炼三个重要的词汇：数据、报表、决策。没有实施商务智能的企业往往会面临以下问题：大量业务数据的产生，收集和存储需要投入大量的人力，甚至超过人工能够处理的极限；无法很好地挖掘被掩盖在那些海量的业务数据中的有价值的信息；管理层由于很难实时准确地掌握企业的运营状态，而无法及时地作出正确决策。因此，能够满足用户需要的商务智能产品和方案必须要提供用户管理、安全性控制、连接数据源及访问、分析和共享信息的功能，并且面向终端使用者，使其能够直接访问业务数据，能够使管理者从各个角度出发分析利用数据，及时地掌握组织的运营现状，作出科学的经营决策。

在业务分析方面。企业需要广泛的分析功能，但不同的分析工具、信息壁垒、多种平台，以及过度依赖于电子表格，让企业难以准确地分析信息。企业使用的分析解决方案必须能够满足从一线员工到部门主管，再到高级分析员甚至所有业务用户的需求。商务智能通过了解各类受众及相关利益方的独特分析需求，可以发挥商务智能解决方案的全部潜能。企业所需的分析功能应该能够访问几乎所有的企业数据源，而不受平台限制；同时可以为所有用户提供便于理解的详细信息视图，而不受用户角色或所在位置的影响。这些解决方案应配有创新的工具，以帮助这些不同的业务用户组轻松地通过台式机或移动设备分析信息。

决策管理是用来优化并开展业务决策自动化的一种卓有成效的方法。在决策管理方面，商务智能通过预测分析让组织能够在制定决策以前有所行动，以便预测哪些行动在未来最有可能获得成功。组织决策可分为三种类型,即战略型、业务型和战术型。其中,战略决策通常为组织设定长远目标,其决策者是主管人员、副总裁、业务线经理等。业务决策通常包括策略或流程的制定,其专注于在战术级别上执行特定项目或目标,其决策者为业务经理、系统经理和业务分析师等。战术决策通常是将策略、流程或规则应用到具体事例的"前线"行动。该类型的决策适用于自动化系统,可使结果更具一致性和可预测性。其决策者包括消费者服务代表、财务服务代表、分支经理、销售人员,以及网站推荐引擎等自动化系统。

商务智能系统应具备的以下主要功能:

(一) 数据仓库

数据仓库提供结构化和非结构化的数据存储、容量大、运行稳定、维护成本低、支持元数据管理、支持多种结构,如中心式数据仓库,分布式数据仓库等。

(二) 数据抽取-转换-加载

该功能描述将数据从来源端经过抽取(extract)、转换(transform)、加载(load)至目的端的过程,支持多平台、多数据存储格式(多数据源、多格式数据文件、多维数据库等)的数据组织,要求能自动根据描述或规则进行数据查找和理解。该功能可减少海量、复杂数据与全局决策数据之间的差距,帮助形成支撑决策要求的参考内容。

(三) 报表

快速地完成数据统计的设计和展示,其中包括统计数据表样式和统计图展示,可以很好地输出给其他应用程序或以 HTML 形式表现和保存,能自动化地完成输出内容的发布。其自定义设计部分要提供简单易用的设计方案,支持灵活的数据填报和针对非技术人员设计的解决方案。

(四) 分析功能

可以通过业务规则形成分析内容,并且展示样式丰富,具有一定的交互要求,如预警或趋势分析等。要支持多维度的联机分析处理,实现维度变化、旋转、数据切片和数据钻取等,帮助决策者作出正确的判断。

四、商务智能的应用范围

商务智能广泛应用于企业的采购管理、财务管理、人力资源管理、客户管理、物料管理、生产管理、销售管理等业务流程。比如,销售管理中的订单分析、销售分析、促销分析、客户交易量分析;客户管理中的客户服务分析、潜在客户分析、客户投诉与意见分析、售后服务分析;物料管理中的库龄分析、库存分析、物料品质分析;财务管理中的财报分析、主要经营指标分析、成本分析;生产管理中的产能分析、生产效率分析、生产品质分析;人力资源管理中的岗位分析、薪资分析、考勤分析、培训分析等。

商务智能的应用层次如图 9-1 所示。

图 9-1　商务智能的应用层次

五、商务智能的发展趋势

商务智能具有很好的发展前景。随着企业资源计划（ERP）等应用系统的引入，企业不再停留于事务处理过程而更关注如何有效利用企业的数据来提供准确和快速的决策支持。

商务智能的发展趋势有以下几点：

（一）功能上具有可配置性、灵活性、可变化性

商务智能系统的服务范围从为部门的特定用户扩展到为整个企业的所有用户。同时，由于企业中的各类用户在职权、需求上的差异，商务智能系统需提供广泛的、具有针对性的功能：从简单的数据获取到利用 Web 和局域网、广域网进行丰富的交互、决策信息和知识的分析和使用；要求解决方案更开放、可扩展、可按用户定制，在保证核心技术的同时，提供个性化的客户界面。

针对不同企业的个性化需求，商务智能系统在提供核心技术的同时，使系统又具适配性，即在原有方案基础上加入二次开发的代码和解决方案，增强客户接口的扩展性，为企业提供基于商务智能平台的定制工具，使系统具有更优的灵活性和更大的使用范围。

（二）从单独的商务智能向嵌入式商务智能发展

嵌入式商务智能是商务智能发展的一大趋势，即在企业现有的应用系统中，如财务、人力资源、销售等系统中嵌入商务智能组件，使普通的事务处理系统具备商务智能的特性。但商务智能系统的组件，如企业问题分析、方案设计、原型系统开发、系统应用等，需要一个相对完整的商务智能开发过程。

（三）从传统功能向增强型功能转变

增强型的商务智能功能是相对于用结构化查询语言（Structured Query Language，SQL）工具而言的。数据挖掘、企业建模是商务智能系统应该加强的应用，以期更好地提高系统性能。企业正逐渐摆脱单纯依赖软件来处理日常事务，转而通过商务智能系统来帮助自己依据企业数据作出更好、更快的决策。此外，对分析应用需求的增加将持续刺激对商务智能软件的需求。这些软件包括以多维分析工具为基础的客户分类应用，主要用于进行复杂的预测，得出相对直接的执行报告。

拓 展 学 习

在年度庆功宴上,M 公司项目经理对于公司当年的进步感慨良多。在项目团队的带领下,为了解决 M 公司在销售业务方面存在的诸多问题,企业毅然决然地紧紧抓住大数据时代的"尾巴",开发了先进的销售业务商务智能分析系统。通过对海量数据信息的分析利用,实现了公司整体运营业务数据的可视化展示,更便于公司作出决策,并使公司在信息化的道路上又前进了一大步,业绩大幅上升。在竞争激烈的环境中,M 公司是如何在短时间内构建适合自己的商务智能系统,形成企业的竞争优势呢?M 公司这次在行业竞争中取得成功,其背后的驱动力又是什么?商务智能分析究竟能给 M 公司带来什么样的优势?

商务智能是通过应用基于事实的支持系统辅助商业决策的。M 公司从销售业务出现的问题出发,以商务智能分析系统的需求定位、平台选型、数据清洗、数据处理、可视化分析和商务决策过程为线索来解决公司企业资源计划系统和客户关系管理系统的连通问题,实现销售业务需求的快速响应。

通过以上文字介绍的"M 公司面向销售业务决策的商务智能分析",思考以下几个问题:
(1) 根据 M 公司面临的销售业务问题,简要说明 M 公司是怎样进行销售业务商务智能规划和定位的?
(2) 根据销售业务商务智能分析在 M 公司商业决策中的应用,探讨商业决策的概念、方法和发展历程。

第四节 物 联 网

1995 年,比尔·盖茨(Bill Gates)将自己对未来的展望写成《未来之路》一书。他在书中提到:"虽然现在看来这些预测不太可能实现,甚至有些荒谬,但是我保证这是本严肃的书,而绝不是戏言,十年后我的观点将会得到证实。"在《未来之路》中,比尔·盖茨多次提到"物联网"概念,意思是目前互联网虽然发达,但仅仅实现了计算机之间的互联,并没有做到万事万物联网,由于受到无线网络、硬件及传感设备发展的局限性,"物联网"最终止步于构想,也未引起世人足够的重视。

1998 年,美国麻省理工学院 Auto-ID 实验室的研究人员在成功地完成了电子产品代码(Electronic Product Code,EPC)研究的基础上,提出了利用射频标签(Radio Frequency Identification,RFID)、无线网络与互联网,构建物-物互联的物联网的概念与解决方案。

自 1997 年起,国际电联(International Telecommunication Union,ITU)推出了名为"对网络的挑战"的互联网系列报告。其中,在 2005 年发布的《ITU 互联网报告 2005：物联网》是该系列之七,报告中正式提出了"物联网"的概念。报告指出,无所不在的"物联网"通信时代即将来临,世界上所有的物体在不久的将来都会实现相互通信。射频标签(RFID)、传感器技术、纳米技术、智能嵌入技术等将得到更广泛的应用。

一、物联网的概念

物联网(The Internet of Things,IOT)是指通过信息传感器、射频标签、全球定位系统、红外感应器、激光扫描器等各种装置与技术,实时采集任何需要监控、连接、互动的物体或过程,采集其声、光、热、电、力学、化学、生物学、位置等各种需要的信息,通过各类可能的网络接入,实现物与物、物与人的连接,实现对物品和过程的智能化感知、识别和管理。物联网是一个基于互联网、传统电信网等的信息承载体,它让所有能够被独立寻址的普通物理对象形成互联互通的网络。

二、物联网的架构

目前,大家普遍接受的物联网架构在技术层面分为五层：物联网终端、网络传输、云平台、认知分析、应用服务,如图 9-2 所示。

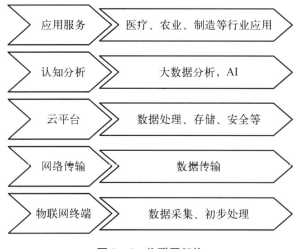

图 9-2 物联网架构

(一) 物联网终端

物联网终端一般为智能硬件设备,是物联网的感知执行终端,是供物联网和现实物理世界交互的智能硬件接口。其主要用于采集客观世界中发生的物理事件和数据,包括各类物理量、标识、音频、视频数据,并对其进行初步处理、加密和传输。物联网终端基本由外围感知(传感)接口、中央处理模块和外部通信接口三个部分组成,通过外围感知接口与传感设备连接,如射频标签读卡器、红外感应器、环境传感器、微机电系统传感器等,将这些传感设备的数据进行读取并通过中央处理模块处理后,按照网络协议,通过外部通信接口,如 GPRS 模块、以太网接口、无线网络等方式发送到以太网的指定中心处理平台。

物联网终端的智能硬件需配有物联网操作系统,在物联网终端和物联网云平台之间提供连接、协同、智能的功能,它是面向各种物联网应用场景的软件基础平台。

(二)网络传输

物联网的网络传输包含两个层面,一个层面是物体和物联网云平台之间的信息传输,物联网终端收集到的数据,经过网络传输层进行汇总,传输到物联网平台。另一个层面是物体和物体之间的信息传输,物体通过网络传输,让所有能行使独立功能的普通物体实现互联互通。物联网通信可以采用蓝牙、无线网络,以及专门用于长距离传输的窄带物联网(NB-IOT)/远距离无线电(LoRa)。

(三)云平台

云平台层是指为物联网应用提供通用计算、存储、安全等功能的基础设施和服务。

(四)认知分析

认知分析层是物联网利用 AI、大数据等技术,对接入物联网的设备进行分析管理的服务。

(五)应用服务

物联网应用服务层是物联网结合工业制造、农业、医疗、物流、电力等行业的特点,提供的行业通用功能服务。其主要包含应用支撑平台子层和应用服务子层。其中,应用支撑平台子层用于支撑跨行业、跨应用、跨系统之间的信息协同、共享、互通的功能;应用服务子层包括智能交通、智能医疗、智能家居、智能物流、智能电力等行业应用。

三、物联网的关键技术

从物联网的层次划分,物联网终端涉及传感器技术、射频标签、近距离通信、视频分析与识别、智能终端、中间件与数据处理软件设计、嵌入式技术等;网络传输层涉及有线与无线通信技术、移动通信技术、计算机网络技术等;云平台和认知分析层涉及智能数据处理技术、海量数据存储与计算、数据挖掘、智能控制技术、信息安全技术等;应用服务层涉及各行各业的专属技术等。

物联网的关键技术包括以下几种:

(一)传感器技术

如果把计算机看成处理和识别信息的"大脑",把通信系统看成传递信息的"神经系统"的话,那么传感器就是"感觉器官"。

(二)射频标签识别

射频标签识别使用无线电波在很短的距离内将少量数据从射频标签传输到阅读器中。通过在各种产品和设备上贴上射频标签,企业可以实时跟踪其库存和资产,从而更好地实现库存和生产计划及优化的供应链管理。

(三) 蜂窝移动通信技术

尽管 3G/4G 不适用于大多数由电池供电的传感器物联网应用,具有高速和超低延迟的 5G 将支持自动驾驶汽车和增强现实技术(VR),并用于公共安全的实时视频监控、互联健康的医疗数据集的实时移动传输,以及一些对时间敏感的工业自动化应用。

(四) 蓝牙

蓝牙在构建个人无线网络时,能够提供良好的短距离通信功能。新的低能耗蓝牙(Bluetooth Low Energy,BLE)由于其低能耗特性,进一步优化了物联网应用。

支持低能耗蓝牙的设备主要与电子设备(通常是智能手机)结合使用,这些设备充当向云传输数据的枢纽。如今,低能耗蓝牙广泛集成在健身和医疗可穿戴设备(如智能手表、血糖仪、血氧计等)及智能家居设备(如门锁)中,通过这些设备,可以方便地将数据传输到智能手机并在智能手机上实现可视化。在零售环境中,低能耗蓝牙可以与信标技术相结合,以增强店内导航、个性化促销和内容交付等客户服务。

(五) 低功耗广域网络

低功耗广域网络(Low-Power Wide-Area Network,LPWAN)通过使用小型的、相对经济的电池提供长达数年的远程通信服务,旨在支持遍布工业、商业和校园的大规模物联网应用,是物联网中的新技术。

低功耗广域网络几乎可以连接所有类型的物联网传感器,促进了从远程监控、智能计量和工人安全到建筑物控制和设施管理的众多应用。但其只能以低速率发送少量数据,更适用于不需要高带宽且不具有时间敏感性的用例。

低功耗广域网络包括许可低功耗广域网技术(如 NB-IoT、LTE-M 等)和未经许可低功耗广域网技术(如 MIOTY、LoRa、Sigfox 等)。从长远来看,标准化是低功耗广域网络需要考虑的重要问题。

(六) Zigbee 和其他网状协议

Zigbee 是一种短距离、低功耗无线技术(IEEE 802.15.4),在网状拓扑中,以通过在多个传感器节点上中继传感器数据来扩展其覆盖范围。与低功耗广域网络相比,Zigbee 提供了更快的数据速率,但同时由于网格配置而降低了能耗效率。

由于物理距离短(<100 m),Zigbee 和类似的网状协议(如 Z-Wave、Thread 等)最适合节点分布均匀且非常接近的中程物联网应用。通常,Zigbee 是无线网络的补充,适用于智能照明、暖通空调控制、安全和能源管理等各种家庭自动化应用。

四、物联网的应用

进入物联网时代,人们的生活可能变成这样:当你每天上班离开家时,家中的物联网控制中心会关闭电灯、空调、风扇等电器,防止因忘关电器而造成资源浪费。同时,物联网安防系统将进入警戒状态,如果有外人入侵,系统就会报警,并及时通知你、小区保安和警察。当你走向你的汽车,它已启动预热(冷),你打开车门,美妙的音乐响起,为你带来一天的好心情。当你走进公司大楼,大楼的门禁系统会自动识别你的身份,主动向你问好,你更无须携带办公室的钥匙,物联网通过人脸识别技术已自动帮你打开办公室的门,你可以开始一天的工作了。当你下班回到家时发现空调已经提前开始工作,而原来处于打开状态的门窗也随着空调的工作而自动关闭,室内温度刚好达到了你所喜欢的温度。此时,物联安防系统自动解除室内警戒,灯光自动亮起,背景音乐自动响起;冰箱会根据设置下单购买你需要的食物,为你配送到家;如果家里的甲醛、一氧化碳、二氧化碳等有毒有害气体超标,空调、新风系统会自动运行……

物联网的应用主要集中在智能家居、智能交通、智能农业、智能工业、智能物流、智能电力、智能医疗、公共安全等领域,最终的发展方向是智慧城市、智慧地球。

(一) 智能家居

尽管物联网看似遥远,但它其实已经悄悄走进我们的生活。智能摄像头、窗户传感器、烟雾探测器、智能报警器等都已连接了你手机 App,让你可以在任意时间、地点了解家里发生的一切。目前的智能家居主要是单个应用,在不久的将来,通过家庭网关及其系统软件可建立智能家居平台系统,集成所有应用,并将最终演变成智能住宅。

(二) 智能交通

物联网技术在道路交通方面的应用更显成熟。卫星导航系统对道路交通状况实时监控并将信息及时传递给驾驶人员,不仅让驾驶人员能轻松地应对陌生的道路环境,还能根据路况选择适合的路径。而电子不停车收费系统(ETC)免去了进出口停取卡、还卡和收费的时间,不仅提升了道路的通行效率,缓解了交通压力,也提高了整体交通效率。通过在公交车上安装定位系统,乘客能提前了解公交车行驶路线及到站时间,乘客可以选择最优路径,并减少等车时间。许多城市推出了智慧路边停车管理系统,在很大程度上解决了"停车难、难停车"的问题。

随着汽车自动驾驶技术越来越成熟和车联网的兴起,在未来的智能交通中,马路上的每一辆车都将成为交通网络中的一个节点。这些节点之间可以通信对话,并能借助其强大的数据分析能力帮助人们解决拥堵,节约时间和精力,减少交通事故;或许在不久的将来,人们已不需要拥有自己的私家车,道路上行驶的车辆都并不属于个人,人们要出行,只需在手机上预约好车型,并提交自己的上车地址和目的地,那么剩下的只需要静静等待即可,这将把人们从紧张的驾驶中解放出来,并能有效缓解拥堵、停车难以及交通事故等问题。

(三) 智慧医疗

日常生活中人们和医院的连接主要出现在两种情况下,一种是身体出现异常时,我们去医院做各种检查,然后医生会针对我们的病症开药或给出治疗建议,另一种是每年例行体检,定期查看我们身体的各个器官的运行状态。如果把个人和医院接入物联网,我们不需要去医院就可以利用一些穿戴式智能设备完成一些基础项目,如心率、体温、血压等的检测。智能穿戴设备会记录下这些健康数据,方便我们了解自己的健康状况,在出现异常时,系统能提示我们是否将自己的健康数据传送给医院,以便让医生了解我们的健康状况,必要时可以进行远程会诊,进而提出治疗意见。

(四)物联网的展望

我们在享受物联网所带来的便利的同时,也担心我们个人乃至社会的信息安全问题。物联网无疑是"巨大"的,它所带来的技术、管理、成本、标准、安全等问题无疑也是"困难"的。

拓 展 学 习

在M客车股份有限公司董事长办公室里,看着公司去年的全年销售额,董事长王先生嘴角带着笑意。但是很快他的笑容便收敛了,因为成绩已成过去,对公司来说最重要的是下一步怎么走。虽然M公司今年的销售业绩为全国客车行业第一,但是木秀于林,风必摧之的道理让他不禁苦恼起来,在这个信息高度发达、技术不断创新的大环境下,稍有疏忽,今天的行业优势明天就可能丢失,所以M公司必须要不断地通过技术创新来保持公司的领先地位。2015年,在国家提出"互联网+"战略的背景下,M公司高管开始思考如何将公司现有的业务与国家提出的"互联网+""中国制造2025"战略进行深度融合,用IT技术创新推动企业的管理变革,从而保持自己的行业竞争优势。

从制定实施集团战略规划到业务流程再造、搭建客户管理平台,再到加大出口力度,在M公司实现快速发展的每一个重大关口,信息化无一不发挥着优化流程、提高效率的重要作用。在国家信息化测评中心和《互联网周刊》合办的"2008年度中国企业信息化500强大会"中,M客车股份有限公司继续成为客车行业唯一入选的企业。随着企业信息化技术的日新月异,"互联网+"和"智能制造"的应用为国内客车行业发展带来了新的机遇和挑战,M公司的管理层带领其信息化专业团队开始思考新时代背景下M公司面临的新问题。

M公司在"互联网+"环境下,公司信息化的创新是极具挑战性的,M客车公司利用移动互联网、物联网、大数据和云计算技术这些新的IT技术推动企业进行管理变革,帮助企业降低成本,满足客户个性化需求,从而提升公司核心竞争力。

通过以上文字介绍的"'互联网+'环境下M客车信息化创新之路",思考以下几个问题:

(1) 随着IT技术的快速发展,M公司是如何利用IT技术提升企业行业竞争优势的?这对其他制造型企业有哪些启示?
(2) 在当前国家大力推进"中国制造2025"和"智能制造"的背景下,M公司在现有制造业信息化的基础上,在"智能制造"的推进上应该采取哪些信息化建设策略?中国企业在推进"智能制造"过程中遇到的困难和障碍是什么?
(3) M公司在未来发展中应如何利用物联网提高企业的核心竞争力?
(4) M公司在未来发展中应如何利用大数据系统提升企业的竞争优势?

第五节 区 块 链

将数据区块有序链接,每个区块负责记录一个文件数据,并进行加密来确保数据不能够被修改和伪造的数据库技术——区块链,其应用范围十分广泛,现已被应用于金融领域、公共服务领域、信息安全领域、物联网领域、供应链领域、汽车产业、股票交易及政府管理等,未来区块链技术将应用于各个地方。

一、区块链的概念、特征及类型

区块链(Block Chain)是分布式数据存储、点对点传输、共识机制、加密算法等计算机技术的新型应用模式。比如,MD5 算法作为典型的哈希(Hash)算法,可以把一串任意长度的明文转化成一串固定长度(128 bit)的字符串,这个字符串就是哈希值,而更为复杂的哈希算法 SHA256 将区块(Block)数据信息转化成了长度为 256 bit 的哈希值字符串。区块与哈希值是一一对应的,哈希值被当作是区块的唯一标识。不同的区块之间通过设置每一个区块的 PreHash,令其和前一个区块的哈希值相等,从而形成区块之间的链接,由此形成了一个区块链。区块结构如图 9-3 所示。

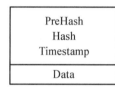

图 9-3　区块结构

作为由区块构成的链状结构,区块链就存在一个链条的第一个区块(头节点)和最后一个区块(尾节点)。一旦有人计算出区块链最新数据信息的哈希值,相当于对最新的交易记录进行打包,新的区块就被创建出来,链接在区块链的末尾。新区块头的 Hash 就是刚刚计算出的哈希值,PreHash 等于上一个区块的 Hash。区块体的数据(Data)存储的是打包前的交易记录,这部分数据信息已经变得不可修改,创建新区块的过程由能够用于进行海量计算的服务器和操作计算的工作人员完成。

哈希值的计算公式为 Hash=SHA-256(最后一个区块的 Hash+新区块基本信息+交易记录信息+随机数)。得到一个正确的 Hash 并非一件容易的事,必须经过海量的反复生成随机数的尝试计算才有可能得到。由于"最后一个区块的 Hash+新区块基本信息+交易记录信息"是固定的,所以能否获得符合要求的 Hash,完全取决于随机数的值。此外,区块头内还包含着一个动态的难度系数,当全世界的硬件计算能力越来越强时,区块链的难度系数也会随之增高,以至于全网平均每 10 分钟才能产生出一个新区块。

区块链的基本思想是建立一个基于网络的公共账本(数据区块),每一个区块包含了一次网络交易的信息。由网络中所有参与的用户共同在账本上记账与核账,所有的数据都是公开透明的且可用于验证信息的有效性。这样,不需要中心服务器作为信任中介,就能在技术层面保证信息的真实性和不可篡改性。

(一) 区块链的特征

区块链的主要特征有以下五点：

1. 去中心化

与传统网络系统相比，区块链最主要的特性是去中心化。在区块链系统中，整个网络没有中心化的硬件或管理机构，任意节点之间的权利和义务都是均等的，所有的节点都有权用计算能力投票，从而保证了得到承认的结果是过半数节点公认的结果。

2. 安全可靠

只要不能掌控全部数据节点的51%，就无法肆意操控修改网络数据，这使区块链相对安全，避免了主观人为的数据篡改。

3. 去信任化

传统的交易建立在信任的基础之上，尽管信任中介获取了大量信息，但是从中流出的、披露的信息却极为有限，导致大量数据被浪费和隐藏。参与区块链系统的每个节点之间进行数据交换时无须互相信任。

4. 公开透明

区块链技术基础是开源的，除了交易各方的私有信息被加密外，区块链的数据对所有人开放，任何人都可以通过公开的接口查询区块链数据和开发相关应用，因此整个系统信息高度透明。

5. 低成本

在中心化网络体系下，系统的维护和经营依赖于数据中心等平台的运维和经营，成本很高。区块链则构建了一套协议机制，系统中的数据块由整个系统中所有具有维护功能的节点来共同维护。这些具有维护功能的节点是任何人都可以参与的，每一个节点在参与记录的同时也来验证其他节点记录结果的正确性，维护效率提高，成本降低。

(二) 区块链的类型

区块链有以下三种类型：

1. 公有区块链

公有区块链(Public Block Chains)是指任何个体或团体都可以发送交易，并且交易能够获得该区块链的有效确认，任何人或团体都可以参与其共识过程的区块链。公有区块链是最早的、应用最广泛的区块链，各种虚拟数字货币均基于公有区块链。

2. 联合(行业)区块链

联合(行业)区块链(Consortium Block Chains)是指由某个团体内部指定多个预选的节点为记账人，每个块的生成由所有的预选节点共同决定(预选节点参与共识过程)，其他接入节点可以参与交易，但不关心记账过程的区块链。其类似于分布式托管记账，其他任何人可以通过该区块链开放的 API 进行限定查询。

3. 私有区块链

私有区块链(Private Block Chains)是指仅使用区块链的总账技术进行记账的区块

链,公司或个人可以独享该区块链的写入权限,与其他的分布式存储方案没有太大区别。传统金融是私有区块链的尝试者。

二、区块链的基础架构

区块链系统一般由数据层、网络层、共识层、激励层、合约层和应用层组成,如图9-4所示。其中,数据层封装了底层数据区块及相关的数据加密和时间戳(Timestamp)等基础数据和基本算法;网络层则包括分布式组网机制、数据传输机制和数据验证机制等;共识层主要封装网络节点的各类共识算法;激励层将经济因素集成到区块链技术体系中来,主要包括经济激励的发行机制和分配机制等;合约层主要封装各类脚本、算法和智能合约,是区块链可编程特性的基础;应用层则封装了区块链的各种应用场景和案例。

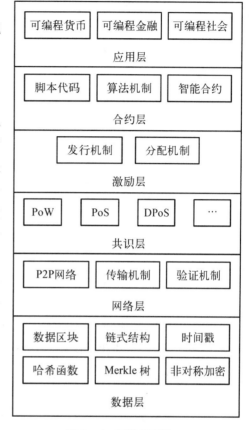

图9-4 区块链架构

三、区块链的应用

(一)区块链在金融领域的应用

将区块链技术应用在金融领域中,能够省去第三方中介环节,实现点对点的直接对接,在降低成本的同时快速完成交易支付。比如,传统的跨境支付需要等3～5天,并为此支付1%～3%的交易管理费用,而Visa推出的基于区块链技术的Visa B2B Connect能为机构提供一种费用更低、更快速和安全的跨境支付方式来处理全球范围的企业对企业的交易。

(二)区块链在保险领域的应用

在保险理赔方面,保险机构负责资金归集、投资、理赔,往往管理和运营成本较高。通过智能合约的应用,既无须投保人申请,也无须保险公司批准,只要触发理赔条件,就能实现保单自动理赔。

(三)区块链在物流领域的应用

通过区块链可以降低物流成本,追溯产品的生产和运送过程,并且提高物流管理的效率。区块链在物流领域的应用是一个很有前景的发展方向。

(四)区块链在数字版权领域的应用

通过区块链技术,可以对作品进行鉴权,证明文字、视频、音频等作品的存在,保证权属的真实性、唯一性。作品在区块链上被确权后,后续交易都会进行实时记录,实现数字版权全生命周期管理,也可作为司法取证中的技术性保障。

(五)区块链在公益领域的应用

区块链中存储的数据,可靠且不可篡改,非常适合用于社会公益场景。公益流程中的相关信息,如捐赠项目、募集明细、资金流向、受助人反馈等,均可以存放于区块链中,并且有条件地进行公示,方便社会监督。

(六)区块链在公共服务领域的应用

区块链可提供去中心化的完全分布式 DNS 服务,通过网络中各个节点之间的点对点数据传输服务实现域名的查询和解析,可确保重要基础设施的操作系统和组件不被篡改,监控软件的状态和完整性,从而解决由于中心化特质在公共管理、能源、交通等领域中的一些问题。

四、区块链的当前挑战及应用前景

尽管区块链技术从面世便受到世人的广泛关注,但距离实际生活、生产中的应用还有很长的路要走,而要获得监管部门和市场的认可也面临着很大的困难,主要有如下几点:

一是受到观念、制度、法律制约。区块链去中心化、自我管理、集体维护的特性颠覆了人们生产生活方式,淡化了国家、监管概念,冲击了现行的法律约束。即使是区块链应用最成熟的虚拟货币,不同国家持有态度也不相同,不可避免地阻碍了区块链技术的应用与发展。

二是区块链在技术层面尚需突破性进展。区块链应用尚在实验室研究初创阶段,没有直观可用的成熟产品,如类似于浏览器、App 等的具体应用软件。再如区块容量问题,由于新区块的产生算法,区块写入信息会大大增加所带来的信息存储、验证、容量等问题。

三是区块链竞争性技术挑战。虽然有很多人看好区块链技术,但一种技术的广泛使用也要看它能不能推动人类发展,哪种技术更方便、更高效,人们就会应用该技术。现在有很多新技术,如量子技术,近年来更是取得了很大进展,同样应用在通信领域,量子技术也有相同于区块链技术的高效安全的特性。最终哪种技术得以普及,不仅取决于该种技术本身的发展,也取决于与其他技术之间的相互竞争。

拓 展 学 习

在多数鼓励民众绿色出行的应用场景中,出行行为的减碳数据主要依赖于个人人工数据录入,效率低下且数据可信度低。采用区块链技术的绿普惠平台有效解决了绿色出行场景中节能减碳数据的记录和维护问题。通过提高碳减排信息传递的质量和效率,激励个人绿色出行,使广大绿色出行的公众成为碳普惠的受益者。绿普惠平台所采用的个人碳交易的机制设计,特别是基于区块链技术,使个人碳减排数据可信度提高,通过降低碳交易双方的信息不对称程度与交易成本,在提高公众节能减碳行为等方面起到了积极作用。

通过以上文字介绍的"绿普惠的碳情怀：区块链技术助力新时代绿色出行"，思考以下几个问题：

(1) 你认为绿普惠是如何提高信息的可验证性，进而提高信息传递的效率和质量的？

(2) 绿普惠激励公众绿色出行，由此产生的碳减排量可以进一步交易，谈谈你认为这种模式如何影响交易成本？

(3) 你认为绿普惠推出的基于区块链技术的绿色创新模式还可以用于哪些实体场景中？请举例分析。

探究发现

1. 传统的文件环境下，管理数据资源会存在哪些问题？数据库管理系统如何解决这些问题？

2. 云计算、大数据和物联网三者之间有哪些区别和联系？

本章小结

人们在享受 MIS 带来的高效和便利之后，开始致力于开发更加便利、功能更加齐全的信息系统。MIS 的发展离不开各种信息技术，特别是大数据、云计算、物联网和区块链等技术和理念。无论是哪项技术，都能为 MIS 带来新的模式。这些技术都能为人们的工作、生活带来新的飞跃。

本章习题

一、选择题

1. (多选)按部署方式的不同可以把云计算分为哪三类　　　　　　　　　　(　　)
   A. 私有云　　　　　　B. 金融云　　　　　　C. 混合云
   D. 政务云　　　　　　E. 公有云　　　　　　F. 桌面云

2. Saas 是指　　　　　　　　　　　　　　　　　　　　　　　　　　　　　(　　)
   A. 软件即服务　　　　　　　　　　　B. 平台即服务
   C. 安全即服务　　　　　　　　　　　D. 桌面即服务

3. 区块链的技术分类包括公有链、联盟链和　　　　　　　　　　　　　　　(　　)
   A. 区域链　　　　　　B. 社会链　　　　　　C. 私有链　　　　　　D. 数据链

4. 区块链的构成包括数据层、网络层、共识层、激励层、合约层和　　　　　(　　)
   A. 应用层　　　　　　B. 智能层　　　　　　C. 传输层　　　　　　D. 区块层

二、简答题

1. 云计算的特点包括哪些方面?
2. 按服务模式的不同可以将云计算分为哪几类?
3. 大数据具有哪些特点?
4. 商务智能的主要功能包括哪些方面?
5. 在技术层面普遍的物联网架构分为哪些层?
6. 区块链技术的主要特征有哪些?

拓 展 学 习

确定一个信息技术领域,探索这项信息技术怎样才能有助于支持企业信息化战略。要确定一个业务场景来讨论这项技术。可以选择汽车零部件特许经营权或服装特许经营权作为示例业务。你会选择哪些应用、哪些核心业务流程?如何使用该技术?制作演示文稿并展示你的结果。

参 考 文 献

[1] 刘仲英.管理信息系统[M].北京：高等教育出版社.2006.

[2] 赵天唯,甘霖,周丹.管理信息系统教程[M].北京：清华大学出版社.2018.

[3] 苑隆寅,张博,王莹.管理信息系统[M].上海：上海交通大学出版社.2017.

[4] 曾健民,王慧,柳晓燕.管理信息系统[M].北京：清华大学出版社.2019.

[5] 林海涛,李志荣.管理信息系统[M].成都：电子科技大学出版社.2017.

[6] 王珊,萨师煊.数据库系统概论[M].4 版.北京：高等教育出版社.2006.

[7] 陈平,王成东,孙宏斌.管理信息系统[M].北京：北京理工大学出版社.2013.

[8] 李庭春.管理信息系统开发特点及原则分析[J].现代计算机(专业版),2008(5)：88-89.

[9] 杨选辉.信息系统分析与设计[M].北京：清华大学出版社.2007.

[10] 吴庆州.管理信息系统[M].北京：北京理工大学出版社.2017.

[11] [美] 大卫 M. 克伦克,兰德尔 J. 博伊尔.管理信息系统技术与应用(原书第 10 版)[M].袁勤俭,张一涵、孟祥莉,等译.北京：机械工业出版社,2018.

[12] [美] 肯尼斯 C. 劳顿,简 P. 劳顿.管理信息系统(原书第 15 版)[M].黄丽华,俞东慧,译.北京：机械工业出版社.2018.

[13] Pang-Ning Tan, Michael Steinbach, Vipin Kumar. Introduction to Data Mining (Second edition) [M]. New York：Pearson Education，2019.